Giso Weyand

Sog-Marketing für Coaches

So werden Sie für Kunden und Medien
(fast) unwiderstehlich

managerSeminare Verlags GmbH

Giso Weyand
Sog-Marketing für Coaches
So werden Sie für Kunden und Medien (fast) unwiderstehlich

© 2007 managerSeminare Verlags GmbH
Endenicher Str. 282, D-53121 Bonn
Tel: 0228-9 77 91-0, Fax: 0228-9 77 91-99
shop@managerseminare.de
www.managerseminare.de/shop

Alle Rechte, insbesondere das Recht der Vervielfältigung und der Verbreitung sowie der Übersetzung vorbehalten.

ISBN: 978-3-936075-49-6
Lektorat: Ralf Muskatewitz, Jürgen Graf
Cover: Comstock
Druck: Kösel GmbH und Co. KG, Krugzell

Dieses Buch ist meiner Familie
gewidmet.

Ganz herzlichen Dank …

Ralf Muskatewitz und **Jürgen Graf** für ihr verständnisvolles und kritisches Lektorat.

Nadine Hamburger für die gute Teamarbeit in jeder Hinsicht und Dein Gastkapitel. Das „Team Giso Weyand" wäre ohne Deine Mitarbeit schwer denkbar.

Swantje Steinbrink für exzellente Buch-Vermittlungsarbeit.

Roger Rappich für stets professionelle Grafik.

Kai Dietrich für die exzellente Internet-Beispielseite.

Stephan Hamburger als Model für unsere Beispielseite.

Und natürlich …

all meinen Kunden, die mit ihren Beispielen ein wirkliches Praxis-Buch erst möglich gemacht haben.

Inhalt

Vorwort 7

1. **Perspektivenwechsel** 11
   Die Auswahl eines Coaches aus Sicht des Kunden

2. **Positionierung, Inszenierung, Profilierung** 23
   Die drei Schlüsselfaktoren für Ihren Erfolg

3. **Positionierung** 51
   Wer anders wirkt, gewinnt!

Intermezzo
   Interview mit Spitzencoach Klaus Eidenschink 94

4. **Inszenierung** 101
   Spannend sein und interessieren

5. Internetauftritt **143**
   So anziehend wie das Original
   (Gastbeitrag von Nadine Hamburger)

Intermezzo
   Interview mit Coaching-Pionier Uwe Böning 183

6. Profilierung **191**
   So werden Sie bekannter

Intermezzo
   Interview mit Michael Schickerling, Programmleiter
   des mi-Fachverlags 210

Stichwortverzeichnis **263**

Vorwort

... und täglich grüßt das Deutsche Neutralitätsgebot

Liebe Leserin, lieber Leser,

... und täglich grüßt das Deutsche Neutralitätsgebot! Vor Jahren erfand ich diesen Begriff, um die Austauschbarkeit vieler Beraterauftritte zu zeigen – und war sicher: Es kann nur besser werden.

Doch ich hatte Unrecht.

Auch heute noch verstecken sich Trainer und Berater, vor allem aber Coaches hinter neutralen Marktauftritten. „Bloß nicht auffallen", scheint die Devise zu sein. Ich erinnere mich an Dutzende Fälle von Coaches mit großen Zielen, hervorragender Arbeitsleistung und zufriedenen Kunden die sang- und klanglos vom Markt verschwunden sind. Und das waren beileibe nicht nur Anfänger, sondern auch viele gestandene Profis mit entsprechender Seniorität.

Marketing und Öffentlichkeitsarbeit für Coaches werden immer noch für schmückendes Beiwerk gehalten. Auf der anderen Seite sind die Träume vieler Coaches ähnlich:

„Ich möchte später, dass Kunden zu mir in eine schöne Jugendstilvilla kommen. Dort coache ich dann vor dem Kamin. Und zwar nur Personen, mit denen ich auch wirklich arbeiten will."

„Ich möchte mindestens 35 Stunden Coaching pro Woche verkaufen, und zwar zu einem Stundensatz ab 300 Euro aufwärts."

"Coaching und Seminare ein halbes Jahr in Deutschland und ein halbes Jahr auf Mallorca – das wäre schön."

"Ich möchte, dass meine Wunschkunden auf mich zukommen."

Die Liste ließe sich nahezu beliebig fortsetzen: Die meisten Coaches, die ich in den vergangenen Jahren kennen lernen durfte, hatten auch das Potenzial, solche Träume zu verwirklichen; allein an Unternehmergeist und Marketing-Kenntnissen fehlte es.

Natürlich ist da auch noch das leidige Thema „Selbstbewusstsein": Gerade Coaches sind es gewohnt, eher im Hintergrund zu arbeiten. Urplötzlich sollen sie nun in den Vordergrund treten, sich und ihre Leistungen aktiv vermarkten und sich maßgeblich von ihren Mitbewerbern unterscheiden. Ich gebe es unumwunden zu: keine leichte Aufgabe.

Aber es lohnt sich! Verfolgen Sie über Jahre eine gute Sog-Marketing-Strategie, ersparen Sie sich weite Teile des Präsentations-Marathons in Unternehmen. Man unterstellt Ihnen, dass Sie keine Zeit haben, sich drei Mal den potenziellen Coachees zu präsentieren; nur, um 20 oder 25 Stunden Coaching zu verkaufen. Man wird Sie als Expertin bzw. Experten behandeln – auf Augenhöhe.

Sind Sie auf Privatkunden spezialisiert, werden diese auf Grund Ihrer Medienpräsenz und Klarheit in der Außenkommunikation auf Sie aufmerksam und melden sich mit konkreten Anliegen. Sie ersparen sich mühevolle Akquise über Anzeigen, Broschüren, Telefonate oder andere Kanäle.

Kurzum: Sog-Marketing sorgt dafür, dass die Kunden auf Sie zukommen und nicht umgekehrt.

Bis dahin gilt es, mit Leichtigkeit und Freude die Möglichkeiten des Marketings und der PR zu entdecken. Denn auch das ist ein Nebeneffekt erfolgreichen Marketings: Es beginnt, Freude zu machen. Und letztlich werden hier ähnliche Kompetenzen benötigt wie im Coaching: Einfühlungsvermögen in die Welt des Kunden, Prozess-

Steuerung und die Gestaltung richtiger Interventionen zum richtigen Zeitpunkt.

Dieses Buch soll Ihnen, neben konkretem Handwerkszeug, vor allem **ein Gefühl** geben für die Wirkprinzipien des Sog-Marketings und dessen schier unerschöpfliche Möglichkeiten. Wenn Sie nach dem Lesen sagen: *„Oh ja. Das ist ein ganzes Stück Arbeit, aber es wird sich lohnen"*, habe ich mein Ziel erreicht. Und wenn Sie dann noch ein kleines oder großes Stück Freude daran finden, bin ich wirklich zufrieden.

Das wünsche ich Ihnen und mir.

Giso Weyand
Seybothenreuth (bei Bayreuth)

Zwei Hinweise zum Buch

Auch für dieses Buch musste ich einige formale Entscheidungen treffen, die Ihnen beim Lesen vermutlich auffallen werden. Allen voran die Entscheidung, nur die männliche Schreibweise zu nutzen, um eine optimale Lesbarkeit sicherzustellen. Da ich Sie in diesem Buch sehr häufig direkt anspreche, fällt das besonders auf. Auch ich bin damit nicht glücklich, habe mich aber letztlich dem wichtigsten Gesetz für Sachbücher unterworfen: „Ein Buch muss gut lesbar sein."

Eine weitere Regelung betraf die Bezeichnung für Coachees und Auftraggeber von Coaches. Um den geschäftlichen Fokus des Buchs zu unterstreichen, habe ich mich weitgehend für die Bezeichnung „Kunde" statt etwa „Klient" entschieden.

Kapitel 1

Perspektivenwechsel: Die Auswahl eines Coachs aus Sicht der Kunden

Schnellfinder

Wie Kunden „ihren" Coach finden 13
Martin Müller – berufliche Neuorientierung 13
Sabine Meyer – Schritt in die Selbstständigkeit 18
Markus Radermacher – Personalentwickler 21

Wie Kunden „ihren" Coach finden

Wenn sich Coaches über ihre Anziehungskraft für Kunden Gedanken machen, stellt sich eine spannende Frage: Wie gehen potenzielle Kunden üblicherweise bei der Auswahl von Coaches vor und was empfinden sie dabei? Ich möchte Sie daher einladen, sich mit mir in die Lage dreier Beispielkunden hineinzuversetzen und deren Suche nach einem Coach zu verfolgen.

Während des Lesens denken Sie vielleicht: *„Wann hört das denn endlich auf?"* Tatsächlich durchleben potenzielle Kunden manchmal eine wirkliche Odyssee, bis sie den Coach ihrer Wahl gefunden haben. Genau aus diesem Grund ist es so wichtig, sich einmal intensiv mit deren Situation auseinandergesetzt zu haben.

Die Suche nach dem passenden Coach kann zur Odyssee werden.

Alle drei Beispielfälle sind Original-Recherchen und -fälle (Stand: Februar 2006) von tatsächlichen Interessenten, lediglich die Namen wurden verändert. Beginnen wir mit dem ersten Fall:

Interessent Nr. 1 – Martin Müller

Martin Müller ist Führungskraft eines mittelständischen Maschinenbau-Unternehmens. Als Bereichsleiter führt er 72 Mitarbeiter, die in drei Hierarchiestufen unter ihm arbeiten. Mit nun 47 Jahren stellt sich ihm die Frage, wie es beruflich weitergehen soll. Im Unternehmen sind seine Aufstiegs-Chancen begrenzt, der Arbeitsumfang nimmt stetig zu und ein anstehender Unternehmenskauf belastet ihn zusätzlich. Bisher kam er ohne die Unterstützung von Beratern und Coaches aus; er hat gelernt, sich selbst zu helfen. Doch nun ist das anders: Er dreht sich im Kreis und möchte gerne schnell und effektiv einen Ausweg aus seiner Situation entwickeln.

Suchmaschinen bieten ein Überangebot an Treffern.

Also entscheidet er sich zu einer ersten Internetrecherche von Coaches. Dazu „googelt" er: „Coach, Stuttgart, Mittelstand". Er erhält 54.200 Treffer und betrachtet sich nun die ersten 20 Einträge. Leider ist kein Coach darunter. Also weiter, die nächsten 20 Einträge. Hier findet sich ein Verzeichnis von Coaches und Beratern. Martin Müller klickt darauf und erhält folgende Übersicht:

Unternehmen A	Beratung	12345	Testdorf	09.01.04
Unternehmen B	Beratung – Workshops	12345	Testdorf	01.11.05
Unternehmen C	Beratung für Unternehmensnachfolge	12345	Testdorf	24.03.06
Unternehmen D	Bildverarbeitung, Systemlösungen, Content Management	12345	Testdorf	18.03.05
Unternehmen E	Coaching, Beratung, Training	12345	Testdorf	01.12.02
Unternehmen F	Coaching, Training, Teamentwicklung, Organisationsberatung	12345	Testdorf	13.01.04
Unternehmen G	Deutsch-Französische Kommunikationsdienstleistungen	12345	Testdorf	13.01.04
Unternehmen H	Eventmanagement	12345	Testdorf	19.08.05
Unternehmen I	Fahrzeugüberführungen und Fahrerüberlassung	12345	Testdorf	24.06.04

Unternehmen J	Rating Advisory	12345	Testdorf	04.03.06
Unternehmen K	Umweltschutz	12345	Testdorf	19.08.05
Unternehmen L	Unternehmensberatung	12345	Testdorf	24.06.04
Unternehmen M	Unternehmensberatung	12345	Testdorf	20.01.04
Unternehmen N	Werbeartikel	12345	Testdorf	16.11.04

Auch das hilft ihm wenig, denn die Anbieter erscheinen ihm wenig passend und sind dazu noch nicht einmal in seiner Region ansässig. Er entscheidet sich, in einem der größten deutschen Portale zur Trainer- und Coachsuche zu suchen. Er versucht es mit den Stichworten „Coach" und „Stuttgart" und erhält 233 Treffer. Er klickt insgesamt 15 Kurzprofile der Plattform an, die Mehrzahl der Angebote entspricht nicht seinem Interesse. Es finden sich Kurzbeschreibungen wie:

Suche über Trainer-Portale

„Lust auf ein inhaltsreiches, strukturiertes Office-Seminar? Interesse an der Kombination von Arbeitstechniken mit EDV-Themen? Hier sind Sie richtig …"

„Marilla Bax & Partner bieten Seminare und Beratung zu den Themen Kundenorientierung, Support, Kommunikation, Projektmanagement und MindManager® an …"

„Persönlichkeitsanalyse, Potenzialanalyse, Persönlichkeitsberatung … Kommunikationstraining …
Moderieren – Präsentieren …
Teamtraining …
Train the Trainer …
Kompetent, zielorientiert und erfolgreich stimmen wir die Seminarinhalte individuell mit Ihnen ab. Öffnen Sie Ihre Potenziale mit unserer Unterstützung.
Wir freuen uns auf die Zusammenarbeit mit Ihnen."

Identische Kernkompetenz – unterschiedliches Angebot

Obwohl diese Anbieter offensichtlich nicht in die Rubrik Coaching gehören, lässt sich Martin Müller immer noch nicht abschrecken und liest weitere 20 Profile, bis er endlich drei Anbieter ermittelt hat, die Coaching als Kernkompetenz anbieten. Nun betrachtet er deren Webseiten. Hier einige Auszüge aus den Startseiten und die Gedanken unseres Coaching-Interessenten:

> *Willkommen!*
> *Wir freuen uns, Sie auf unseren Seiten begrüßen zu dürfen.*
>
> *Innovatives Coaching mit Werten.*
>
> *So lautet unser Leitgedanke. Wir entwickeln individuelle Lösungen und ganzheitliche Konzepte im partnerschaftlichen Verhältnis mit unseren Klienten. Unternehmen vertrauen auf uns und setzen auf unsere innovativen Coachings.*
>
> *Wir hoffen, dass Sie auf den kommenden Seiten neue Impulse für Ihre Unternehmung und Ihr Anliegen finden und freuen uns auf Ihr Feedback!*

Fühlt sich der Kunde angesprochen?

Martin Müller weiß nicht so recht: „Was bietet mir dieser Anbieter? Kann er meine Situation verstehen und mit mir eine Lösung erarbeiten? Was ist besonders an ihm?" Eine ganze Reihe von Fragen beschäftigen Herrn Müller. Sie werden nicht beantwortet. Er blättert noch ein wenig auf der Internetseite, doch wirklich angesprochen fühlt er sich nicht mehr.

Also betrachtet er sich die Startseite des zweiten Anbieters:

> *Liebe Besucherin, lieber Besucher,*
>
> *als Psychotherapeut, Coach und Trainer habe ich mich mit der Frage befasst, wie Menschen sinnerfüllt leben können, ohne dabei ihrer Gesundheit und ihrem Beziehungsleben zu schaden. Da ich im*

Coaching und in meinen Workshops häufig mit den Folgen unwirksamer Bewältigungsstrategie zu tun habe, ist mir die Frage, was man regulierend tun kann, ein wichtiges Anliegen geworden. Denn in der Regel empfinden wir es als deutlich angenehmer, Situationen aktiv zu steuern als ihnen passiv ausgeliefert zu sein ...

Diese Seite gefällt unserem Interessenten schon besser. Der Coach benennt klar seinen Fokus – und Sinn sucht Martin Müller tatsächlich. Nur: Will er wirklich zu einem Coach gehen, der auch Psychotherapeut ist, von Bewältigungsstrategien spricht und möglicherweise keine eigenen Erfahrungen im Geschäftsleben hat? Eine Unsicherheit bleibt, denn bei Martin Müller lösen die oben genannten Begriffe die Befürchtungen aus, der Coach unterstelle, mit ihm könne etwas nicht stimmen. Und das ist ja nun wirklich nicht der Fall!

Also betrachtet er sich die nächste Internetseite:

Stimmt Ihre Balance?
Orientierung, Neuausrichtung oder Neupositionierung, Verbesserung der eigenen Fähigkeiten und der eigenen Persönlichkeit sind wesentliche Ziele eines Coaching.

Vorteile eines Coachings:
- *Sie schaffen Klarheit im Job und in Ihrer Karriere*
- *Sie treffen fundierte Entscheidungen*
- *Sie stärken Ihre psychosoziale Kompetenz*
- *Sie zeigen Profil statt Perfektion*
- *Sie schaffen sich eine ausgeglichene Work-Life-Balance*

Weitere Informationen:
- *Ablauf des Coachings*
- *Fragebogen für die erste Sitzung*
- *Beratervertrag*
- *Honorar*

Anlässe für Coaching können sein:
- *Work-Life-Balance analysieren und verbessern*
- *Umgang mit belastenden Situationen, Beziehungen und Krisen*
- *Erkennen eigener Talente, Möglichkeiten und Schwächen*
- *Selbst- und Fremdwahrnehmung*
- *Verhaltens- und Führungsstil*
- *Zeit- und Energiemanagement*
- *Umgang mit schwierigen Mitarbeitern*
- *Erfolgs- und Misserfolgsbewältigung*
- *Vorbereitung auf wichtige Verhandlungen oder Präsentationen*
- *Analyse des eigenen Führungsverhaltens*

... um nur einige Beispiele zu nennen.

Ein Überangebot an Themen — Martin Müller hört zum ersten Mal von Themen, die Coaches unter anderem abdecken. Doch die vielen Möglichkeiten und Themen erschlagen ihn förmlich. Er fragt sich, wie ein einzelner Coach so viele Themen abdecken kann und dabei überall kompetent ist.

Gefühl: Unsicherheit — Sein Gefühl: Unsicherheit. Wer ist in seinem Fall der Richtige? Wer kann was? Unser Interessent beschließt, erst einmal einige Tage darüber zu schlafen. Ein paar Tage später entscheidet er sich, seine Situation doch alleine anzupacken; bisher ist er schließlich auch ganz gut alleine klargekommen.

Interessentin Nr. 2 – Sabine Meyer

Sabine Meyer ist 32 Jahre alt und Rechtsanwaltsfachangestellte. Zurzeit ist sie wegen der Geburt ihres ersten Kindes in Mutterschaftsurlaub. Sie plant, sich in ein bis zwei Jahren mit einem Büroservice selbstständig zu machen, damit sie mit Kind und Arbeit gleichermaßen erfüllt leben kann. Doch Sabine Meyer ist sich noch unsicher: *„Ist das wirklich die richtige Entscheidung für mein Leben? Welche Konsequenzen hat das? Kann ich bei einem Misserfolg in meinen alten Beruf zurück? Wie wird sich das Beziehungsleben mit*

meinem Mann bei einer solchen Entscheidung entwickeln?" Diese und viele weitere Fragen möchte sie mit einem kompetenten Ansprechpartner klären.

Um in dieser schwierigen Angelegenheit weiterzukommen, fragt sie zunächst Bekannte. Diese kennen da einen „kompetenten Berater", der eigentlich Psychotherapeut ist, aber auch „solche Themen" abdeckt. Wirklich aufgehoben fühlt sich die junge Mutter bei einem Psychotherapeuten jedoch nicht, denn auch sie hat das klassische Bild im Kopf: *„Nur Kranke gehen zur Therapie."* Doch wie findet sie dann einen geeigneten, vertrauenswürdigen Coach?

Empfehlungen

Kurze Zeit später blättert Sabine Meyer in einer Frauenzeitschrift. In einem Artikel finden sich auch zwei Experten-Interviews von Coaches. Also betrachtet sich unsere Interessentin deren Webseiten:

Experten-Interviews

Das ganze Leben ist ein nie endender Coaching-Prozess. Unser Unterbewusstsein entwickelt die Programme, nach denen wir handeln. Wir befragen in einem ständigen Dialog unsere innere Stimme. So erfahren wir ein ständiges Feedback, was wir zu tun und zu lassen haben.

Viel zu selten lassen wir neue Impulse von außen zu. Viel zu stark ist unser inneres Ich und kämpft gegen den Wettbewerb von außen. Es gibt uns das Signal: bloß keine Veränderung.

So wird auch schlecht klar, warum so wenige Menschen ihre Träume leben. Erst im Alter bemerken sie, nicht gelebt zu haben. Das hat nichts mit Reichtum, Herkunft oder Status zu tun. Der einzige Grund ist ihre innere bestimmende Stimme. Lebenslang.

Jeder kann aus diesem Lebensgefängnis ausbrechen und endlich tun, was er kann und was ihm Spaß macht. Denn jeder hat Ressourcen.

Irgendwie findet sich Sabine Meyer hier nicht wieder. Die angesprochenen Themen sind nicht ihre. Hinzu kommt, dass sie als Rechtsanwaltsgehilfin die Sprache als eher philosophisch, fast schon esoterisch einstuft. Sicherlich, für einige Kunden ist das genau der richtige Coach, für sie jedoch nicht. Also betrachtet sie die zweite Internetseite:

Im LifeCoaching werden bisher ungeahnte und/oder kaum genutzte persönliche Ressourcen wieder aktiviert. Denn Sie können mehr. Ein LifeCoach ist Impulsgeber, nicht Manipulator.

Tanja Testcoach ist Diplom-Psychologin. Sie arbeitete in einer Reihe von verschiedenen Positionen und Branchen, bevor sie sich im Jahre 1999 als LifeCoach selbstständig machte.

Als langjährige Geschäftsführerin eines mittelständischen Unternehmens sammelte sie wertvolle Erfahrungen, die sie in ihrer Arbeit, insbesondere in Trainings und Coachings, integriert.

Umfangreiche Erfahrungen in den Bereichen Familienaufstellungen, Entspannungstechniken, Systemische Therapie und Beratung sowie zahlreiche weitere Ansätze ermöglichen ihr eine flexible Betreuung ihrer Klienten.

Fühlt der Kunde sich angesprochen?

Auch hier fühlt sich unsere Interessentin nicht wirklich angesprochen. Was macht diese Dame jetzt genau? Bei welchen Themen kann sie unterstützen? Wie läuft die Arbeit mit ihr ab? Und was sind Familienaufstellungen überhaupt? Das Ganze klingt in den Ohren der gelernten Rechtsanwaltsgehilfin eher befremdlich.

Nichtsdestotrotz findet Sabine Meyer, dass sie jetzt genug gesucht hat. Sie beschließt, diesen Coach anzurufen, auch wenn sie nicht wirklich überzeugt ist. Als diese ihr dann ihren Stundensatz von 180 Euro nennt, schluckt die junge Mutter. So viel Geld wollte sie eigentlich nicht ausgeben. Also bittet sie Tanja Testcoach um einen Sonderpreis, damit ein Versuch für sie überhaupt in Frage kommt. Ihr Wunsch wird erfüllt: Das neue Angebot umfasst eine Gratis-Kennenlernstunde und danach 130 Euro pro Stunde, also letztlich über 25 Prozent Honorarnachlass.

Der Kontakt ist zwar zu Stande gekommen, aber zu welchem Preis? Für die Kundin stimmt die Chemie nur zum Teil. Und der Coach hat bei üblichen 30 Prozent Gewinnanteil am Umsatz eine Gewinneinbuße von 83,35 Prozent (= 25/30). Nüchtern betrachtet hat sie Geld gewechselt, und das auch noch bei mittelprächtiger Stimmung.

Interessent Nr. 3 – Markus Radermacher

Markus Radermacher ist Personalentwickler eines großen Konzerns mit direkter Verantwortung für die Weiterbildung von 580 Mitarbeitern in Deutschland. Er sucht für ein neues Coaching-Programm drei zusätzliche Coaches.

Als Profi im „Zukauf" von Coaches sichtet er zunächst die Unterlagen von zehn Coaches, die sich in den vergangenen Monaten als Freie beworben haben. Diese entspringen einer Auswahl aus über 90 unaufgeforderten Bewerbungen. Die meisten davon landeten jedoch im Papierkorb, da sie nicht über das übliche „Blabla" hinauskamen.

Das übliche „Blabla"

Die ausgewählten Coaches unterscheiden sich von der Mehrheit zunächst durch die Aufmachung der Unterlagen; ihre Inhalte sichtet der Personalentwickler in aller Ruhe. Bei dieser Sichtung scheiden weitere Coaches aus, da deren Unterlagen kaum Kernkompetenzen und Spezialisierungen erkennen lassen.

Inhalt und Aufmachung der Unterlagen

Die verbleibenden vier Coaches lädt er zu seinem siebenstufigen Auswahlprozess ein:

Der Auswahlprozess

1. Persönliches Telefonat und erster Chemie-Check
2. Persönliches Treffen
3. Testcoaching von drei Coachees mit anschließendem Feedback
4. Honorarverhandlung mit der Einkaufsabteilung, orientiert an den festen Honorarsätzen des Unternehmens
5. Persönliches Treffen zum Klären letzter Parameter
6. Vertragsabschluss
7. Probephase

Hat ein Coach alle sieben Hürden erfolgreich genommen, ist er als freier Coach des Unternehmens fest in dessen Datenbank.

Die drei genannten Fälle sind tatsächlich real und spiegeln längst nicht alle, aber doch einen Großteil der Suchprozesse nach dem passenden Coach wider. Wie Sie an den drei Beispielen erkennen können, ist der Prozess von der Suche bis zum Auftrag für potenzielle Kunden mindestens ebenso schwer wie für Coaches. Und da beide Seiten in einem Boot sitzen, ist die entscheidende Frage: Was können Sie als Coach tun, damit Ihr Interessent Sie schnell und aus voller Überzeugung bucht?

Die drei zentralen Erfolgsfaktoren

In zehn Jahren Marketing für Coaches haben sich für mich drei zentrale Fragen als Erfolgsfaktoren herauskristallisiert:

▶ *Positionierung:* Wo nimmt Ihr Interessent Sie als „besonders" wahr?
▶ *Inszenierung:* Wie spannend stellen Sie sich und Ihre Leistungen dar?
▶ *Profilierung:* Wie bekannt sind Sie?

Lassen Sie uns diese drei Faktoren im nächsten Kapitel intensiver betrachten.

Kapitel 2

Positionierung, Inszenierung, Profilierung:
Die drei Schlüsselfaktoren für Ihren Erfolg

Schnellfinder

Drei Wirkungskriterien des Sog-Marketings 25

I. Positionierung – anders sein 26

Hürde I „Ich bin ein Allrounder" 29
▶ 1. Ausweg: Finden Sie Ihre übergeordnete Botschaftslinie 29
▶ 2. Ausweg: Positionieren Sie sich als Allrounder 30

Hürde II „Ich habe ein Allerweltsthema 31
▶ 1. Ausweg: Finden Sie Besonderheiten 31
▶ 2. Ausweg: Stehen Sie zu Ihrem Allerweltsthema und kommunizieren Sie es 32

II. Inszenierung – spannend sein 33

Drei Inszenierungsgrade – die Gummiseil-Metapher 33
▶ Das Gummiseil ist nicht gespannt – Langeweile 33
▶ Das Gummiseil ist angenehm gespannt – Wohlspannung 34
▶ Das Gummiseil ist überspannt – Überinszenierung 34

Drei Fragestellungen zum idealen Inszenierungsbereich 35
▶ Welche Leidensdruckthemen von Kunden löse ich? 35
▶ Stimmt das Verhältnis von Sagen und Nichtsagen? 36
▶ Ist Ihr gesamter Kundenkontakt ein spannender Prozess? 38

III. Profilierung – bekannt werden 42

Der Nutzen von Profilierung 44

Wichtige Zielgruppen der Profilierung 46

... und das ist Sog-Marketing 48

Die drei Wirkungskriterien des Sog-Marketings

Unabhängig von Ihrem Arbeitsbereich und Ihrer Zielgruppe erzeugen Sie Sog immer durch drei Faktoren:

1. Positionierung – anders sein
2. Inszenierung – spannend sein
3. Profilierung – bekannt werden

Im Folgenden finden Sie eine Übersicht zu den jeweiligen Themen, die dann in den anschließenden Kapiteln vertieft werden.

Positionierung – anders sein

Ein Zitat des amerikanischen Marketing-Experten Seth Godin bringt es auf den Punkt:

„Positionieren Sie sich, oder Sie werden positioniert."

Nur wenige Sekunden für Entscheidungsprozesse

Wir wissen, dass Kunden in einem so komplexen Markt nicht die Zeit, Geduld und Energie haben, einen Coach und sein Angebot bis ins letzte Detail zu studieren. Vielmehr läuft der Entscheidungsprozess in wenigen Sekunden ab. Wer hier anders wirkt als andere, verbessert seine Chancen.

Informations-Splitter

Entscheidend sind dabei Bruchstücke von Informationen, die der Interessent wahrnimmt. Wissenschaftler sprechen hier von „thin slicing", also dem In-dünne-Scheiben-Schneiden von Informationen.

Wie wirkungsvoll solche Mini-Informationen sind, hat der amerikanische Psychologe John Gottman eindrücklich bewiesen: Er ließ frisch verliebte Ehepaare eine Viertelstunde über ein kritisches Thema ihrer Beziehung sprechen. Dabei maß er – wie bei einem Lügendetektortest – eine Reihe von Stressparametern wie Herzfrequenz, Schweißproduktion und Hauttemperatur. In der Folge analysierte er Einzelsequenzen der Gespräche und die dazugehörigen Körperreaktionen und sagte voraus, welche der Ehen keine 15 Jahre halten würden. Was damals unglaublich klang, wurde 15 Jahre später überprüft. Und tatsächlich trafen die Vorhersagen des Psychologen in über 90 Prozent der Fälle zu! Fazit: Es waren die vermeintlichen Kleinigkeiten „zwischen den Zeilen", die wesentliche Rückschlüsse über Tiefe und Dauerhaftigkeit der Beziehung zuließen.

Solche Bruchstücke von Informationen nehmen auch die Besucher Ihrer Coach-Webseite, die Zuhörer Ihres Vortrags oder die Leser Ihres Fachartikels auf. Sie stellen sich – mehr oder weniger bewusst – die Frage, was für ein Mensch Sie sind. Diese Mini-Informationen werden unbewusst zu einem Gesamtbild ergänzt und führen im Ergebnis zu den berühmt-berüchtigten Denkschubladen. Die Teilnehmerin eines meiner Workshops brachte es einmal schön auf den Punkt: *„Wenn ich schon in eine Schublade gesteckt werde, dann möchte ich zumindest selbst entscheiden, in welche."*

Und genau das kann gelingen. Durch das Verständnis für die Prinzipien von Positionierung und die Beantwortung einiger Kernfragen. Entscheidend für Ihre Positionierung ist immer Ihre Wirkung auf Kunden. Sie können noch so speziell und einzigartig sein; wenn Sie Ihre Dienstleistungen wie jeder andere verkaufen, bemerkt Sie niemand. Auch wenn Sie der Einzige sind, der die Dienstleistung genauso umsetzt: Solange andere Gleiches behaupten, hat Ihr Kunde keine Chance, Sie als außergewöhnlich wahrzunehmen.

Ihre Wirkung auf Kunden

Bevor Sie sich um Ihre Darstellung Gedanken machen, müssen Sie die entscheidende Frage beantworten: *„Was macht mich besonders?"* Es gilt, Ihre *Strategischen Erfolgspositionen* zu ermitteln.

Als Strategische Erfolgspositionen (SEP), also die wirklichen Unterschiede zu Ihren Mitbewerbern, empfehle ich nur jene Merkmale zu betrachten, bei denen Sie …

Strategische Erfolgspositionen

▶ 30 Prozent besser als 90 Prozent Ihrer Mitbewerber sind und
▶ für die Ihre Mitbewerber mindestens drei Jahre benötigen, um sie zu kopieren.

Diese Faustformel ist dabei lediglich als eine Richtungsvorgabe zu verstehen. Sie müssen also nicht ermitteln, wo Sie exakt 30 Prozent besser als andere sind und es tatsächlich exakt drei Jahre dauern würde, Sie zu kopieren. 27 Prozent besser zu sein oder 2,5 Jahre Kopiervorsprung sind ebenfalls in Ordnung. Es geht um die Richtung, um eine Vorgabe, die Ihnen ein Gefühl für Ihre Besonderheiten oder Nicht-Besonderheiten geben soll.

Auch wenn Sie diese Vorgabe nicht wörtlich nehmen, kann die Analyse der eigenen SEP wirklich anstrengend und frustrierend sein. Doch sie ist der erste Schritt, die eigene Einzigartigkeit auszubauen.

Arten von Vorteilen

Ein 30-prozentiger Vorteil kann in verschiedenen Bereichen wurzeln:
- Besondere Dienstleistungen, die Sie lange entwickelt haben und die eine schwer kopierbare Besonderheit im Markt darstellen
- Reichhaltige Erfahrung und spezielle Referenzen, die Ihre Mitbewerber so schnell nicht aufholen können
- Außergewöhnliche Werte, die in Ihrem täglichen Handeln mit Leben gefüllt werden und die Zusammenarbeit mit Ihnen zu einem Vergnügen machen
- Herausragende Kontakte, die für Ihre Kunden – zusätzlich zum Coaching – immer wieder die Möglichkeit zum persönlichen Weiterkommen bieten
- Exzellenter Service, der Ihre Kunden regelmäßig begeistert
- Ein starker Vorbildcharakter, etwa wenn Sie selbst im Top-Management gearbeitet haben und nun andere unterstützen, diese Karriere ebenfalls zu erreichen

30 Prozent besser zu sein als andere und mindestens drei Jahre Vorsprung zu besitzen, um kopiert zu werden – das sind harte Vorgaben. Tatsächlich ähneln sich viele Coaches in ihren Leistungen. Auch die Identifikation von relevanten Mitbewerbern braucht viel Erfahrung, Wissen und ein gutes „Bauchgefühl". Da dieses Thema eine so grundlegende Bedeutung hat, finden Sie es im dritten Kapitel (ab Seite 53) ausführlich erläutert.

Jede SEP sollte klar erkennbar sein.

Doch schon als Warnung vorab: Geben Sie sich nicht damit zufrieden, nur *etwas* mehr als die anderen zu haben. Das ist nicht genug.

Jede SEP sollte klar erkennbar und eindeutig kommunizierbar sein sowie einen eindeutigen Nutzen für den Kunden beinhalten.

Auf der Suche nach den persönlichen SEP begegnen Coaches dabei häufig zwei Schwierigkeiten:

Hürde I auf dem Weg zur SEP: „Ich bin ein Allrounder"

Viele Coaches sehen sich als Allrounder, also Spezialisten für eine Vielzahl von Themen und Kunden. Das liegt auch nahe, schließlich eignen sich viele Coachingmethoden für den universellen Einsatz. Umso schwerer fällt es natürlich, sich auf strategische Erfolgspositionen und damit gegebenenfalls auch auf Themen, Zielgruppen oder Branchen zu spezialisieren. Mindestens zwei Auswege aus dieser „Bauchladen-Falle" gibt es:

Auswege aus der „Bauchladen-Falle"

1. Ausweg: Finden Sie Ihre übergeordnete Botschaftslinie

Vor der gleichen Herausforderung stand auch Coach Manfred Mäntele. Ein vielschichtiges und bewegtes Leben, eine facettenreiche Persönlichkeit, Unmengen an Ideen, umfangreiche Methodenkenntnis, viele Interessen und eine gehörige Portion Power sollten in eine Positionierung eingebracht werden. Also analysierten wir seine Strategischen Erfolgspositionen und stellten fest: Das verbindende Element seiner Lebensstationen, Ideen und Ziele sowie seiner Persönlichkeit insgesamt waren Umbruchphasen. Nicht einfache Veränderungen, sondern wirkliche Umbrüche. Also positionierte sich Manfred Mäntele als Coach für Menschen in Umbruchphasen oder solche, die sich gerne in einer befinden würden. Hier ein Auszug aus seiner Webseite (Stand: Januar 2006):

Herzlich Willkommen!
Wenn Sie sich in einer Umbruchphase befinden oder gerne befinden würden, möchte ich Sie begleiten.

Die Ziele meiner Kunden sind dabei so verschieden wie die Menschen selbst. Einige Kernthemen habe ich hier für Sie zusammengestellt:

- *Die Frage beantworten: ‚Was will ich wirklich?' bzw. ‚Wonach sehne ich mich schon lange?'*
- *Kraft tanken für neue Herausforderungen bzw. Verbindung zur eigenen Kraft finden*
- *Die Balance aus Freiheit und Geborgenheit, aus Mobilität und Bindung finden*
- *Wichtige Lebensentscheidungen treffen oder neu treffen*
- *Mehr Selbstbewusstsein und Selbstwertgefühl entwickeln und nach innen wie nach außen leben*
- *Vor einer neuen Lebensphase die Frage beantworten: ‚Und was soll jetzt kommen, was ist realistisch?'*
- *In Konflikten den eigenen Standpunkt selbstsicher vertreten und gleichzeitig offen für die Ideen anderer sein*

Auf diese Weise verbindet die übergeordnete Botschaft „Coach für Menschen in Umbruchphasen" seine Vielzahl an Themen und Interessen und kommuniziert eine wirkliche Besonderheit in den Markt: Hier präsentiert sich ein wirklicher Umbruch-Experte.

Wie rasch kopierbar ist Ihr Kernvorteil? Um diesen Kernvorteil zu kopieren, müssten Mitbewerber erst einmal ein so vielfältiges Leben geführt haben, eine ähnliche Persönlichkeit besitzen und ebenso geübt im Umgang mit Umbrüchen sein.

2. Ausweg: Positionieren Sie sich als Allrounder

Auch Generalisten werden gebraucht. Somit lässt sich eine Angebotsvielfalt auch bewusst als Vielfalt verkaufen. Allerdings sollte diese Vielfalt dann auch intensiv kommuniziert werden. Benennen Sie als Generalist zum Beispiel typische Leidensdruckthemen Ihrer Kunden auf Ihrer Webseite und beschreiben Sie dann, welche Verknüpfung von Themen und Methoden hier zum Ziel führen kann. Stellen Sie die Vielfalt als unverzichtbaren Erfolgsfaktor in den Vordergrund. Verpacken ließe sich das in etwa so:

„Coaching ist und bleibt ein universelles Instrument. Das heißt auch, dass es bei den unterschiedlichsten privaten und beruflichen Anliegen unterstützend eingesetzt werden kann. Als Coach sehe ich mich *daher in einer ebenso universellen Rolle. Ich stelle Ihnen sowohl die handwerklichen Fähigkeiten als Coach wie auch nicht konkret Benennbares, wie z.B. Empathie, zur Verfügung. Mit folgenden Anliegen meiner Kunden habe ich die meiste Erfahrung ..."*

Der Kunde wird also durch die Hauptthemen bei seinem Leidensdruck „abgeholt" und gleichzeitig wird deutlich: Es geht sogar noch mehr. Abgerundet durch zahlreiche, aussagekräftige Referenzen und Kundenstimmen sowie einen sympathischen bescheidenen Ton entsteht ein runder Eindruck. Der Bauchladen ist geblieben, doch plötzlich handelt es sich um eine „Vielfalt an Möglichkeiten".

Leidensdruckthemen

Hürde II auf dem Weg zur SEP: „Ich habe ein Allerweltsthema"

Klar: Businesscoaching ist nicht gerade ein besonders auffallendes Thema. Ebenso wenig wie Lifecoaching, Führungscoaching und Konfliktcoaching. Angenommen, Sie haben ein solches „Allerweltsthema": Was können Sie dann machen, um dennoch gut positioniert zu sein?

1. Ausweg: Finden Sie Besonderheiten

Auch wenn Ihr Arbeitsschwerpunkt per se nicht ungewöhnlich ist, etwas Besonderes an Ihrer Arbeit gibt es bestimmt. Stellen Sie sich doch einmal die folgenden Fragen:

- Was ist Ihnen in Ihrer Arbeit **extrem** wichtig? So wichtig, dass Sie um keinen Preis darauf verzichten würden?
- Was machen Sie in Ihrer Arbeit so ganz „nebenbei", was von Kunden besonders gelobt wird?
- Einmal angenommen, ein Interessent trifft Sie. Welche Elemente Ihrer Persönlichkeit **muss er einfach** sofort erkennen, weil diese so offensichtlich sind?
- Was ist an Ihrem persönlichen Stil außergewöhnlich?
- Haben Sie neben Ihrer Arbeit Interessen, die aus der Rolle fallen oder Hobbys, die Sie besonders gut beherrschen? Vielleicht lässt sich hier eine Verbindung herstellen.

Ihre Besonderheiten?

▶ Gibt es Zielgruppen, von denen Sie „geliebt" werden und die Sie ebenso „lieben"?

Es ist manchmal harte Arbeit, wirkliche Besonderheiten zu finden, doch in aller Regel werden Sie fündig. Mit einer hervorstechenden Besonderheit als Ausgangsbasis können Sie nun aus einem neuen Blickwinkel über Ihr „Allerweltsthema" nachdenken. Also: Dranbleiben lohnt sich!

2. Ausweg: Stehen Sie zu Ihrem Allerweltsthema und kommunizieren Sie es

Manchmal lässt sich das Rad nicht neu erfinden. Wenn Sie sich wirklich intensiv bemüht haben, eine Besonderheit zu finden und nicht fündig geworden sind, können Sie auch ein eher allgemeines Thema positionieren. Dann allerdings ...

▶ mit einem persönlichen Stil
▶ mit besonders plastischen und spannenden Unterlagen
▶ durch klar benannte Leidensdruckthemen der Kunden in einer exzellenten Zusammenstellung
▶ ergänzt um Video- und Audio-Sequenzen für mehr persönliche Nähe
▶ mit besonders interessanter und gut inszenierter Medienarbeit

Allerweltsthemen – aber perfekt kommuniziert

Wie Sie an den Worten „besonders", „plastisch", „spannend", „exzellent", „interessant" und „gut inszeniert" erkennen können, liegt der Maßstab für Ihren Marktauftritt und Ihre Medienarbeit ohne SEP und Besonderheit sehr viel höher. Mit einer hervorstechenden Positionierung können Sie nicht punkten, also bleibt Ihnen nur die Chance einer perfekten Kommunikation. Das erfordert enorme Ausdauer und wirklich virtuose Kommunikationsfähigkeit. Persönliche Kontakte, ein gewisses Netzwerktalent und natürlich eine Prise Glück sind ebenso wichtig. Dann kann auch dieser Weg gelingen.

Inszenierung – spannend sein

Der Begriff Inszenierung stammt – wer hätte das gedacht – aus dem Theater. Der deutsche Publizist und Theaterreformator August Lewald prägte im 19. Jahrhundert die Sichtweise der Inszenierung: *„In die Szene zu setzen heißt, ein dramatisches Werk vollständig zur Anschauung bringen, um durch äußere Mittel die Intention des Dichters zu ergänzen und die Wirkung des Dramas zu verstärken."*

Übertragen auf die Welt der Coaches würde das bedeuten: *„Inszenierung heißt, die eigene Kernkompetenz und eigene Besonderheiten optimal wirken zu lassen. Durch äußere Mittel, wie eine spannend gestaltete Internetseite und Medienarbeit, soll die Wirkung der eigenen Kernbotschaften erhöht werden."*

Es geht also niemals um sinnlose, übertriebene Show. Ziel ist es vielmehr, Ihre Stärken herauszustellen und Sie genauso attraktiv wirken zu lassen wie Sie sind.

Drei Inszenierungsgrade – die Gummiseil-Metapher

Es gibt drei Grade der Inszenierung – sie sind mit einem Gummiseil vergleichbar:

Das Gummiseil ist nicht gespannt – Langeweile

Dies ist leider der wohl häufigste Zustand von Marktauftritten der deutschsprachigen Coach-Szene. Langweilige Webseiten, ohne strategische Positionierung, ohne durchdachte Spannungsbögen

Viele Marktauftritte langweilen.

und ohne eine saubere, interessante Sprache. Ohne Besonderheiten, Persönlichkeit und Charisma.

Das Gummiseil ist angenehm gespannt – Wohlspannung

Der Idealzustand Ihres Marktauftritts

Hier liegt das größte Potenzial für Marktauftritt und Medienarbeit: spannend, aber nicht überspannt. Außergewöhnlich, aber auch angenehm. Natürlich, aber dennoch seriös in Sprache und Wortwahl. Mit Einbindung von Video und Audio, ohne zum „Videospiel" zu werden. Beschreiben, aber an der richtigen Stelle schweigen.

Die Liste ließe sich beliebig fortsetzen. Stimmtrainer sprechen bei einer bestimmten Stimmlage von „Wohlspannung", und genau das ist der perfekte Inszenierungsbereich. Natürlich hängt die Wohlspannung, übrigens wie bei Ihrer Stimme, von Ihnen ab. Sind Sie eher ruhig und zurückhaltend, liegt Ihre Wohlspannung in einem anderen Bereich als bei einem eher extrovertierten Coach. Genauso entscheidend ist der Adressat Ihres Marktauftritts oder Ihrer Medienarbeit. Empfindet er die gleiche Wohlspannung wie Sie beim Betrachten Ihres Marktauftritts?

Gegenwind ist vorprogrammiert.

Auch Wohlspannung kann Gegenwind erzeugen. Erst kürzlich erreichte mich eine E-Mail: *„Ich finde Ihre Selbstdarstellung – auf jeder Seite ein neues Bild von sich selbst – ziemlich peinlich."* Das war die Reaktion auf meine neue Webseite, die statt gewohnter Bilder von schüttelnden Händen, Blumenwiesen, zufriedenen Business-Leuten an Besprechungstischen und obligatorischen Netzplänen einfach und simpel die zweitwichtigste Person in meinen Beratungsprozessen zeigt: mich. Die wichtigste Person, der Kunde, ist aus nahe liegenden Gründen nicht darstellbar; also zeigt die Seite eben, mit wem es der Kunde zu tun haben wird. Neben den vielen positiven Reaktionen gab es eben auch jene Dame, die sich sogar stellvertretend für meine „Angeberei" schämte. Für sie war ein Foto des Beraters oder Coaches schon zu viel des Guten. Auch Gegenwind ist ein Ergebnis klarer Positionierung.

Das Gummiseil ist überspannt – Überinszenierung

Vermeiden Sie „Show-Marktauftritte".

Auch das gibt es: überinszenierte „Show-Marktauftritte". Spätestens seit den Massenveranstaltungen diverser Erfolgstrainer reagieren Kunden auf diesen Typus besonders allergisch. Auch Versprechen wie *„In 7 Jahren zur ersten Million"* mögen vor einigen Jahren noch funktioniert haben, heute wirken sie nur noch übertrieben. Und was passiert mit einem Gummiseil, das Sie zu stark spannen? Es fliegt Ihnen um die Ohren. Wie ein überinszenierter Marktauftritt.

Drei Fragestellungen zum idealen Inszenierungsbereich

Der ideale Weg zwischen diesen Bereichen ist nicht immer leicht zu finden. Neben Ihrer Persönlichkeit, Ihrer Zielgruppe und Ihrem Thema sind eben auch die Aktivitäten der Mitbewerber, Regeln der Inszenierung und technische sowie finanzielle Möglichkeiten zu bedenken. Drei Fragen helfen bei dieser Gratwanderung:

Welche Leidensdruckthemen von Kunden löse ich?

Die Frage klingt banal und doch weist sie auf das größte Spannungspotenzial von Coaches hin: die wirklichen Leidensdruckthemen Ihrer Kunden. Sie können Ihre Kunden auf vier Ebenen ansprechen:

▶ **Ebene 1: Bedürfnisse**
Ich laufe gut gelaunt durch die Bayreuther Innenstadt. Die Sonne scheint, ich genieße den schönen Tag. In etwa 20 Metern Entfernung entdecke ich einen Stand mit wunderbaren, frisch gepressten Fruchtsäften. Während mir das Wasser im Munde zusammenläuft, nähere ich mich und lese das Preisschild: *„0,2 l = 4,50 Euro."* Also, schön wäre so ein Saft ja schon gewesen, aber als bodenständiger Mensch gebe ich dafür nicht so viel Geld aus. Ich habe zwar das Bedürfnis, bin aber nicht bereit, entsprechend zu investieren.

▶ **Ebene 2: Bedarf**
Ein langer Tag auf der Frankfurter Buchmesse mit Verhandlungen für Kunden liegt hinter mir. Nach Hitze, Lärm, Menschenmengen und Anspannung sehe ich den gleichen Fruchtsaftstand mit gleichen Preisen. Ich denke mir: *„Mmmm, heute gönne ich mir das einmal."* Aus dem Bedürfnis ist ein Bedarf geworden.

Leidensdruckthemen

Auf dieser Ebene findet die **Nutzen**ansprache statt – die meisten Coaches argumentieren, wenn überhaupt, auf dieser Ebene.

▶ Ebene 3: Leidensdruck

Die dritte Ebene ist besonders spannend für Ihr Marketing.

Im Urlaub entschließe ich mich zu einem Kamelritt durch die Westsahara. Nach einer Stunde schaukelnder Bewegung greife ich nach meiner Wasserflasche und stelle entsetzt fest: Sie war undicht. Kein Schluck Wasser mehr, aber noch drei Stunden Kamelritt vor mir. Die Mitreisenden brauchen ihr Wasser selbst und so vergeht die Zeit. Hitze steigt in mir auf, mein Mund trocknet aus, mein Kopf beginnt zu hämmern. Doch da kommen wir am einzigen Wasserverkäufer weit und breit vorbei. Ich brauche Wasser – und zwar sofort. Egal, was es kostet! Das ist purer Leidensdruck und es reicht völlig, diesen Leidensdruck anzusprechen. Ich kaufe!

▶ Ebene 4: Traum

Nach einem wunderschönen Urlaub träume ich vor mich hin: Wie schön wäre ein eigenes Hotel! Doch leider fehlt bei ca. 60 Millionen Euro Investitionsvolumen das nötige Kleingeld. Also kaufe ich mir ein Buch „In vier Jahren zur ersten Million", das auch dem Normalverdiener entsprechendes Kapital verspricht.

Nach einiger Zeit rechne ich das Versprechen durch und merke: Das kann nicht funktionieren. Das Buch verliert seinen Reiz. Es hat lediglich einen Traum versprochen und ist damit überinszeniert.

Sie merken bereits, wie nützlich die beschriebene dritte Ebene für Sie sein kann. Wenn Sie es schaffen, die Leidensdruckthemen Ihrer potenziellen Kunden zu treffen, brauchen Sie sich über die Spannung Ihres Auftritts weit weniger Gedanken zu machen. Natürlich ist es nur selten so einfach wie für den erwähnten Wasserverkäufer in der Wüste. Aber es ist möglich – auch in einem hart umkämpften Markt wie dem Coachingmarkt.

Stimmt das Verhältnis von Sagen und Nichtsagen?

Wer wäre nicht gerne ein gefragter Experte? Wie der Begriff schon verrät, wird ein „gefragter Experte" auch tatsächlich gefragt, denn sonst hieße er ja „sagender Experte". Und in genau dieser Unterscheidung liegt die Kunst der Inszenierung: das Richtige sagen und das Richtige *nicht* sagen. Nehmen wir nur einmal die typische Situation der Kurzvorstellung: Jemand fragt Sie, was Sie beruflich machen. Sie haben ungefähr 30 Sekunden Zeit, um das Interesse des Gegenübers zu wecken. Beginnen Sie mit einem ungebremsten Redefluss und versuchen, alle Ihre Themen und Stärken in kürzester Zeit „herüberzubringen", ist Ihr Gesprächspartner vermutlich gelangweilt. Denn er wollte keine vertonte Firmenbroschüre hören, sondern eine möglichst informative und spannende Antwort. Wenn Sie dagegen Ihre Spezialisierung benennen und kurze Pausen machen, entsteht Spannung:

Die Kunst, Pausen gezielt einzusetzen

„Ich bin Coach für Menschen in Umbruchphasen oder solche, die sich gerne in einer befinden würden ..." (Pause)

Nun gibt es mindestens zwei Reaktionsmöglichkeiten: Der andere findet das nicht so spannend für seine Situation, dann wird er freundlich lächeln und sich möglicherweise verabschieden. Oder Ihr Thema trifft seinen aktuellen Leidensdruck – in diesem Fall wird er nachfragen. Jetzt können Sie weiterreden. Durch Ihre Pause sind Sie spannend geworden.

Oder nehmen wir als Beispiel Ihren Web-Auftritt: Natürlich können Sie Ihre Internetseite als reine Informationssammlung gestalten. Und manche Interessenten finden das auch sicherlich toll. Doch die meisten fühlen sich auf den ersten Blick von der Vielfalt Ihres Angebots erschlagen. Außerdem: Wenn alle Informationen auf der Internetseite vorhanden sind, welchen Grund hätte ein Interessent, Sie zu kontaktieren? Wenn er nicht zur „schnellen Truppe" gehört und Sie direkt buchen möchte, ist eine konkrete (Nach-)Frage häufig der Einstieg in ein Gespräch.

Geben Sie auf Ihrer Website nicht gleich alles über sich preis.

Also gilt auch hier, die richtigen Informationen preiszugeben und andere zurückzuhalten, bis Sie *gefragt* werden.

Das sind nur einige Beispiele, wie Sie durch gezieltes Nichtsagen Spannung erzeugen können. Auch dieses Prinzip lässt sich ausbauen und wird daher im Kapitel 4 (ab Seite 101) vertieft.

Ist Ihr gesamter Kundenkontakt ein spannender Prozess?

Haben Sie Ihre Positionierung und Ihren Marktauftritt spannend gestaltet, lohnt es sich, einmal Ihre Kundenprozesse zu betrachten. Was passiert bei einer Kundenanfrage? Was bei bekundetem Interesse an einem Coaching? Was, wenn ein Kunde Interesse für einen späteren Zeitpunkt signalisiert?

Was passiert nach einer Kundenanfrage?

Um Ihnen die Chancen spannender Prozesse zu verdeutlichen, finden Sie im Folgenden einen kleinen Ausschnitt meines Prozesses bei Neukundenanfragen. Ich habe das eigene Beispiel gewählt, um Ihnen mehr zu meinen persönlichen Hinter- und Beweggründen einzelner Schritte verraten zu können.

Gehen wir einmal davon aus, ein Interessent hat einen Fachartikel zum Thema Beratermarketing gelesen. Er fragt nun per E-Mail an und bittet um einen Telefontermin. Natürlich kann ich ihm nun eine E-Mail mit einem Terminvorschlag schicken, habe dann aber ein wichtiges Potenzial verpasst: ihn weiter neugierig zu machen und ihm schon einen ersten Eindruck meiner Arbeit zu vermitteln. Also enthält meine E-Mail in vielen Fällen (nicht in allen) einen Link auf meine 90-Sekunden-Präsentation. In dieser Präsentation mache ich in 90 Sekunden auf meine Kernthemen neugierig. Sie kann im Programmierformat Flash oder als selbstablaufende PowerPoint-Datei gestaltet sein. Beispiele für die Konzeption von 90- bzw. 60-Sekunden-Präsentationen finden Sie auch im Kapitel 6 (ab Seite 226).

Nun kommt der Telefontermin zu Stande. Nachdem ich mir das Anliegen des Anrufers angehört und einige Verständnisfragen gestellt habe, spreche ich in aller Regel über drei Marketing-Themen:

1. Die zentralen Fragen, um erfolgreich zu sein
   Für jeden Coach sind es andere Fragen, die er sich stellen sollte, um sein Marketing zu verbessern. Für den einen ist es die Frage, wo seinen Kunden wirklich der Schuh drückt, für den anderen eher die, wie er seinem ‚Allerweltsthema' eine persönliche Note verleihen kann. Durch das Aufwerfen der zentralen Frage lenke ich den Fokus zu den meines Erachtens wichtigsten Punkten und Schwierigkeiten.

2. Feedback aus Sicht des Marktes

Dann beschreibe ich, warum diese Fragen aus Sicht des Marktes unbedingt beantwortet werden müssen. Meistens, indem ich Mitbewerber nenne und die Sicht des potenziellen Kunden verdeutliche.

3. Ausblick auf die Antwort

Um dem Interessenten dann ein Gefühl für meine Arbeit zu geben, liefere ich einige „Schnellschüsse" an Ideen. So sieht er, in welche Richtung ich denke. Diese Ideen sind immer als Geschenk gedacht – mein Gesprächspartner kann sie auch ohne Buchung einsetzen.

In aller Regel ist nun das Interesse geweckt und ich werde nach den Konditionen für einen ersten Beratungstag gefragt. Nachdem diese besprochen sind, schlägt ein Großteil der Anrufer gleich ein, ein anderer Teil möchte es sich vorher überlegen. Ein klares Signal: Derjenige, der noch zögert, braucht womöglich mehr Sicherheit darüber, was ihm diese Beratung bringt. Also sende ich den noch unentschlossenen Personen ein PDF-Dokument „Unser erster Beratungstag" per E-Mail, das genau über den Ablauf eines ersten Tages informiert:

Kapitel 2

1. Positionierung – anders sein

Wir beschäftigen uns mit der Frage, was Sie als Berater besonders macht. Dabei achten wir sowohl auf Ihre „Herzensthemen" als auch auf Möglichkeiten des Marktes. Sie erhalten von mir ein kritisches Feedback über die Chancen und Risiken der geplanten Positionierung und erhalten somit eine wirkliche Entscheidungsgrundlage.

Sind Sie bereits positioniert, betrachten wir uns in diesem Schritt ebenfalls Ihr aktuelles Kerngeschäft. Eine eventuelle Umpositionierung soll glaubhaft und betriebswirtschaftlich sinnvoll sein, was i.d.R. durch ein Phasenmodell ermöglicht wird. Wie sagt man so schön: „Säge nie den Ast ab, auf dem Du sitzt".

Als Ergebnis der Positionierungsideen erhalten Sie in aller Regel Ihre Botschaftslinie. Das ist jene Botschaft, die Sie immer als übergeordnetes Element kommunizieren können. Sie hilft Ihnen, Ihren Internetauftritt klar auszurichten, Marketing- und PR auf der Basis Ihrer Strategie zu nutzen und in persönlichen Terminen zu überzeugen. Ihre Botschaftslinie ist z.B. die ideale Basis für eine gute Kurzvorstellung in 30 Sekunden.

2. Inszenierung – spannend sein

Nun kennen Sie Ihre Besonderheiten und haben diese in einer Botschaftslinie klar auf den Punkt gebracht. Doch wie können Sie sich und Ihre Leistungen spannend darstellen?

Gemeinsam erarbeiten wir den Spannungsbogen Ihrer Leistungen:

Welche Informationen braucht Ihr Kunde um gespannt zu sein und mehr erfahren zu wollen?

Wie erscheinen Sie im rechten Licht und können authentisch wirken?

Was sollten Sie vermeiden?

Wie werden Sie so spannend, dass Kunden Sie ausgiebig und gerne weiterempfehlen?

Und da Inszenierung meistens bei einem Internetauftritt beginnt, entwickeln wir gemeinsam die Struktur Ihrer neuen oder überarbeiteten Internetseite und setzen Ihre Botschaftslinie gleich in einen Text für die Startseite um.

Natürlich ist das keine endgültige Version, sondern vielmehr eine genaue Skizze, wie es später sein könnte.

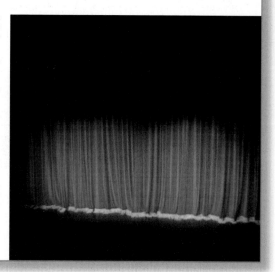

Positionierung, Inszenierung, Profilierung

3. Profilierung – bekannt werden

All das nutzt Ihnen wenig, wenn Sie keiner kennt. Daher stelle ich Ihnen im letzten Schritt einige Marketing- und PR-Kanäle vor, über die Sie sich bekannter machen können. Hierzu zählen klassische Kanäle wie Fachartikel, Buch und Vorträge ebenso wie innovative, neue Möglichkeiten, die nur sehr wenige Ihrer Mitbewerber nutzen.

Die Auswahl meiner Vorschläge erfolgt direkt zugeschnitten auf Ihre Positionierung und Inszenierung.

Natürlich unterstütze ich Sie gerne nach unserem Beratungstermin mit einer Sparringspartnerschaft beim konsequenten Nutzen dieser Kanäle.

Damit Sie damit aber auch alleine erfolgreich sein können, erhalten Sie zu den meisten Kanälen eine detaillierte Umsetzungscheckliste und Musterbeispiele meiner Kunden. So haben Sie das gesamte Handwerkszeug an der Hand um die vorgestellten Nutzen Kanäle selbst zu bedienen. Das heißt auch, dass wir auf Ihren Wunsch erste Themenideen für Fachartikel, Buch etc. sammeln und ich Ihnen ein Feedback zur Umsetzungschance geben kann.

„Das alles in einem Tag?" Eine häufige Frage meiner Kunden. Die Antwort lautet: Ja, in fast allen Fällen schaffen wir das in einem Tag. Dieser intensive Tag bedeutet natürlich einiges an Nachbereitung für Sie, denn die erarbeiteten Themen müssen nun in Ihrem geschäftlichen Alltag umgesetzt werden.

Fragen, die im Zuge der Nachbereitung entstehen, beantworte ich gerne telefonisch oder per Email. Dies gehört, in gewissem Rahmen natürlich, zu meinem Service für Sie.

Wenn Sie danach weiter unterstützt werden möchten, haben Sie jederzeit die Möglichkeit einer Sparringspartnerschaft, in der mein Team und ich Sie mit Ideen, kritischem Feedback, Kontakten oder auch der kompletten Umsetzung einiger Aufgaben unterstützen.

Oder aber, Sie machen das alleine. Das notwendige Handwerkszeug haben Sie an unserem ersten Tag erhalten, der Rest ist Erfahrung.

Falls Sie sich dafür entscheiden: Ich freue mich auf unseren ersten Arbeitstag!

Mit herzlichen Grüßen

KONTAKTDATEN

Giso Weyand
Burgstallring 33d
95517 Seybothenreuth

Tel: 09275 / 97 28 48 weyand@gisoweyand.de
Fax: 09275 / 60 59 24 www.gisoweyand.de

Vertrauensbildende Maßnahme: Die Ablaufbeschreibung des ersten gemeinsamen Beratungstags.

Das Dokument soll größere Sicherheit und Verbindlichkeit durch schriftliche Information schaffen.

Ein weiterer großer Teil der „Unentschlossenen" bucht einige Tage nach Erhalt des Dokuments, ein anderer Teil sagt ab oder meldet sich gar nicht. Bei diesen entscheide ich nun nach Gefühl: Wer wird in Zukunft ein spannender Kunde oder Empfehler sein?

Denn nur weil jemand im Augenblick nicht bucht, heißt das nicht, dass er grundsätzlich kein Interesse hat oder die Leistung nicht gerne dennoch weiterempfehlen würde. Einem kleinen Teil der Personen, die ich für spannend halte, sende ich dann eines meiner Bücher mit einer kurzen Notiz: „Leider haben Sie sich zum jetzigen Zeitpunkt gegen eine Beratung entschieden. Damit Sie dennoch in Sachen Beratermarketing weiterkommen, sende ich Ihnen als kleines Geschenk mein aktuelles Buch. Ich wünsche Ihnen viel Freude beim Lesen.

„Irgendwann kommen Sie alle" wäre wohl eine vermessene Formulierung. Aber die Aussage „Viele kommen irgendwann" trifft den Kern. Und warum? Nicht zuletzt auf Grund eines spannenden, einheitlichen und authentischen Prozesses – so die Rückmeldung der Kunden.

Positionierung, Inszenierung, Profilierung

Profilierung – bekannt werden

Publizieren Sie bereits?

Es gab eine Zeit, in der nur ein kleiner, elitärer Kreis von Coaches und Beratern publizierte. Heute, so behaupte ich, ist das regelmäßige Publizieren von der Kür zur Pflicht geworden und stellt eines der interessantesten Profilierungsinstrumente für Coaches dar. Ab einer gewissen Liga kommen Sie nicht mehr umhin, zu veröffentlichen.

Die meisten Berater und Coaches nehmen sich das Schreiben von Artikeln und vielleicht auch eines Buchs fest vor. Doch dann holt einen der Alltag ein und in 90 Prozent der Fälle sind die Vorsätze zum Publizieren ebenso rasch vergessen wie jene, abzuspecken, mehr Sport zu treiben und weniger zu rauchen. Die übrigen versuchen es und erhalten zunächst einige Absagen von Magazinen oder Buchverlagen. Hier geben die nächsten auf. Bleibt ein kläglicher Rest von vielleicht drei Prozent, die tatsächlich nach einigen Monaten, bei Büchern nach ein bis zwei Jahren, ihre erste Publikation in der Hand halten. Und dann? Warten sie auf Anfragen begeisterter Leser, die unbedingt eine Beratung in Anspruch nehmen wollen. Auch wenn das manchmal vorkommt, so ist das Warten doch häufig vergebens. Also geben erneut viele auf; ein mageres Prozent an regelmäßigen Schreibern bleibt schließlich übrig.

Und was haben diese Ausdauernden davon? Nach einer Reihe von Fachartikeln, vielleicht ergänzt um ein Buch, beginnt sich langsam eine positive Spirale in Gang zu setzen. Immer mehr potenzielle Kunden lesen von ihnen, geben ihre Artikel weiter oder schreiben Leserbriefe. Das bemerken auch die Redaktionen und die Nachfrage nach den Artikeln dieser Autoren steigt. Je häufiger die Interessenten einen Artikel oder ein Buch eines Autors lesen, desto geneigter sind sie, sich einmal auf dessen Internetseite zu informieren oder sich direkt zu melden. Es wächst etwas in unserer Branche sehr Begehrtes: Expertenstatus. Ab diesem Moment wird die Akquise wirklich leichter und aus der Medienarbeit resultieren schließlich auch direkte Aufträge. Bis dahin vergehen in aller Regel zwei bis drei Jahre – regelmäßiges Engagement vorausgesetzt.

Der Nutzen von Profilierung

Ihre Vorteile   Warum schreibe ich das? Weil ich Sie ermutigen möchte, zu dem einen Prozent der Durchhalter zu gehören. Und zwar, weil die Chancen so ungeheuer vielversprechend sind. Einige der Vorteile sind:

- Bekanntheit
  Je bekannter Sie sind, desto eher glaubt man Ihnen Ihren Ruf als Experten. Sie heben sich von der Masse Ihrer Mitbewerber ab und zeigen so: Ich bin besonders.

- Augenhöhe in Gesprächen
  Häufig wird Beratern, Trainern und Coaches auf Grund ihres massenhaften Auftretens nicht mit dem nötigen Respekt begegnet. Die Zeit von Personalleitern, Geschäftsführern, Einkäufern, aber auch Privatkunden, ist knapp und so erwartet man viele Vorleistungen von potenziellen Coaches. Mehrere Präsentationen im Unternehmen des Kunden bis zur Erteilung eines ersten Probeauftrags sind längst keine Seltenheit mehr.

  Beispielhaft erzählte mir ein Coach aus München von ihrem ersten Kontakt mit einem Interessenten aus dem Rhein-Main-Gebiet. Der hatte sich bei ihr auf Grund ihres Newsletters gemeldet und wollte sie gerne kennen lernen. Also wurde ein Treffen in der Firmenzentrale des Interessenten vereinbart. Wenige Tage später kam der Anruf, man habe nun einen anderen Termin in München und könne sich dort in einem Café treffen, allerdings deutlich kürzer, da man die Bahn noch bekommen müsse. Also fuhr unser Coach am besagten Termin zum Treffpunkt und wartete …

Niemand kam, und so fuhr sie enttäuscht zurück. Im Büro angekommen, sah sie dann, dass der Interessent sich 30 Minuten vor dem Termin aus der Zentrale bei ihr gemeldet hatte und den Termin absagte. Man melde sich später, so der Tenor.

Ärgerlich, oder? Natürlich kann man solchen Kunden immer begegnen, doch die Erfahrung zeigt: Mit einem bekannten und publizierenden Experten wird in aller Regel anders umgegangen – ihm wird unterstellt, so gefragt und ausgebucht zu sein, dass man ihn nicht nach Gutdünken „antanzen" lassen kann. Vielmehr freut man sich, wenn sich der potenzielle Coach die Zeit für einen persönlichen Termin nimmt. Auch das ist ein Effekt von Profilierung.

▶ Akquise-Instrument
Auch wenn einzelne Artikel und sogar Bücher in der Regel keine riesige Resonanz auslösen: Regelmäßige Publikationen sind ein gutes Akquiseinstrument – wenn Sie es schaffen, die Leser etwa auf Ihre Internetseite zu locken. Wie das geht? Zum Beispiel mit einer kostenlosen Checkliste, einem kleinen Hörartikel oder einem Experten-Interview exklusiv für Leser Ihres Artikels oder Buchs.

▶ Kaltakquise-Unterstützung
Artikel und Bücher lassen sich optimal zur Unterstützung Ihrer Kaltakquise nutzen. Der beliebteste Satz der Kunden: *„Schicken Sie doch mal etwas"* wird so zu Ihrer Chance. Ein Exemplar Ihres Buchs oder eine Fachartikelauswahl (mit den Magazinen abstimmen!) wirken wesentlich souveräner als eine Image-Broschüre.

▶ Empfehlungsmarketing
Wie oft wollen Kunden ihren Coach empfehlen? Und wie selten wird etwas daraus! Werden Sie von Kunden auf eine mögliche Empfehlung angesprochen, können Sie in Zukunft sagen: *„Ich sende Ihnen eine Auswahl meiner aktuellen Fachartikel. Die können Sie ja einmal weitergeben."* Und schon sind Sie beim Interessenten als Experte eingeführt und seine Neigung, Sie anzurufen, ist deutlich gestiegen.

Einmal publiziert ist keinmal publiziert.

Dabei gilt die Regel: Einmal publiziert ist keinmal publiziert. Drei oder vier Fachartikel und ein Buch sind ein guter Anfang, reichen aber nicht aus, um den bereits beschriebenen Sog-Effekt zu erreichen. Natürlich ist nicht alleine die Menge entscheidend, sondern auch die Gleichmäßigkeit Ihrer Aktivitäten. Fünf Artikel in einem Monat laufen schnell Gefahr, überlesen zu werden. Fünf Artikel, verteilt auf ein Jahr in verschiedenen renommierten Medien, ergänzt um ein Buch sowie um das ein oder andere Interview, werden schon eher wahrgenommen.

Wichtige Zielgruppen der Profilierung

Drei Personengruppen sollen mit Publikationen erreicht werden, da sie aus unterschiedlichen Richtungen optimal auf Ihr Geschäft einwirken:

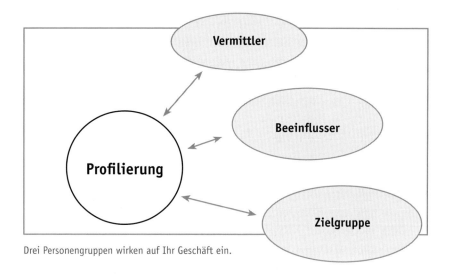

Drei Personengruppen wirken auf Ihr Geschäft ein.

▶ Die Zielgruppe Ihrer Dienstleistungen

Was liest Ihre Zielgruppe?

Das ist natürlich die wichtigste Personengruppe für Ihre Publikationstätigkeit. Wobei Zielgruppe nicht zwangsläufig den Coachee selbst, sondern vielmehr Ihren Auftraggeber meint. Werden Sie überwiegend von Personalentwicklern gebucht, dann veröffentlichen Sie in Magazinen, die von diesen gelesen werden. Nicht zu verachten ist es in diesem Zusammenhang, den Return on Investment (den betriebswirtschaftlichen Nutzen) Ihrer Leistung, darzustellen. Denn in vielen Unternehmen verhandeln Sie nach dem Personaler mit einem Einkäufer, und diese ticken bekanntlich anders.

Als hilfreich hat es sich erwiesen, auch Fachjournalisten und Buchverlage als eigene Zielgruppe zu betrachten. Also lohnt sich auch die Frage, mit welchen Fachbeiträgen Sie in dieser Gruppe bekannt werden.

▶ Die Beeinflusser Ihrer Zielgruppe
Wie in jeder Branche werden auch Ihre potenziellen Kunden von zahlreichen Personen und Institutionen beeinflusst. Neben Fachjournalisten sind dies bekannte Kollegen (z.B. Personalentwickler mit besonderem Ruf in der Branche), ebenso wie etwa Kongressveranstalter durch die Auswahl ihrer Themen und Referenten. Im Privatzahlergeschäft Life-Coaching können auch renommierte Ärzte, Wellness-Unternehmen und andere als Beeinflusser in Frage kommen. Auch Verbände können starke Beeinflusser Ihrer Kunden sein. Die zentrale Frage lautet also: Was lesen die Beeinflusser Ihrer Kunden?

Was lesen die Beeinflusser Ihrer Kunden?

▶ Die Vermittler
Ein Vermittlungsgeschäft kann äußerst lukrativ sein. Denn Sie müssen hauptsächlich Ihren Vermittler überzeugen, und diesen in der Regel nur einmal. Vermittler können Kollegen mit komplementärem Angebot sein, die Sie bei einem Teil der Anfragen weiterempfehlen. Oder die erwähnten Ärzte und Wellness-Oasen, die, statt eines Therapeuten, einen Life-Coach für den geeigneteren Ansprechpartner halten. Trainer- und Coachagenturen sowie Vermittlungsnetzwerke sind natürlich auch Vermittler, in diesem Falle ist das sogar deren Kerngeschäft. Und auch jene Personengruppe will Sie als Experten wahrnehmen. Stellen Sie sich auch hier die Frage: Was lesen Ihre Vermittler?

Was lesen Ihre Vermittler?

... Und das ist Sog-Marketing

Die Anforderungen an Sog-Marketing

Nun heißt dieses Buch ja „Sog-Marketing für Coaches". Was Sie also erwarten können, sind Marketingstrategien, die Ihnen helfen, spielend leicht – oder doch zumindest nicht allzu schwer – Kunden zu gewinnen. Sie sollen einen Sog erzeugen, der die Kunden fast magisch zu Ihnen zieht. Nun gibt es einige Dutzend Theorien darüber, wie Sog-Marketing gelingen kann. Sie alle haben folgende drei Anforderungen gemeinsam:

1. Sie müssen wahrgenommen werden.
2. Sie müssen so interessant sein, dass sich jemand mit Ihnen und Ihren Leistungen beschäftigt.
3. Sie müssen als der kompetente Ansprechpartner hierfür erlebt werden.

Anforderung 1, die Wahrnehmung, wird in aller Regel durch eine Kombination von guter Positionierung und entsprechender Bekanntheit erreicht. Je besser Ihre Positionierung ist und je intensiver Sie sich damit einen Namen gemacht haben, desto größer sind einfach Ihre Chancen.

Doch beides nutzt Ihnen nichts, wenn Sie nicht interessant sind. Genau das macht Inszenierung aus, eine spannende Darstellung. Dann ist Anforderung 2 erfüllt: Ihre Zielgruppe beschäftigt sich mit Ihnen.

Somit sind Positionierung, Inszenierung und Profilierung die drei Erfolgsbausteine für einen Sog. Sie ergänzen sich optimal. Je besser Sie sich von Mitbewerbern unterscheiden, desto schneller werden Sie aus der Masse der Coaches wahrgenommen und erhalten die Chance, spannend zu sein. Je spannender Sie dann tatsächlich sind, desto mehr bleiben Sie im Gedächtnis Ihrer Interessenten und der Medien. Und je mehr das der Fall ist, desto bekannter werden Sie. Ihre Bekanntheit nährt wiederum Ihre Positionierung als „Der Experte für ..." oder „Die Expertin für ...". Ein positiver Kreislauf entsteht.

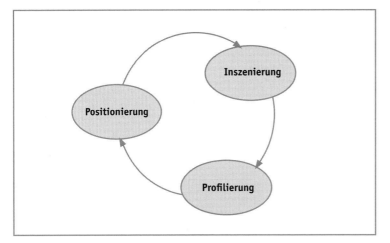

Kreislauf: Positionierung, Inszenierung, Profilierung.

Die Anforderung 3 ist damit immer noch nicht erfüllt: das Erleben des Interessenten, mit Ihnen den kompetentesten Ansprechpartner für sein Anliegen gefunden zu haben. Der wichtigste Baustein Ihres Marketings bleiben also immer Sie und Ihre Leistung!

Kapitel 3

Positionierung:
Wer anders wirkt, gewinnt!

Schnellfinder

	In fünf Schritten zur richtigen Positionierung	53
Schritt 1	**Bestimmen Sie Ihre Kernkompetenzen**	**54**
	Informationsquelle Nr. 1: Ihre Intuition	54
	Informationsquelle Nr. 2: Ihr analytischer Verstand	56
	Informationsquelle Nr. 3: Das Feedback anderer	60
Schritt 2	**Definieren Sie Ihre Strategischen Erfolgspositionen (SEP)**	**62**
	Drei Arten von SEP	65
	▶ Thematische Besonderheit	65
	▶ Persönlichkeit	66
	▶ Erfahrung	66
Schritt 3	**Ermitteln Sie Ihre Zielgruppe**	**67**
	Emotionale Zielgruppendefinition	67
	Sachliche Zielgruppendefinition	69
	Wozu das Ganze?	73
Schritt 4	**Analysieren Sie Ihren Markt und Ihre Wettbewerber**	**73**
	Die Marktanalyse	75
	Die Wettbewerberanalyse	77
Schritt 5	**Entscheiden Sie sich für eine Positionierungsstrategie**	**80**
	Das Thema	80
	Die Methode	86
	Die Zielgruppenpositionierung	89
Intermezzo	**Interview mit Klaus Eidenschink**	**94**

In fünf Schritten zur richtigen Positionierung

Wohl kaum ein Marketingthema wird bei Coaches so häufig diskutiert wie die Frage nach der geeigneten Positionierung. Und wohl kaum ein Thema wird so wenig umgesetzt.

Es ist auch wirklich nicht einfach zu erkennen, welche Besonderheiten die eigene Arbeit prägen, bei denen kaum ein Mitbewerber mitziehen kann und die auch noch schnell und einfach darstellbar sind.

Auf den nächsten Seiten möchte ich Ihnen daher einen Prozess vorstellen, mit dem Sie eine geeignete Positionierung für sich finden können. Aber Vorsicht: Jeder Schritt des Prozesses verdient ausreichend Aufmerksamkeit, um seine volle Wirkung entfalten zu können. Nehmen Sie sich daher die Zeit, um gründlich Schritt für Schritt vorzugehen.

Fünf Schritte zur Positionierung

- ▶ Bestimmen Sie Ihre Kernkompetenzen
- ▶ Definieren Sie Ihre Strategischen Erfolgspositionen (SEP)
- ▶ Definieren Sie Ihre Zielgruppe
- ▶ Analysieren Sie Ihren Markt und Ihre Wettbewerber
- ▶ Entscheiden Sie sich für eine Positionierungsstrategie

Schritt 1

Bestimmen Sie Ihre Kernkompetenzen

Das ist leichter gesagt als getan. Denn was kann als Kernkompetenz angesehen werden? Und was nehmen andere als Kernkompetenz wahr, das für Sie vielleicht eine Selbstverständlichkeit darstellt? Wo fühlen Sie sich fachlich sicher genug und verfügen über die nötige Erfahrung, um von Kernkompetenz zu sprechen?

Ich empfehle Ihnen, hier drei Informationsquellen zu nutzen:
- Ihre Intuition,
- Ihren analytischen Verstand und
- das Feedback anderer.

Informationsquelle Nr. 1: Ihre Intuition

Um Ihre Intuition anzuzapfen, gibt es zahlreiche Möglichkeiten. Zwei besonders bewährte lernen Sie nun kennen: Das Interesse-Kernkompetenz-Kontakt-Spiel sowie Aufzeichnungen Ihrer Gespräche mit anderen.

Das Interesse-Kernkompetenz-Kontakt-Spiel

„Stadt-Land-Fluss" einmal anders

Wann haben Sie das letzte Mal Stadt-Land-Fluss gespielt? Lange her? Dann wird es Zeit für eine neue Partie, allerdings mit veränderten Vorzeichen. Wie wäre es denn einmal mit einem „Interesse-Kernkompetenz-Kontakt-Spiel"? Das Vorgehen bleibt gleich: Jemand zählt einen Buchstaben herunter und mit diesem Buchstaben müssen alle Ihre Einträge beginnen.

Im Feld „Interesse" können Ihre beruflichen wie privaten Aktivitäten stehen. Kochen Sie gerne, passt das also unter „Interesse". Der Begriff „Kernkompetenz" meint eine berufliche Kernkompetenz. Dabei kann es sich um ein Thema wie „Krisenmanagement" ebenso handeln wie um eine besondere Fähigkeit, also etwa „Kontakt halten". Unter „Kontakt" können Sie den Vornamen oder Nachnamen einer Person eintragen, die Ihnen in Zukunft beruflich nützlich sein kann.

Bei den ersten Spielrunden werden Sie spüren, wie schwierig das zu Beginn sein kann. Wir beschäftigen uns eben doch mehr mit Städten, Ländern und Flüssen als mit Interessen, Kernkompetenzen und Kontakten. Aber nach rund 15 Spielrunden beginnen sich immer mehr Ideen zu entwickeln, und Sie haben den ersten Schritt für einen großartigen Ideenpool gemacht. Eine Wiederholung alle fünf bis sieben Tage, über zwei Monate, bringt dann viele weitere Gedanken zu Tage. Diese Gedanken sind übrigens nicht nur für Ihre Positionierung nützlich. Beschäftigen Sie sich mit Rhetorik und sind zugleich leidenschaftlicher Hobbykoch, kann hieraus ein Thema für einen Fachartikel entstehen. Wie wäre es mit: „Der rhetorische Auftritt deutscher TV-Köche"?

Ihr erster Schritt zum eigenen Ideenpool

Sie sehen, das Spiel ist in jedem Fall eine lohnende Zeitinvestition. Sie können es übrigens auch alleine umsetzen, indem Sie einfach einen Buchstaben auslosen und das Tempo notieren. Der Effekt ist der gleiche: Ihr Unterbewusstsein an Stelle Ihrer Analysefähigkeit wird aktiviert.

Gesprächsaufzeichnungen

Den meisten Coaches kommen die besten Ideen im Gespräch mit anderen. Durch das Spiegelbild des Gegenübers werden Zusammenhänge klar, tauchen spannende Themen auf und laufen viele zu kommunikativer Hochform auf. Doch schon kurz danach ist alles wieder vergessen. Daher kann es sich lohnen, gezielt Gespräche mit Kollegen und auch Kunden mitzuschneiden, sowohl persönlich als auch am Telefon. Die Aufnahme lässt sich dann nicht nur auf besondere Themen und Herangehensweisen, sondern auch auf

Eine Methode mit „Aha"-Effekt besondere kommunikative Kompetenzen analysieren – häufig mit überraschenden Ergebnissen. Und die meisten Gesprächspartner fühlen sich hiervon geschmeichelt und sind mit einer Aufnahme einverstanden.

In einem solchen Gespräch passieren manchmal die erstaunlichsten Dinge. So könnte es etwa sein, dass Ihnen beim Hören der Aufzeichnung zum ersten Mal bewusst wird, wie viele treffende Metaphern und Zitate Ihnen so „en passant" einfallen. Vielleicht liegt genau hierin eine besondere Stärke? Oder Sie bemerken, wie viele eigene Erfahrungen aus dem mittleren Management Sie in Ihr Coaching von Führungskräften einbringen. Auch das kann eine besondere Stärke und Kompetenz sein.

Sammeln Sie einfach einmal die großen und kleinen „AHAs" beim Hören der Aufzeichnungen. Sortieren können Sie später immer noch.

Informationsquelle Nr. 2: Ihr analytischer Verstand

Um Ihre Analyse der eigenen Fähigkeit und Markterfordernisse voranzutreiben, kann ein Fragenkatalog helfen. Stellen Sie sich zum Beispiel die folgenden Fragen zusammenhängend und dann im Laufe von ein bis zwei Monaten immer wieder. Auch hieraus entstehen häufig überraschende Erkenntnisse:

Fragen zur Selbstanalyse

- ▶ Was sind die sieben größten Leidensdruckthemen Ihrer potenziellen Kunden? *(Bitte bedenken Sie die Definition von Leidensdruck auf Seite 35 f.)*
- ▶ Welches Problem Ihrer Kunden können sie am besten lösen?
- ▶ Was sind, neben Ihrer Arbeit, Ihre fünf wichtigsten Interessensgebiete?
- ▶ Gibt es zu Ihren Coachingthemen Erfolgsgeheimnisse (zum Beispiel „Die sieben wichtigsten Strategien für xyz")?

> - Welches sind die fünf erfolgreichsten Projekte, die Sie mit Ihren Kunden umgesetzt haben? Welche Kernkompetenzen haben Sie dabei eingesetzt?
> - Was wird von Personen/Unternehmen im Gebiet Ihrer Kernkompetenz immer wieder falsch gemacht?
> - Was sind aktuelle Themen und Trends Ihres Fachbereichs? Wie denken Sie darüber?
> - Was sind die drei provokativsten Thesen, die Sie zu Ihrem Fachbereich formulieren können?
> - Was bekommt Ihr Kunde nur bei Ihnen?
> - Zu welcher Zielgruppe haben Sie eine besondere Beziehung?
> - Gibt es bestimmte Fähigkeiten oder fachliches Wissen, das Sie zurzeit noch nebenbei an Kunden weitergeben, damit aber enormen Nutzen bieten?

Bei einem Karriere-Coach könnten die Antworten dann etwa so aussehen:

Was sind die sieben größten Leidensdruckthemen Ihrer potenziellen Kunden?
- Ich bin unglücklich mit meiner momentanen Position, weiß aber nicht, wie und wohin ich mich verändern soll.
- Ich habe mein Studium abgeschlossen und enorm viele Interessen, habe aber keine Idee, für welche Option ich mich entscheiden soll.
- Ich bin Mitte 50 und werde voraussichtlich entlassen. Wie kann es für mich weitergehen? Ist Selbstständigkeit eine Option?
- Ich war 30 Jahre lang selbstständig und bin leider insolvent. Wer will mich denn einstellen? Oder bleibe ich selbstständig?
- usw.

Welches Problem Ihrer Kunden können sie am besten lösen?
- Völlige Unklarheit und „Im-Nebel-stehen" dauerhaft durch Klarheit und kraftvolles Loslegen ersetzen.
- Die fehlende Einschätzung der Marktchancen durch 20-jährige Berufserfahrung als Karrierecoach ergänzen.
- usw.

Was sind, neben der Arbeit, Ihre fünf wichtigsten Interessengebiete?
- Deutsche Literatur
- Fotografie, insbesondere Landschaften
- Italienische Weine
- usw.

Gibt es zu Ihren Coachingthemen Erfolgsgeheimnisse (zum Beispiel „Die sieben wichtigsten Strategien für xyz")?
- Kontrolle des eigenen emotionalen Zustands: Stabilität
- Klare Abgrenzung verschiedener Optionen: Klarheit
- Prüfen verschiedener Optionen nach festgelegten Kriterien: Szenarien
- usw.

Welches sind die fünf erfolgreichsten Projekte, die Sie mit Ihren Kunden umgesetzt haben? Welche Kernkompetenzen haben Sie dabei zum Einsatz gebracht?
- Projekt mit Torsten Müller, 45. Jobwechsel mit Verbesserung der eigenen Position. Entwicklung eines Selbstständigkeits-Szenarios für einen zweiten Schritt. Kernkompetenzen s.o.
- Begleitung der Berufsfindung von Annegret Maier, 28, Dipl.-Psych. Auf Grund der vielen verschiedenen Interessen Prüfung zahlreicher, auch ungewöhnlicher Optionen. Ermutigung, einen „ganz eigenen" Weg zu gehen und optimale Risikoabsicherung dieses Wegs. Kernkompetenzen s.o.

Was wird von Personen/Unternehmen im Gebiet Ihrer Kernkompetenz immer wieder falsch gemacht?
- Optionen der Veränderungen werden zu früh geprüft, wenn die Kunden noch „im Nebel" stehen. Zunächst sollte an Kraft und Klarheit gearbeitet werden.
- Es wird überwiegend nach emotionalen Kriterien entschieden. Diese sind zwar wichtig, sollten aber niemals über den rationalen Entscheidungskriterien stehen. Sie sind mehr das „Zünglein an der Waage".
- Allgemeinen Informationen zu einzelnen Berufsmärkten wird zu viel Glauben geschenkt. Beispiel: Markus Schmidt
- usw.

Was sind aktuelle Themen und Trends Ihres Fachbereichs? Wie denken Sie darüber?
- ▶ Outplacement: Halte ich in vielen Fällen für schlichte Verantwortungs-Delegation des Unternehmens. Nur selten steht eine qualifizierte Unterstützung des Kunden im Mittelpunkt. Das sieht man auch an der schlechten Qualifikation vieler Outplacement-Coaches.
- ▶ Ich-AG: Bei vielen Arbeitslosen wird der Eindruck erweckt, Selbstständigkeit ließe sich durch den Besuch eines Business-Plan-Seminars erlernen. Ich behaupte: Business-Pläne machen nicht mal ein Prozent des Erfolgs aus. Viele kommen so vom Regen in die Traufe.
- ▶ usw.

Was sind die drei provokativsten Thesen, die Sie zu Ihrem Fachbereich formulieren können?
- ▶ Outplacement ist der Totschläger vieler Jobs im mittleren Management. Durch schlechtes Outplacement werden viele Möglichkeiten verschenkt.
- ▶ Das Konzept der Ich-AGs ist schlecht durchdacht. Die Art der Unterstützung für künftige Ich-AGs wurde schlecht gewählt.
- ▶ usw.

Was bekommt Ihr Kunde nur bei Ihnen?
1. Einblick in viele Branchen, vor allem im Bereich des Maschinen- und Anlagenbaus sowie in Entwicklungsabteilungen der Konzerne.
2. 20 Jahre Berufserfahrung als Karriereberater, später -coach. Nahezu alle anderen Mitbewerber haben max. 12 Jahre Erfahrung.
3. usw.

Zu welcher Zielgruppe haben Sie eine besondere Beziehung?
- ▶ Mittleres Management im Maschinenbau
- ▶ Berufseinsteiger, insbesondere der Fachbereiche Maschinenbau, Informatik und Verfahrenswesen.
- ▶ usw.

Gibt es bestimmte Fähigkeiten oder fachliches Wissen, das Sie zurzeit noch nebenbei an Kunden weitergeben, damit aber enormen Nutzen bieten?

> ▶ Häufig arbeite ich mit Beispielen aus der Literatur, die Kunden sehr helfen, ein tieferes Verständnis ihrer Situation zu erreichen. Daraus könnte man mehr machen.

Sie sehen also: Eine solche Ideensammlung kann sich lohnen. Und nach Intuition und Analyse können Sie Ihre Gedanken durch das Feedback anderer, die dritte Informationsquelle, ergänzen:

Informationsquelle Nr. 3: Das Feedback anderer

Suchen Sie sich Feedback-Geber.

Nicht zu vernachlässigen ist natürlich der Blick anderer auf das Thema. So können Ihnen Kollegen, potenzielle Kunden und befreundete Journalisten einen objektiveren Blick auf Ihre Kernkompetenzen geben. Personen aus dem Bekanntenkreis hatten bereits deutlich mehr Chancen, Ihre Kernkompetenzen zu erleben und so auch auf „versteckte Juwelen" aufmerksam zu werden. Und genau das brauchen Sie. Kernkompetenzen, die Ihrem potenziellen Kunden schnell eingängig sind und die in seinen Augen glaubwürdig zu Ihrem Profil passen.

Sehr bewährt hat sich in diesem Zusammenhang ein kleiner Fragebogen, den Sie entsprechend modifiziert verteilen können. Im Folgenden finden Sie einige Beispielfragen. Auf den ersten Blick klingen diese sehr allgemein und nicht besonders coaching-spezifisch. Genau darum geht es aber: Ihr Gegenüber soll freie Assoziationen entwickeln und auch querdenken können. Insofern sind Fragen dieses Typs sinnvoll:

Feedback-Fragen

▶ Was sind meine besonders positiven Eigenschaften in Gesprächen und Coachings?

- ▶ Was ist mein Markenzeichen?
- ▶ Wenn ich Dein „Wer-wird-Millionär?"-Telefonjoker wäre, zu welchen allgemeinen Themen würdest Du mich anrufen?
- ▶ Angenommen, es gäbe ein „Wer-wird-Millionär?" mit Coachingthemen (wie z.B. Interventionstechniken, Methoden, Haltung des Coaches etc.) und ich wäre Dein Telefonjoker. Wozu würdest Du mich anrufen?
- ▶ Welche meiner Eigenschaften können in Coachings und Gesprächen manchmal auf den Wecker gehen? Warum? Wie ließen diese sich ins Positive verkehren?
- ▶ Einmal angenommen, Du wärst Marketingberater und ich würde mich selbstständig machen. Für welche Zielgruppe/Branche wäre ich, Deiner Einschätzung nach, ein kompetenter Berater?

Die Qualität der Ergebnisse eines solchen Fragebogens hängt maßgeblich davon ab, welche Auswahl von Personen Sie fragen. Und: Deren Antworten führen wieder zu neuen Gedanken bei Ihnen, über die Sie sprechen können. Ein Ideenkreislauf entsteht.

Lassen Sie einen Ideenkreislauf entstehen.

Schritt 2

Definieren Sie Ihre Strategischen Erfolgspositionen (SEP)

Unter Strategischen Erfolgspositionen (SEP) versteht man „die Fähigkeit, die es der Unternehmung erlaubt, im Vergleich zur Konkurrenz auch längerfristig überdurchschnittliche Ergebnisse zu erzielen[1]".

Das ist natürlich alles und nichts. Vorzeigeunternehmer Klaus Kobjoll hat daher eine plastische Beschreibung für SEP entwickelt, die ich Ihnen leicht modifiziert vorstellen möchte:

Faustformel für SEP

> Eine SEP liegt vor, wenn Sie in dieser Eigenschaft
> **30 Prozent besser** als
> **90 Prozent Ihrer Mitbewerber**
> sind, und diese
> **mindestens 3 Jahre zum Kopieren**
> Ihrer SEP brauchten.
> Außerdem muss die SEP
> **einfach kommunizierbar** und
> **zu Ihnen passend** sein
> sowie **von Ihrer Zielgruppe benötigt** werden.

Nun handelt es sich dabei nicht um wissenschaftlich exakt berechnete Zahlen, sondern um Leitwerte. Es geht also auch hier nicht darum, exakt die angegebenen Werte (30 Prozent, 90 Prozent, drei

---

[1] Pümpin/Geilinger: Strategische Führung, die Orientierung, Schweiz. Volksbank, Bern, 1988

Jahre) zu treffen. Vielmehr sind diese als Richtungsvorgaben zu verstehen, die Ihnen eine Einschätzung der nötigen Intensität einer SEP ermöglichen sollen. Die Festlegung der Mitbewerber erfolgt dabei ebenso intuitiv, denn eine solide Marktforschung wird in den meisten Fällen viel zu aufwendig sein.

Doch wie kommt es überhaupt zu diesen Zahlen? 30 Prozent besser in einer Eigenschaft zu sein als die meisten Ihrer Mitbewerber, ist in einem so komplexen Markt eine Minimalvoraussetzung für Marketing-Wahrnehmung. Ansonsten sind Sie „einer von vielen" – 10 Prozent oder 20 Prozent Andersartigkeit reichen für eine bewusste Wahrnehmung in aller Regel nicht aus.

90 Prozent der Mitbewerber sind eine grobe Vergleichsgröße. Der Gedanke hinter dieser Einschränkung: Absolut einzigartig, fantastisch anders und unangefochten sowie nie mehr einholbar an der Spitze zu sein, ist in dieser Branche unwahrscheinlich. Daher gehe ich vielmehr von „Besonderstellungsmerkmalen" statt von „Alleinstellungsmerkmalen" aus. Und so kommen die Mitbewerber ins Spiel. 90 Prozent haben sich dabei als Denkrichtung sehr bewährt, sind aber je nach Tätigkeitsschwerpunkt adaptierbar. Haben Sie einen riesigen Markt und nur fünf Mitbewerber, reicht eine Unterscheidung zu 75 Prozent sicher aus – der Markt ist sowieso groß genug. Die Prozentzahl ist natürlich ein „gefühlter Wert", sie wäre nur durch enorm teuere und aufwendige Marktforschung belegbar. Meine Erfahrung hierzu: Ihr Gefühl und auch die Meinung eines Branchenexperten ergeben in aller Regel ein ausreichend gutes und umfassendes Bild.

„Gefühlte" Werte

Die drei Jahre benötigte Kopierzeit resultieren aus dem Gedanken, dass eine konsequente Coach-Positionierung, aber auch ein neues Coachingprodukt in der Regel eine Einführungszeit von etwa zwei bis drei Jahren brauchen. Sie sollten also immer so weit vorne liegen, dass Sie durch Innovation Ihre Marktstellung ausbauen oder neue SEP aufbauen können.

Die Anforderung, „einfach kommunzierbar" zu sein, ist so wichtig, weil Ihre Kunden meist keine Zeit haben, auf die Suche nach den Besonderheiten Ihrer Kernkompetenz zu gehen. Als Faustregel hat sich bewährt: Wenn Sie es schaffen, Ihre Kernkompetenz in 10 Sekunden spannend und anderswirkend zu vermitteln, ist sie vermutlich einfach kommunizierbar.

Authentizität ist ein ganz entscheidender Faktor bei der Auswahl eines Coaches. Also müssen auch Ihre SEP als authentisch erlebt werden. Dabei zählt nicht Ihre Auffassung, sondern die Wahrnehmung Ihres Kunden. Einige der Authentizitäts-Kriterien sind

- Berufserfahrung
- Hintergrundwissen
- Ausstrahlung
- Referenzen

wobei diese Punkte natürlich jeweils im unmittelbaren Bezug zur SEP stehen müssen.

Und schließlich nutzt die größte Kernkompetenz niemandem, wenn sie nicht auch tatsächlich benötigt wird.

Nachdem ich diese Faktoren in Workshops und Beratungen erläutert habe, beginnt beim einen oder anderen der Puls in ungeahnte Höhen zu steigen. Denn hier sind wir am womöglich schmerzhaftesten Punkt Ihres Marketings angelangt: Ihren wirklichen Besonderstellungsmerkmalen. Und dies nicht wabernd und unkonkret, sondern sehr konkret an Leitzahlen festgemacht. Um es ganz klar zu sagen:

> **Geht es ohne SEP?**
>
> Sie schaffen es vielleicht auch ohne SEP.
> Doch die Wahrscheinlichkeit ist deutlich geringer!

Beispielhaft habe ich Ihnen zwei SEP unseres Karriere-Coaches von weiter oben (ab Seite 57) zusammengestellt. Das Beispiel ist fiktiv, ebenso die zu Grunde liegenden Fakten:

20 Jahre Markterfahrung
Es gibt aktuell keinen Karrierecoach mit 20 Jahren selbstständiger Erfahrung ausschließlich in diesem Bereich. Neben intensiver Branchenerfahrung bringt das vor allem große Vorteile beim Schaffen von Klarheit und Sicherheit für meine Kunden. Auf meinen Marktblick in Verbindung mit Coaching-Philosophie und -methodik ist Verlass.

Vollblutunternehmer
Unternehmerisches Denken ist zum großen Teil angeboren bzw. „ansozialisiert". Zumindest denke ich so darüber. Bereits nach sechs Jahren angestellter Berufstätigkeit machte ich mich aus Überzeugung selbstständig. Daher kann ich mit meinen Kunden auch die Option der Selbstständigkeit mit all ihren Vor- und Nachteilen prüfen und aus Erfahrung berichten. Daneben ist Unternehmertum auch eine Frage des Gefühls: Das Lebensgefühl eines Vollblutunternehmers ist meines Erachtens nicht abhängig von Mitarbeiterzahlen, Umsatzgrößen und dem, was „man" über Unternehmer denkt. Es ist vielmehr die Chance, Freiheit und Verantwortung in einem selbst definierten Berufsbild mit eigenen Standards umzusetzen.

Das sind einige Punkte, an denen sich dieser Coach von seinen Mitbewerbern unterscheidet – wenn auch nicht in jedem Punkt von jedem Mitbewerber. Aber die Kombination macht es.

Drei Arten von SEP

Prinzipiell gibt es mindestens drei unterschiedliche Arten von SEP:

Thematische Besonderheit

Themen oder Unterthemen bieten immer eine gute Möglichkeit der Unterscheidung. Gibt es nur drei Anbieter zum Coachingthema „Corporate Speaking" und Sie sind der Einzige mit dem Spezialthema „Bildbotschaften von CEOs", werden Sie vermutlich gute Marktchancen haben.

Gute Marktchancen durch besondere Themen

Persönlichkeit

Ihre Erfahrung und Persönlichkeit haben Gewicht.

Die Persönlichkeit des Coaches kann, wenn sie von besonderem Nutzen ist, ein SEP sein. Gerade bei Karrierecoaching macht es eben doch einen Unterschied, ob ich es mit einem Vollblutunternehmer zu tun habe oder nicht. Allerdings nur dann, wenn dies auch bewiesen ist. Im Falle unseres Coaches ist das durch seine frühe und dauerhafte Selbstständigkeit überzeugend belegt. Außerdem zeigt er die Konsequenz seiner Haltung, etwa für das Lebensgefühl seiner Kunden.

Erfahrung

Außergewöhnlich viel Erfahrung oder ganz besondere Erfahrungen sind für einen Coach häufig ein idealer SEP. Haben Sie eine bestechende und offensichtliche Erfahrung in bestimmten Bereichen, kann das für Kunden äußerst nutzbringend sein. Ein Executive Coach mit 20 Jahren eigener Vorstandstätigkeit hat eben mehr „Einfühlungsvermögen" in die Welt des Top-Managements als jemand ohne diese Erfahrung.

Ganz gleich für welchen SEP Sie sich entscheiden, er muss bewiesen werden:

Ein „Vollblutunternehmer" mit nur zwei Jahren unternehmerischer Erfahrung wäre eher unglaubwürdig, auch wenn es diese Fälle sicherlich gibt. Also braucht es als Beweis eine genaue Angabe über die eigenen Erfahrungen.

Wenn Sie von besonders großem Praxistransfer als SEP sprechen, dann muss dieser Praxistransfer bewiesen sein.

In einer Hinsicht kann ich Sie jedoch beruhigen: Zwei bis drei SEP reichen in der Regel völlig aus, um am Markt wahrnehmbar anders zu sein. Viel mehr wäre ohnehin nicht zu kommunizieren.

Positionierung

Schritt 3

Ermitteln Sie Ihre Zielgruppe

Nun kennen Sie Ihre Kernkompetenzen und kennen Ihre SEP. Aber kennen Sie auch Ihre Kunden? Dazu ein einfaches Experiment:

Bitte notieren Sie einmal: Wer ist Ihre Zielgruppe? Tun Sie dies so ausführlich wie möglich.

Erledigt? Gut! Dann stellen Sie sich bitte vor Ihrem inneren Auge eine konkrete Person vor. Sie dürfen allerdings nur jene Daten verwenden, die auf Ihrem Zettel stehen. Steht auf Ihrem Zettel nicht, wie die Person gekleidet ist, können Sie sich auch keine Kleidung vorstellen. Ihr Wunschkunde bleibt nackt.

Stellen Sie sich einen konkreten „Wunschkunden" vor.

Und? Gelungen? In aller Regel fehlen Ihnen wesentliche Bausteine. Jetzt können Sie mir zu Recht vorwerfen, auch noch die Kleidung der potenziellen Kunden zu bestimmen, sei reichlich übertrieben. Rational und strategisch haben Sie völlig Recht. Aber für die meisten „Einzelkämpfer" und kleinen Coachingunternehmen ist Zielgruppendefinition eben auch und vor allem eine Gefühlsangelegenheit. Da Sie sowieso nicht Hunderte von Kunden pro Jahr coachen können, sollte zwischen Ihnen und den tatsächlichen Kunden die Chemie stimmen. Das ist natürlich auch im Hinblick auf das Arbeitsergebnis wichtig. Daher schlage ich Ihnen vor, drei Schritte der Zielgruppendefinition zu gehen:

Emotionale Zielgruppendefinition

Stellen Sie sich einmal vor, Ihre Positionierung und Ihr neuer Marktauftritt sind ein voller Erfolg. Alle Ihre Planungen sind aufge-

© managerSeminare

67

gangen und nun sitzen Sie nach einem Jahr an einem schönen Ort und genießen den Abend. Da kommt Ihnen eine Idee. Eigentlich könnten Sie einmal Ihre Lieblingskunden des vergangenen Jahres einladen. Also entschließen Sie sich, Ihr „Treffen der Lieblingskunden" zu planen. Dazu gibt es natürlich vieles zu bedenken und so bearbeiten Sie zunächst gedanklich und dann schriftlich die folgenden Fragen:

Treffen der „Lieblingskunden"

- ▶ Wo wird es stattfinden?
- ▶ Was ist das Rahmenprogramm?
- ▶ Gibt es Musik?
- ▶ Was gibt es zu essen und trinken?
- ▶ Was wird an diesem Tag gemacht? Ein Workshop, lockere Gespräche, eine kulturelle Veranstaltung?
- ▶ Wer wird kommen?
- ▶ Welches Geschlecht, Alter und Lebensmotto hat jeder Ihrer Lieblingskunden?
- ▶ Welche Position hat er/sie?
- ▶ Was sind ihre Wertvorstellungen?
- ▶ Die Leidensdruckthemen?
- ▶ Die privaten Aktivitäten?
- ▶ Wie kleidet sich Ihr Lieblingskunde?
- ▶ Wie geht er/sie?
- ▶ Welche Stimme hat er/sie?
- ▶ usw.

Wichtig ist, dass Sie sich hier wirklich mit allen Ihnen wichtigen Details des Treffens beschäftigen und diese notieren.

Wie das so geht: Die Welt ist voller Neider! Da Sie so erfolgreich sind, haben Sie im vergangenen Jahr auch Anfragen abgelehnt. Und zwar von jenen Personen, mit denen die Chemie überhaupt nicht stimmte. Und genau diese abgelehnten Interessenten organisieren heimlich ein Gegentreffen, das „Treffen der Ausgestoßenen". Bitte überlegen Sie auch hier genau, wie dieses Treffen wohl aussehen wird:

- Wo wird es stattfinden?
- Was ist das Rahmenprogramm?
- Gibt es Musik?
- Was gibt es zu essen und trinken?
- Was wird an diesem Tag gemacht?
- Wer wird kommen?
- Welches Geschlecht, Alter und Lebensmotto hat jeder Ihrer „Ausgestoßenen"?
- Welche Position hat er/sie?
- Was sind ihre Wertvorstellungen?
- Die Leidensdruckthemen?
- Die privaten Aktivitäten?
- Wie kleiden sich die Ausgestoßenen?
- Wie geht er/sie?
- Welche Stimme hat er/sie?
- usw.

Treffen der „Ausgestoßenen"

Auch hier zählen die Einzelheiten.

Nachdem Sie nun beide Treffen beschrieben haben, stellen Sie sich einmal die beiden folgenden Fragen und notieren die Antworten:

Gemeinsamkeiten

- Was haben die Lieblingskunden großteils gemeinsam?
- Was haben die Ausgestoßenen großteils gemeinsam?

Wenn Sie sich damit intensiv beschäftigen, werden Sie zwei wesentliche Informationen gewinnen: wen Sie wollen und wen Sie nicht wollen. Und dies ist keine sachliche Definition, sondern ein emotionaler Zugang zu Ihren bald entstehenden Kundenbeziehungen.

Sachliche Zielgruppendefinition

Die sachliche Zielgruppendefinition ist ein unbegrenztes Thema mit unbegrenzten Möglichkeiten. Um Ihnen aus dieser Vielfalt eine erste rationale Analyse Ihrer Zielgruppen zu ermöglichen, möchte ich Ihnen gerne eine Methode an die Hand geben, mit der Sie schnell erste Definitionen erreichen können:

Definieren Sie die drei erfolgversprechensten Zielgruppen

Wer findet Ihre SEP besonders anziehend?

Erfolgversprechend heißt hier dreierlei:
- Die Zielgruppe sollte Ihre Kernkompetenzen und SEP anziehend finden,
- einen Leidensdruck haben, den Sie lösen können und
- die Chemie muss wechselseitig stimmen.

Wer ist Auftraggeber, wer wird gecoacht?

Bitte beachten Sie, dass Sie es häufig mit zwei Typen von Zielgruppe zu tun haben: den Personen, welche Sie buchen sowie ihren Coachees. Beide sind relevante Zielgruppen. Sprechen Sie nur die Coachees und deren Themen an, wird Sie niemand buchen. Sprechen Sie nur die Auftraggeber an, werden potenzielle Coachees Sie womöglich als nicht passend empfinden.

Unser Karrierecoach hat neben seiner langen Berufserfahrung besondere Kenntnis der Maschinenbaubranche. Insbesondere die Positionen des mittleren Managements sind hier von wirtschaftlichen Einbrüchen und anderen Veränderungen besonders stark betroffen, brauchen also sein Coaching. Es handelt sich um eine besonders vielversprechende Zielgruppe.

Außerdem hat er eine große Affinität zu Berufseinsteigern. Auch das kann vielversprechend sein, denn Affinität ist ein wichtiger Baustein für Qualität und begeisterte Kunden. Aber gibt es einen Markt? Ja, den gibt es, denn gerade junge Berufseinsteiger sind zunehmend orientierungslos. Und als „alter Hase" kann unser Coach hier wirklich gut punkten.

Der „Ich-AG-Wahn" ist dem Karrierecoach schon lange ein Dorn im Auge. „Was soll dieser Unsinn?", hört er sich öfters sagen. Also für ihn ein spannendes Thema, die Zielgruppe braucht Unterstützung – und sein Know-how als „Vollblutunternehmer" wird da dringend gebraucht.

Verfeinern Sie die drei erarbeiteten Zielgruppendefinitionen bis zur optimalen Zielgruppengröße

Jede Zielgruppendefinition sollte die Zielgruppe in optimaler Beschreibungstiefe bestimmen. Als Faustregel kann hier das Mauseloch-Prinzip gelten: Für jeden Coach (Maus) lässt sich eine Zielgruppe (Mauseloch) finden. Das Mauseloch sollte dabei groß genug für die Maus sein, nicht aber groß genug für Katzen (Mitbewerber). Also machen Sie Ihre Zielgruppendefinition immer genauer, bis sie eine optimale Größe erreicht hat. Was die optimale Größe ist, lässt sich leider nicht pauschal sagen, denn das hängt letztlich von Maus und Katze ab. Auch hier sind Sie also auf Ihr Bauchgefühl angewiesen.

Finden Sie eine optimale Beschreibungstiefe.

Die Zielgruppe „Mittleres Management der Maschinenbaubranche" ist recht konkret. Nur wenige Karriereberater sind hierauf spezialisiert und haben auf Grund Ihrer SEP entsprechend viel zu bieten. Das Mauseloch ist groß genug für unseren Coach, ein Mitbewerber würde sich vermutlich nicht auf diesen engen Bereich einlassen.

Bei den Berufseinsteigern sieht das schon anders aus. Der Markt ist hart umkämpft, das Mauseloch also zu groß. Welche Einschränkung kann Sinn machen? Der Karrierecoach weiß, dass Berufseinsteiger wenig Geld zur Verfügung haben. Also konzentriert er sich auf einen Bereich, in dem er sich ohnehin gut auskennt: die IT-Branche. Den Berufseinsteiger erwarten hier häufig höhere Löhne als in anderen Segmenten. Also schnürt er ein Coaching-Paket: „Jetzt Coaching, später zahlen", das seine Kenntnisse optimal zur Geltung bringt und den Kunden eine spätere Zahlung nach den ersten Gehaltseingängen ermöglicht.

Bei der Analyse der Zielgruppe Ich-AG stellt er fest: Die meisten Ich-AGs werden von der Arbeitsagentur zu Beratern geschickt. Diese arbeiten teilweise für Stundenlöhne von 30-50 Euro, was nicht zur Preisstruktur unseres Karrierecoaches passt. Er entschließt sich, diese Zielgruppe nicht anzusprechen.

Stellen Sie sich konkrete Personen vor

Nachdem Sie in Ihrer Definition nun die Muss-Kriterien Ihrer optimalen Zielgruppen bestimmt haben, können Sie diese wieder gedanklich ausgestalten, indem Sie sich einzelne Personen aus dieser Zielgruppe genau vorstellen. Dies funktioniert analog zum „Treffen der Lieblingskunden". Die konkrete Vorstellung einzelner Personen hilft Ihnen dann bei den nächsten Schritten.

Also stellt sich der Karriere-Coach unter jeder Ziegruppe einige konkrete Personen vor:

Da ist zum Beispiel der Vertriebsleiter Karl Müller. Er ist 48 Jahre alt und arbeitet bereits seit 23 Jahren beim Maschinenbauer „Reiferscheid & Söhne" in Stuttgart. Nun wurde bekannt, dass das Unternehmen von einem chinesischen Kunden aufgekauft wird und er vermutlich nicht übernommen wird. Sein Wunsch: eine erneute Anstellung in einem anderen Unternehmen der Branche.

Dann ist da noch ... Unser Coach ergänzt jede Zielgruppe um 3-5 Beispielpersonen.

Bestimmen Sie die Leidensdruckthemen, nach Zielgruppe getrennt

5-7 Leidensdruckthemen sind Pflicht.

Entscheidend ist es, zumindest fünf bis sieben Leidensdruckthemen (s. Seite 35 f.) jeder Zielgruppe zu notieren. Diese Themen können dann sowohl als Aufhänger für Ihren Internetauftritt als auch in Marketing- und PR-Kanälen genutzt werden. So lassen sich z.B. Fachartikel zu den Leidensdruckthemen Ihrer Kunden gestalten.

Konkrete Beispiele für Leidensdruckthemen finden Sie weiter oben in der Ideensammlung auf Seite 57 f.

Warum Sie?

Stimmt die Passung?

In diesem Schritt beschreiben Sie zu jedem Leidensdruck, warum genau Sie sich als Coach besonders gut zur gemeinsamen Lösung des Themas eignen. Hier können Sie sowohl auf allgemeine Punkte, zum Beispiel Ihre SEP, als auch auf spezielle Besonderheiten des Themas eingehen.

Haben Sie diesen Prozess abgeschlossen, bietet sich Ihnen ein umfangreiches Bild Ihrer potenziellen neuen Kunden. Es besteht sowohl aus einem emotionalen Zugang als auch aus sachlich-rationalen Erwägungen.

Im Falle der definierten Zielgruppe und der Beispielperson Karl Müller ist klar: Sowohl die Erfahrung unseres Coaches, als auch sein Wissen um die Branche „Maschinenbau" sind für den Kunden ein eindeutiger Mehrwert.

Wozu das Ganze?

Ihre Zielgruppendefinitionen können Sie später – nach den weiteren Überlegungen zur Positionierung – unterschiedlich einsetzen:

Eine Möglichkeit ist die Positionierung auf eine bestimmte Zielgruppe (s. Seite 66 f.). Das macht besonders dann Sinn, wenn Ihre Zielgruppe Ihre SEP optimal nutzen kann. Der Karriere-Coach könnte sich dies etwa für die Zielgruppe „Maschinenbauer" oder gar „Mittleres Management im Maschinenbau" überlegen.

Sehr genaue Kundenansprache

Selbst bei einer Positionierung für verschiedene Zielgruppen kann es hin und wieder Sinn machen, besondere Zielgruppen zu benennen. Bieten Sie zum Beispiel Führungscoaching an und haben eine Besonderheit bei der Unterstützung von Familienunternehmern entwickelt, ist das durchaus einen Satz auf der Internetseite wert. Der könnte zum Beispiel lauten: „In den letzten Jahren hat sich dabei ein besonderer Schwerpunkt entwickelt: Führungscoaching für Familienunternehmer. Die Herausforderung ..."

Zu guter Letzt können Sie Ihr Angebot auch zielgruppenoffen formulieren, also keine Zielgruppe im Marktauftritt benennen. Bei

Akquise und PR ist es dann immer noch möglich, sich zunächst auf vielversprechende Kundengruppen zu konzentrieren.

Zielgruppen entwickeln sich, weil Sie sich entwickeln.

Bitte bedenken Sie außerdem: Zielgruppendefinitionen bleiben niemals starr. Vielmals folgen sie Ihrer persönlichen und unternehmerischen Entwicklung. Es ist völlig natürlich und gewollt, dass die Beschreibung Ihrer potenziellen Kunden immer präziser gelingt und hin und wieder auch wirkliche Überraschungen auftauchen. Sehen Sie Ihre Zielgruppenbeschreibung daher bitte nur als eine Art Treppengeländer, das Ihnen den Weg über viele Stufen Ihrer Marketingtreppe erleichtert. Es ist nicht die Treppe selbst, sondern nur eine Hilfe.

Positionierung

Schritt 4

Analysieren Sie Ihren Markt und Ihre Wettbewerber

Nachdem Sie nun mögliche Eckpfeiler Ihrer Positionierungsstrategie festgelegt haben, geht es an die Überprüfung Ihrer Hypothesen. Dies ist alles andere als eine einfache Angelegenheit und erfordert einiges an Erfahrung. Dennoch lohnt sich eine kleine Markt- und Wettbewerbsanalyse auf jeden Fall. Sie ist zwar nicht mit einer wirklichen Marktforschung zu vergleichen, bietet Ihnen aber zumindest mehr Sicherheit für Ihre Positionierungsideen.

Die Marktanalyse

Die Marktanalyse, also die Frage, ob für Ihre Beratungsleistungen ein Markt vorhanden ist, lässt sich für Einzelkämpfer am einfachsten auf folgenden drei Wegen durchführen:

Beobachten

Beobachten und analysieren Sie ausführlich den Markt. Die einfachsten Möglichkeiten sind Fachzeitschriften, Studien/Trendstudien und Datenbanken.

Fachzeitschriften der Kunden sind häufig die beste Informationsquelle, um einen Markt einzuschätzen. Wollen Sie mehr von den Leidensdruckthemen, der Sprache und dem Alltag Ihrer potenziellen Kunden erfahren, bieten sich Fachmedien aus deren Branche an. Interessiert Sie beispielsweise die Branche der Chemieanlagenbauer, so sind CheManager oder CAV (ChemieAnlagenVerfahren) die richtigen Medien. Sind Automobilzulieferer Ihre Kunden, könnte das Branchenmedium Automobilwoche das richtige sein. Als hilfreich

Fachzeitschriften

kann sich auch eine Recherche in Datenbanken und Weblogs der Branchen erweisen, zum Beispiel in einem Onlinetreff für Juristen, wenn diese Ihre Zielgruppe sind.

Außerdem können Sie auf einschlägige Fachmagazine des Coachingmarktes wie managerSeminare oder wirtschaft&weiterbildung achten. Bitte beachten Sie dabei, dass hier die Branche unter sich ist. Hauptleser sind andere Berater, Trainer und Coaches sowie Personaler. Deutlich seltener werden diese Blätter von Führungskräften aus mittelständischen Maschinenbauunternehmen gelesen. In der Coaching-Fachpresse können Sie also vor allem Markttendenzen, Trendthemen und natürlich Ihre Mitbewerbersituation beurteilen.

Studien Besonders spannend sind natürlich Trendstudien, die Entwicklungen von Märkten voraussagen. Aber auch Studien zum Beratungsmarkt selbst können wertvolle Informationen bringen.

Datenbanken Eine letzte gute Quelle sind Datenbanken wie www.genios.de oder www.gbi.de. Hier haben Sie die Möglichkeit, neben Tages- und Fachpresse auch Unternehmensdatenbanken und Statistiksammlungen nach bestimmten Themen zu durchforsten. Gerade für einen ersten Überblick hat sich das sehr bewährt. Wer es gerne kostenlos möchte, kann natürlich auch entsprechende Informationen über eine einfache Google-Recherche erhalten. Der Zeitaufwand hierfür ist allerdings in der Regel wesentlich höher, was die Nutzungsgebühren der genannten Datenbanken ein Stück weit relativiert.

Fragen

Kunden befragen Bevor Sie mit Ihrem Marktauftritt starten, können Sie auch potenzielle Kunden befragen. Anlass kann etwa eine kleine Studie zu einem Thema wie „Herausforderungen von Personalentwicklern in der chemischen Industrie" sein. So haben Sie einen „Aufhänger", jene Personalentwickler anzurufen und zu fragen, ob sie sich an der besagten Studie beteiligen. Vier bis fünf kurze, prägnante Fragen am Telefon bringen dann die gewünschte Klarheit.

Die fertige Studie ist einerseits eine Chance für sich, denn Sie können auch damit die Aufmerksamkeit der Presse und von Interessenten gewinnen. Andererseits können Sie auf diese Weise Ihre Hypothesen zu Leidensdruckthemen der Zielgruppe überprüfen. Auch im Internet lassen sich solche Befragungen mit Tools wie www.surveymonkey.com durchführen. Wichtig ist nur: Wenn Sie wirklich eine kleine Studie dazu machen wollen, sollten Sie mindestens 100 Datensätze zur Auswertung haben. Gelingen kann dies zum Beispiel durch eine Kooperation mit einem Informationsdienst wie www.mwonline.de oder competence-site und Co.

Expertenmeinung

Enorm wertvoll kann auch die Meinung eines Branchenexperten sein. Neben den auf Ihren Markt spezialisierten Marketingberatern sind dies befreundete (nicht fremde!) Fachjournalisten, Trendforscher, alte „Beraterhasen" und natürlich auch befreundete Personen der Zielgruppe.

Branchenexperten befragen

Aber auch hier gilt: Jeder der Experten schaut durch seine eigene Brille. Ein Marketingberater wird Ihnen die optimale Marketingsicht verraten, ein befreundeter Fachjournalist eher inhaltliche Aspekte berücksichtigen, Trendforscher eher von der Zukunft sprechen und „alte Beraterhasen" könnten zu sehr ihrer Erfahrung vertrauen und weniger den sich verändernden Markt beobachten.

Dennoch: Einer Expertenmeinung kommt ein hoher Stellenwert in Ihrem Informations-Puzzle zu.

Und gerade bei diesem Informations-Puzzle gilt: Es handelt sich nicht um eine wirkliche Marktforschung, sondern lediglich um Informationsausschnitte. Diese Teilstücke zusammenzusetzen bleibt Ihrem Gefühl und Ihren Fähigkeiten überlassen, das Ergebnis ist subjektiv. Aber es ist **subjektiv auf der Grundlage weitergehender Informationen** und damit hilfreicher als **reines** „Bauchgefühl".

Die Wettbewerberanalyse

Die Wettbewerberanalyse können Sie in Form einer Matrix durchführen. Hierzu ermitteln Sie jene Mitbewerber, die für Ihre Po-

Legen Sie eine Matrix an.

sitionierung und Ihre SEP eine wirkliche Konkurrenz darstellen könnten. In aller Regel sind das maximal drei bis sieben Personen oder Unternehmen. Sind es mehr, dann sind Ihre SEP womöglich nicht differenziert genug und Sie sollten hier nachbessern.

Haben Sie diese Mitbewerber ermittelt, legen Sie für jede SEP konkrete Kriterien fest, wie sich diese in der Praxis auswirkt. Nun können Sie die Kriterien und Mitbewerber in einer Matrix auflisten und eine entsprechende Analyse starten. Hierzu vergeben Sie pro Ausprägung des Kriteriums eine Schulnote und erhalten auf diese Weise ein umfassendes Bild Ihrer Mitbewerber. Klingt abstrakt? Ist es auch, und genau deshalb finden Sie im Anschluss einen kleinen Ausschnitt aus der fiktiven Analyse zu den drei Hauptmitbewerbern unseres Karriere-Coaches:

SEP: mindestens 20 Jahre Markterfahrung	Mitbewerber		
	A	**B**	**C**
▶ Hat selbst mindestens 15-20 Jahre als Karriere-Coach gearbeitet.	6	6	6
▶ Betont Erfahrung auch auf der eigenen Internetseite.	4	3	5
▶ Erfahrung wird durch Praxisbeispiele in Fachartikeln deutlich.	2	4	5
▶ Erfahrung wird durch andere Kanäle der Medienarbeit (z.B. Interviews) deutlich.	0	0	0
▶ Kunden loben in Testimonial (Referenzstimmen) die Erfahrung.	2	2	2

Eine Mitbewerberanalyse (Die Werte entsprechen Schulnoten. „6" heißt: erfüllt dieses Kriterium überhaupt nicht; „1" heißt: erfüllt das Kriterium hervorragend; „0" heißt: Information nicht vorhanden)

Wo kann es sich lohnen, einen Unterschied zu Ihren Mitbewerbern zu machen?

Wie Sie sehen, gibt es bei der genauen Analyse einige Kriterien, bei denen er als Coach gegenüber seinen Mitbewerbern punkten kann. Diese sind markiert. Während alle in ihren Testimonials Erfahrung ausstrahlen, nutzt nur einer Fachartikel, um seine Erfahrung aktiv zu kommunizieren. Es ist also ein Leichtes, durch geschickt kommunizierte Praxisbeispiele in Fachartikeln einen Unterschied herzustellen.

Es gibt immer auch einige Bereiche, zu denen in der aktuellen Analyse keine Daten zu ermitteln sind. Diese sind hier mit „0" gekennzeichnet. Für solche Bereiche sammelt unser fiktiver Karriereexperte über das laufende Jahr Informationen und ergänzt diese dann entsprechend.

Erstellen Sie eine solche Matrix komplett, haben Sie nicht nur einen Überblick über den Wettbewerb, sondern wissen auch, welche Besonderheiten Sie kommunizieren sollten. Nämlich jene, bei denen Ihre Mitbewerber deutlich schwächer sind als Sie.

Die Wettbewerbsmatrix bietet Hilfestellung, Ihre SEP zu kommunizieren.

Das Ganze bleibt letztlich natürlich eine „Gefühlssache". Sie haben keine Gewähr, dass Ihre Selektion der Informationen wirklich richtig war. Behandeln Sie Ihre Matrix daher eher wie eine Hypothese, die Ihnen jedoch zu einem verhilft: einer besseren Einschätzung Ihrer SEP im Vergleich zu Ihren Mitbewerbern.

Ob sich der Aufwand hierfür lohnt, muss jeder für sich entscheiden. Ich beobachte immer wieder: Eine solche Matrix bringt enorme Sicherheit ins Marketing, auch wenn sie nicht 100-prozentig richtig und vollständig sein kann.

Kapitel 3

Schritt 5

Entscheiden Sie sich für eine Positionierungsstrategie

Es ist vollbracht! Sämtliche Rahmenparameter liegen fest und Sie können sich für eine Positionierungsstrategie entscheiden. Drei grundsätzliche Möglichkeiten bieten sich dabei an. Im Anschluss werde ich Ihnen jede der Varianten mit einem Beispiel und einer Checkliste vorstellen. Wichtig dabei: Die Felder lassen sich auch miteinander kombinieren. Am Schluss des Kapitels finden Sie hierzu einige Hinweise.

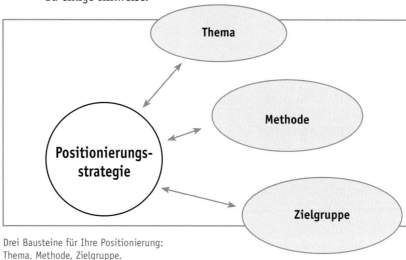

Drei Bausteine für Ihre Positionierung:
Thema, Methode, Zielgruppe.

Das Thema

Können Sie sich über Ihr Thema positionieren?

Ursprünglich kommen Themenpositionierungen aus dem Trainer-Bereich. Nachdem sich ein einfaches Kommunikationstraining nicht mehr verkaufen ließ, differenzierten einzelne Trainer ihre Themen: Argumentation, Verhandlungsführung, Mitarbeitergespräche.

Nachdem das ebenfalls nicht mehr ausreichte, gab es eine weitere Ausdifferenzierung: Argumentation in der Krise, Verhandlungsführung mit eristischer Rhetorik, Mitarbeitergespräche für die mittlere Führungsetage ...

Coaches wehren sich häufig gegen Themenpositionierung, da das Instrument Coaching gerade bei einer Vielzahl von Themen eingesetzt werden kann und die Individualität des Kundenanliegens betont wird. Heerscharen von systemischen, integralen, psychodynamischen und sonstigen Coaches versuchen es daher mit allgemeinen Positionierungen und Formulierungen, um die Themenoffenheit von Coaching ja nicht zu gefährden. Prinzipiell prima. Nur glaubt Ihnen niemand, dass Sie für alle Themen der richtige Ansprechpartner sein können.

Vermeiden Sie Beliebigkeit.

Ein Beispiel für die gelungene Themenpositionierung eines Coaches ist Ursula Wagner, die gleich drei Themen in ihrer Arbeit verbindet. Hier ein Ausschnitt aus ihrer Internetseite:

Drei gesellschaftliche und persönliche Brennpunkte stehen im Zentrum meiner Arbeit:

Generationen, Geschlechter und die Verbindung von Arbeit mit Sinn. Die Integration dieser Brennpunkte bringt große Herausforderungen mit sich: wirtschaftlich, gesellschaftlich und für den Einzelnen. Daher arbeite ich mit Ihnen konkret und konzeptionell unter anderem an folgenden Anliegen:

Unternehmen
- *Innovation und Effizienz bei immer weniger Personal – wie bewältigen Sie diese Herausforderung?*
- *Im Familienunternehmen: Wie meistern Sie die Balance zwischen den Generationen?*

Organisationen & gesellschaftliche Institutionen
- *Wie betrifft Sie überhaupt konkret der demografische Wandel?*

- Welche Methoden und innovativen Konzepte gibt es zu seiner Gestaltung?
- Wie arbeiten Sie bewusst mit den Vorteilen von „diversity", also Andersartigkeit?

Menschen
- Wie orientieren Sie sich beruflich mit 30+, 40+, 50+?
- Wie gelingt Ihnen die Balance zwischen Beruf und Partnerschaft oder als Single?

Authentizität Wichtig ist natürlich auch hier die Authentizität. Um diese zu unterstreichen, hat Coach Ursula Wagner zwei Profilseiten: ein Faktenprofil und eine persönliche Vorstellung. In dieser längeren persönlichen Form des Profils beschreibt sie, wie es zur Auswahl der Themen kam.

***Meine Erfolgsstrategie** im Leben war recht früh klar: schnell sein und aktuelle Trends aufgreifen. Als die Jüngste von vier Kindern lernte ich frühzeitig, über die Tischkante zu schauen, um im Kreis der Familie mitzudiskutieren. Was mich in diesem Elternhaus von Beginn an prägte, war eine kreative Atmosphäre, in der über Politik, Musik und Religion angeregt und kontrovers gesprochen wurde. Eigene Meinungen waren erwünscht!*

Bis heute bin ich gern bei den Ersten mit dabei, wenn es um gesellschaftlich relevante Themen geht. Dabei denke ich facettenreich, vielschichtig und unkonventionell. Lösungen finde ich oft dadurch, dass ich unterschiedliche Wissensgebiete zusammenführe und verbinde.

*Mit reichlich **Neugier und Lernfreude** ausgestattet, war die Schulzeit eine Freude für mich. Schon während meiner Jugendzeit in der niedersächsischen Kurstadt Bad Gandersheim begann ich als freie Journalistin für die Lokalzeitung zu schreiben. Journalismus stand dadurch als späterer Berufswunsch frühzeitig fest. Außerdem enga-*

gierte ich mich in der Stadtpolitik. Meine Freizeit war „bewegt", sowohl durch Tanzen als auch im Leichtathletik-Leistungssport geprägt. Ein an das Abitur anschließendes **Studienjahr in Paris** erweiterte meinen Horizont und ließ mich erkennen, was in der Fremde und in der Heimat positiv ist.

Für meinen **Berufswunsch**, den **Journalismus**, begann ich mein erstes Studium der Geschichte und Journalistik in Hamburg. Doch weil Lernen nicht nur im Kopf, sondern auch im Körper stattfindet, unterbrach ich das akademische Lernen für eine professionelle Tanzpädagogenausbildung. Wer wie ich viele Stunden an der Ballettstange gestanden hat, weiß, wie viel Disziplin der Leichtigkeit vorangeht. Die Integration meiner beiden Leidenschaften, dem **Schreiben** und der **Bewegung**, gelang beruflich als Redakteurin einer Fachzeitschrift für Tanz und Theater.

Der nächste berufliche Schritt erweiterte mein Wissensgebiet um das Thema Management. Im Auftrag der Kunsthochschule Utrecht leitete ich in der Wendezeit in Berlin eine Weiterbildung für **Kulturmanagement**. In dieser Zeit begann ich auch mit einer Zusatzausbildung in Kommunikations-Psychologie bei Prof. Schulz von Thun.

Nach diesen ersten Erfahrungen meiner Berufstätigkeit beschloss ich, das Gebiet der **Psychologie** wissenschaftlich durch ein **Studium** zu vertiefen. Mit dem Motto, „Neugier als Beruf", den meine Professorin Eva Jaeggi für die Psychologie prägte, konnte ich mich gut identifizieren. Neben dem wissenschaftlichen Studium bildete ich mich in praxisnahen **Zusatzausbildungen** weiter.

Während meiner Studienzeit arbeitete ich außerdem als **Rundfunkjournalistin**. Komplexe Themen „hörerfreundlich" aufzubereiten ist bis heute eine Leidenschaft für mich, ob bei Vorträgen, in der Beratung oder im Coaching. Die Studienzeit rundete ich durch eine **dreimonatige Ausbildung** zur Outdoor-Trainerin in den Wildnisgebieten der **USA** ab.

Im Anschluss an das Studium begann ich in der **Personalentwicklung** eines internationalen Konzerns zu arbeiten. Die Möglichkeit, Organisation und Management direkt zu erleben und mitzugestalten, brachte mir wertvolle Erfahrungen. In diesen sechs Jahren erlebte ich auch hautnah die wirtschaftlichen und gesellschaftlichen Herausforderungen der Balance von „Alten" und „Jungen", „Mann" und „Frau", „Beruf" und „Familie", „Arbeit" und „Sinnfindung".

Mit dem Beginn meiner **selbstständigen Tätigkeit als Coach, Beraterin und Autorin** im Jahr 2006 widme ich mich der Thementriade Generationen, Geschlechter & Arbeit. Dabei nähere ich mich den Themen über einen werte- und sinnorientierten Ansatz.

Im Jahr 2005 erschien mein erstes **Buch „Die Kunst des Alleinseins"**, eine interdisziplinäre Recherche zum Trendthema „Alleinsein" für Frauen und Männer in der westlichen Industriegesellschaft. Das Manuskript entstand im Stadtkloster der Karmelitinnen in Berlin – meiner persönlichen „Oase des Alleinseins", ein Ort an dem ich in der Stille die Frage nach dem „Wesentlichen" vertieft habe. Heute begleite ich dort Menschen bei eintägigen Aufenthalten im Coaching zu Berufs- und Lebensfragen.

In meiner jetzigen Arbeit verbinde ich Themenbreite mit der Tiefe persönlicher Beratung. Ich arbeite dabei als „Journalist" in der ursprünglichen Bedeutung des Wortes: Der „jurnalist" eines Unternehmens schrieb früher in die Geschäftsbücher das Wesentliche des Tagesgeschehens ein. Ebenso helfe ich heute Menschen und Organisationen, die wesentlichen Themen in den Blick zu bekommen und zu bearbeiten.

Ich lebe und arbeite mit meinem Lebenspartner in Berlin.

Wenn Sie genaue Informationen zu meinen Abschlüssen und Zusatz-Qualifikationen erhalten möchten, klicken Sie bitte auf mein **Fakten-Profil**.

Eine solche präzise und authentische Themenpositionierung kann sich lohnen.

Wenn Sie sich für einen Positionierungsschwerpunkt „Thema" entscheiden, sollten Sie folgende Fragen berücksichtigen:

Hilfreiche Fragestellungen

- Entspricht das Thema Ihren Kernkompetenzen und SEP?
  Klar, gute Themen gibt es wie Sand am Meer. Nur kann eben nicht jeder jedes Thema glaubwürdig und gut bearbeiten. Daher empfiehlt es sich, gerade bei dieser Positionierung besonderen Wert auf eine Übereinstimmung mit Ihrem Kompetenzprofil zu legen. Zu viele Berater, Trainer und Coaches haben es in den vergangenen Jahren mit immer neuen modischen Begriffen versucht und sind auf Grund von „Scheinpositionierungen" gescheitert. Hinter den Begriffen verbarg sich dann doch zu oft der altbekannte Bauchladen.

- Haben Sie alleine das Thema mit diesem Begriff besetzt?
  Sie müssen nicht die Coaching-Welt neu erfinden, aber zumindest der von Ihnen verwendete Begriff sollte einzigartig sein. Um keine Scheinpositionierung zu erzeugen, muss er zudem Ihren Kernkompetenzen, SEP und Ihrer Haupttätigkeit entsprechen.

- Ist der gewählte Begriff spannend?
  Das beste Thema nutzt Ihnen nichts, wenn es niemanden interessiert. Also sollte Ihr Begriff spannend für Kunden sein, aber auch nicht überinszeniert klingen. „Emotionales Leistungsmanagement" als Thema klingt spannend, „emotional performance workflow-design" wohl eher albern. Dabei ist das Gleiche gemeint!

- Arbeiten Sie auch wirklich zu diesem Thema?
  Ihr neues Thema sollte zumindest zu 90 Prozent Ihr tägliches Geschäft sein. Ansonsten ist es keine Positionierung, sondern ein Vorwand. Natürlich können Sie auch einzelne Coaching- und Beratungsprodukte mit einem eigenen Begriff versehen, aber das fällt dann eher in die Kategorie Produktpolitik.

- Passt das Thema in der Wahrnehmung Ihrer Zielgruppe zu Ihnen?
  Vor kurzem kam nach einem Vortrag ein Berater auf mich zu. Er stand unsicher vor mir, den Kopf leicht eingezogen, flache Atmung, ausweichende Blicke. Als er mir dann leise erzählte,

er sei auf das Thema „Humor im Management" spezialisiert, war mir klar: Das glaubt ihm kein Mensch! Selbst wenn er ein wirklicher Spezialist für das Thema gewesen wäre, hätte ihn die Glaubwürdigkeitsfrage vermutlich vom Erfolg abgehalten.

Die Methode

Können Sie sich über eine Methode positionieren?

Eine besondere Methode zu vermarkten kann auch ein probates Mittel sein. Eine Kombination aus Themen- und Methodenpositionierung hat zum Beispiel Gudrun Happich. Sie nennt ihren Methode-Thema-Mix „bioSystemik". Doch lesen Sie selbst:

> **bioSystemik®** *ist die konsequente Weiterentwicklung systemischer Theorien und Methoden. Sie verfolgt das Ziel, biologische Modelle systematisch zu erforschen und die zu Grunde liegenden Prinzipien auf den Kontext anderer Systeme zu übertragen.*
>
> *Als diplomierte Naturwissenschaftlerin, systemisch ausgebildeter Coach und mit zwölfjähriger Führungserfahrung in der freien Wirtschaft biete ich eben diese Übertragung auf unternehmerische Systeme. Dabei werden Strategien nicht einfach kopiert, sondern einzelne Merkmale, Muster und Organisationsprinzipien Ihrem Unternehmen angepasst und praktisch nutzbar gemacht.*
>
> *Die praktischen Anwendungsmöglichkeiten der bioSystemik® sind u.a.:*
> - *Sie vereinfachen Problemlösungsprozesse im Unternehmen nach biologischem Vorbild.*
> - *Sie lernen von der Evolution und können die positive Entwicklung des Unternehmens und einzelner Mitarbeiter beschleunigen.*
> - *Sie entwickeln ein Frühwarnsystem für Konflikte und Eskalationen, lernen Strategien, um sofort darauf zu reagieren und gegenzusteuern.*
> - *Sie etablieren klare Leistungsprinzipien nach natürlichem Vorbild – und sind so in der Lage, Ihre unternehmerische Performance nachweisbar zu steigern.*
>
> *Weitere Informationen erhalten Sie gerne in einem Gespräch.*

Eine solche Positionierung ist nur dann glaubwürdig, wenn Sie zum Profil des Coachs passt. Gudrun Happich schreibt dazu in ihrer persönlichen Vorstellung auf der Internetseite:

Passt das eigene Profil zur Methode?

Wie wird aus einer begeisterten Naturwissenschaftlerin ein erfolgreicher Business-Coach?

Nach einer frühen Karriere als Spitzensportlerin studierte ich Naturwissenschaften mit dem Abschluss einer Diplom-Biologin. Fasziniert von den Erfolgsprinzipien der Natur, erforschte ich organische Strukturen und komplexe Wirkweisen lebender Systeme.

Dabei stellte ich mir die Frage, wie erfolgreiche ökologische Zusammenhänge auch für menschliche und ökonomische Systeme gelten könnten. Meine Überlegungen zielten darauf, bewährte natürliche Modelle auf Bereiche unseres Alltags zu übertragen.

Ich erkannte, dass sich biologische Gesetzmäßigkeiten sowohl bei der Führung und Weiterentwicklung von Mitarbeitern als auch in Hinblick auf Leistungssteigerungen in Unternehmen anwenden ließen.

So fand ich einen wirkungsvollen Weg, die Erfolgsprinzipien der Natur mit erfolgreichen Strukturen von Wirtschaftsorganisationen zu verbinden.

In Folge arbeitete ich zwölf Jahre als Führungskraft in großen Industrie- und Dienstleistungsunternehmen, unter anderem als Vertriebsdirektorin und Beraterin/Coach einer europäischen Management-Akademie mit ca. 100 eigenen Mitarbeitern.

Unter dem Motto: Unternehmer können vom „Erfolgsunternehmen Natur" lernen, wagte ich schließlich den Schritt in die Selbstständigkeit. Bietet sie doch die beste Möglichkeit, meine umfangreichen wissenschaftlichen und praktischen Erfahrungen als Führungskraft und Beraterin/Coach effektiv einzusetzen.

Ich absolvierte drei verschiedene systemische Ausbildungen mit jeweils anderen Schwerpunkten. Die Arbeit mit führenden Experten der systemischen Beratung wie Prof. Fritz Simon, Steve de Shazer und Dr. Gunther Schmidt vertiefte meinen systemtheoretischen Blick auf Unternehmensprozesse. Coaching und Beratung auf der Grundlage von bioSystemik® ist das innovative Ergebnis meines naturwissenschaftlichen, systemischen und unternehmerischen Know-hows.

Auf Grund meiner Erfahrung als Coach mit über 7.500 Coachingstunden wurde ich 2006 als eine der ersten Beraterinnen Deutschlands nach der höchsten Richtlinie der International Coach Federation als „Master Certified Coach" (MCC) zertifiziert.

Hilfreiche Fragestellungen

Sollten Sie die Methode als Hauptpositionierungselement in Betracht ziehen, hier wieder einige bewährte Fragen:

▶ Unterscheidet sich Ihre Methode maßgeblich von anderen Methoden?
Dieser Punkt klingt selbstverständlich, bereitet aber dennoch vielen Schwierigkeiten. Die fünfundvierzigste Variante von systemischem Coaching ist einfach nicht mehr „sexy", auch wenn sie im Kern trifft, was Sie anbieten. Und wenn Sie nun mal systemisch arbeiten, ist es gar nicht so einfach, etwas Neues zu finden. Das Gleiche gilt für Systemaufstellungen, NLP, Transaktionsanalyse und viele weitere Methoden.

▶ Ist die Einzigartigkeit der Methode kommunizierbar?
Machen Sie einfach einmal den Test und stellen Ihrer potenziellen Zielgruppe in 5-7 Sekunden Ihre Methode vor. Gelingt Ihnen das und erzeugen Sie Interesse, ist sie vermutlich gut kommunizierbar.

▶ Ist ein Nutzen der Methode sicht- und spürbar?
Die beste Methode ist wertlos, wenn sie nicht einen spürbaren Nutzen beinhaltet. Bitte differenzieren Sie dabei vom Nutzen, den Sie als Person bieten. Wenn Sie zwar mit einer Methode arbeiten, der Nutzen aber letztlich durch Ihre Persönlichkeit,

Positionierung

Erfahrung oder Feldkompetenz erreicht wird, reicht das nicht für eine Methodenpositionierung.

▶ Passt die Methode zu Ihnen?
Unser in der vorangegangenen Checkliste vorgestellte „Humorberater" hätte wohl auch mit einer besonders humorvollen Methodik schlechte Karten gehabt. Gudrun Happich hingegen mit einem Abschluss als Diplom-Biologin, 12 Jahren eigener Führungserfahrung, 7.500 zertifzierten Coachingstunden und drei unterschiedlichen systemischen Ausbildungen ist mit bio-Systemik wirklich glaubhaft!

Die Zielgruppenpositionierung

Jeder Coach hat eine Zielgruppe. Doch sich auf eine solche zu spezialisieren heißt, wirklich ausschließlich als Experte für diesen Personenkreis zu arbeiten. Dabei können Sie sich auf Folgendes spezialisieren:

Können Sie sich über Ihre Zielgruppe positionieren?

▶ Eine bestimmte Branche
▶ Einzelne Abteilungen
▶ Bestimmte Hierarchie-Ebenen
▶ Einen bestimmten Unternehmens- und Menschentyp

Im Privatkontext kann eine Spezialisierung beispielsweise für folgende Personengruppen Sinn machen:
▶ Studenten
▶ Arbeitslose
▶ Berufstätige Mütter/Väter
▶ Alleinerziehende
▶ usw.

Auf eine bestimmte Abteilung, nämlich Forschung und Entwicklung, hat sich Bernhard A. Zimmermann spezialisiert:

Professionalität ist das Leistungsmerkmal moderner Forschungs- und Entwicklungsteams.

Kürzere Innovationszyklen, wachsende kommerzielle Einschränkungen und zunehmend funktionale Abhängigkeiten zwischen Abteilungen bestimmen das Leben in erfolgreichen Organisationen mehr und mehr.

Forscher, Entwickler und ihre Teams sind häufig der Motor eines Unternehmens. Es werden spezielle Anforderungen an Leistung, Kreativität und Fach-Know-how an sie gestellt.

Diese Leistungen müssen täglich abrufbar sein und sich mit den wachsenden Ansprüchen des Unternehmens und der Konsumenten steigern, was oftmals nur durch effektives Coaching zu erreichen ist.

Als Coach unterstütze ich Sie dabei, die Leistung Ihres Entwicklerteams und einzelner Mitarbeiter hochzuhalten und weiter zu erhöhen.

Wir arbeiten daran ...

- *Leistungsparameter zu verbessern und für das Unternehmen sichtbar zu machen,*
- *erhöhten Anforderungen geeignete Instrumente entgegenzusetzen,*
- *Konflikte zu reduzieren und das Arbeitsklima zu verbessern,*
- *Freiräume für Ideen zu schaffen, entsprechende Budgets intern zu erhalten und zu halten,*
- *die Zufriedenheit der Entwickler zu stabilisieren und zu erhöhen,*
- *die internationale Zusammenarbeit von Entwicklerteams zu fördern.*

Mit 16 Jahren eigener Erfahrung in Forschung & Entwicklung spreche ich dabei nicht nur Ihre Sprache, sondern kenne auch Ihre spezifischen Herausforderungen und Besonderheiten Ihrer Märkte.

Positionierung

Sie ahnen, was kommt: Auch zu einer solchen Positionierung muss das Profil passen. Also finden Sie im Anschluss die persönliche Vorstellung von Bernhard A. Zimmermann:

Passt Ihr Profil zu Ihrer Wunschzielgruppe?

Mit 16 Jahren Berufserfahrung, nahezu ausschließlich im Bereich Forschung & Entwicklung, kenne ich die spezifischen Anforderungen von und an Entwickler.

Ich kenne ihre Themen, Probleme und alltäglichen Herausforderungen aus meiner eigenen Tätigkeit als Programmleiter bei Unilever in Deutschland, Großbritannien und den Niederlanden. Daher spreche ich Ihre Sprache. Niemand kann Ihnen die Effektivität eines Coachings garantieren. Jedoch trägt meine Erfahrung sicher dazu bei, nachhaltige Veränderungen erreichen zu können.

Ursprünglich Diplomingenieur für Verfahrenstechnik, habe ich in einer 12-monatigen Ausbildung zum Coach in England ein vom „Oxford-Cambridge Examination Board" anerkanntes Coaching-Diplom abgeschlossen.

Training in der Anwendung von wichtigen psychometrischen Instrumenten, die im heutigen Coaching essenziell sind, waren ein Bestandteil meiner umfangreichen Ausbildung. Diese sind: Myers Briggs Type Indicator®, FIRO-B®, Emotional Competency Inventory® und Inventory of Leadership Styles®.

Auf Grund meiner internationalen Arbeitsstationen biete ich Ihnen Coaching & Workshops in Deutschland, Großbritannien und den Niederlanden, auch in der jeweiligen Landessprache, an.

Ich hoffe, bald mit Ihnen über Ihre oder die Entwicklung Ihrer Mitarbeiter sprechen zu können.

Und auch bei dieser Positionierungsform gibt es Besonderheiten und relevante Fragen:

Hilfreiche Fragestellungen

▶ **Sind Sie Experte für diese Zielgruppe?**
Wesentliche Elemente des Zielgruppenexperten sind eine genaue Kenntnis seiner Klientel, entsprechende Erfahrung, spezifische Referenzen und eine geeignete persönliche Ausstrahlung.

Die Zielgruppenkenntnis ist wesentlich, um die Sprache Ihrer Kunden zu sprechen. Das ist der Hauptvorteil, den Sie als Zielgruppencoach haben. Entsprechend dominant ist dieser Punkt.

Was wäre Wissen ohne Erfahrung? Je länger Sie selbst auf der anderen Seite des Schreibtischs waren, desto besser. Die Erfahrung kann sich dann entweder an der Anzahl der Jahre oder aber an der Vielzahl der Projekte und entsprechender Budget- und Mitarbeiterverantwortung festmachen. Und ein Topmanagement-Coach ohne Topmanagement-Erfahrung ist eben genauso unglaubwürdig wie ein Führungscoach ohne Führungserfahrung. Die Frage nach Referenzen wird gerade Zielgruppencoaches noch häufiger gestellt, nach dem Motto: „Für welchen unserer Mitbewerber haben Sie denn schon gearbeitet?" Mindestens fünf überprüfbare Referenzen sollten Sie hier bieten können.

Und schließlich ist es Ihre persönliche Ausstrahlung, die Ihre Glaubwürdigkeit unterstreicht. Ich erinnere mich an einen Rhetoriktrainer an der Bergstraße, der immer „gebügelt und gestriegelt" zum Kunden geht. Bei Ingenieuren kommt das jedoch nicht an, sie empfinden es als übertrieben und aufgesetzt. Für Führungskräfte in Konzernen passt der Stil wiederum sehr gut!

▶ **Sind Ihre Aussagen exakt auf diese Zielgruppe abgestimmt?**
Aus einer Zielgruppenpositionierung gibt es kein zurück. Jedes Wort, jedes Bild, jede Handlung sollte auf diese Zielgruppe – und nur auf diese – abgestimmt sein. Je besser Sie diese Ansprache beherrschen, desto größer sind Ihre Chancen.

▶ **Wollen Sie bei dieser Zielgruppe bleiben?**
Eine entscheidende Frage. Natürlich haben Sie immer die Chance einer Umpositionierung, doch gelingt die erfahrungsgemäß schlechter, wenn Sie zuvor ausschließlich für eine bestimmte

Personengruppe gearbeitet haben. Also sollten Sie Ihre Zielgruppe besonders mögen und wissen, dass dies auch lange so bleiben wird.

Haben Sie in den einzelnen Bereichen mögliche Schwerpunkte erkannt? Letztlich ist es immer eine Kombination, mit der Sie dann am Markt auftreten. Ich nenne das „Positionierungs-Mix" und mein persönlicher Mix sieht wie folgt aus:

Ein Positionierungs-Mix

▶ Thema
Eindeutige Spezialisierung auf Persönlichkeitsmarketing. Bei Einzelkämpfern geht es also darum, wie sie *ihr Geschäft* mit *ihrem Stil* verkaufen können. Arbeite ich für kleinere Beratungs*unternehmen*, erfahren diese, wie sich jeder Mitarbeiter als Experte unter dem Dach des Unternehmens profilieren kann. Mit seinen Besonderheiten, Macken und Fähigkeiten. Und eben nicht uniform.

▶ Zielgruppe
Klare Sache. Mein Hauptgeschäftsbereich zielt auf eine Zielgruppe mit drei Untergruppen ab: Berater, Trainer und Coaches.

▶ Methode
Interessiert mich nicht. Es ist ein vielfältiger Mix, zusammengestellt nach den Wünschen und Bedürfnissen des Kunden sowie nach den Erfordernissen der Situation.

Und wie sieht Ihre Positionierungsmatrix aus?

Interview mit Spitzencoach Klaus Eidenschink

■ *Was sind Ihre Tätigkeitsschwerpunkte und Ihre Kernkompetenzen?*

Mein Arbeitsfeld besteht aus drei miteinander verbundenen Gebieten. Zum einen bin ich Geschäftsführer der Consultingfirma Eidenschink & Partner. Zusammen mit vier Kolleginnen und Kollegen arbeite ich in diesem Rahmen als Coach und Teamentwickler für das Top-Management und mit Vorständen von DAX-Unternehmen wie von Mittelständlern oder Start-ups. Besonders gefällt mir die Beratung von so genannten schwierigen Teams oder von Intergruppenkonflikten. Zudem konzipiere und leite ich Führungskräfteschulungen und Lernprogramme für das Management.

Zum anderen bin ich in der Leitung von HEPHAISTOS, Coaching-Zentrum München, in dem Aus- und Weiterbildungsgänge für Coaches, Trainer und Berater angeboten werden. Zusammen mit meiner Kollegin Karin Horn-Heine bilde ich hier seit fast zehn Jahren nach einem innovativen und integrativen Konzept Coaches aus und fort. Wir versuchen jenseits von Moden und methodischen Einseitigkeiten Coaches so zu entwickeln, dass der eigene individuelle Stil sich auf das Feinste entfalten kann.

Zum Letzten bin ich als Autor und Key-Speaker tätig. Das ist mir besonders wichtig, weil ich Vorträge und Artikel immer zum Anlass nehmen kann, über bestimmte Themen gezielt nachzudenken und die vielfältigen Erfahrungen in der Arbeit theoretisch aufzuarbeiten und zu verdichten.

Mein Beratungsansatz integriert umfassendes theoretisches und praktisches Know-how über Einzelpersonen, Gruppen und Organisation. Durch einen breiten akademischen Hintergrund und eine Vielzahl an Fortbildungen in humanistischen Therapieverfahren, in systemischer Beratung, in Körpertherapie, in Gruppendynamik, Betriebs- und Orga-

Klaus Eidenschink

nisationspsychologie und Führungspsychologie sowie die Auswertung von unzähligen Workshops und Meetings, stehen mir viele Interventionsmöglichkeiten offen. Dadurch kann ich auf allen relevanten Systemebenen intervenieren und auf unterschiedliche Konflikt-Konstellationen gezielt eingehen. Ich kenne die Herausforderungen von Unternehmensführern und die Konstellationen unter „Mächtigen".

Ich analysiere mit meinen Kunden zusammen sorgfältig die Lage und die Zielsetzungen des Auftrags, ich bin schnell, humorvoll und direkt. Ich schone niemanden und unterstütze verlässlich und mit Herz.

■ *Angenommen, wir würden Ihre Kunden fragen: Was sind Ihre Besonderheiten gegenüber Mitbewerbern?*

Ich denke, dass meine Kunden zunächst meine Unabhängigkeit schätzen. Sie wissen, dass ich nichts tue oder lasse, um Aufträge zu bekommen oder zu behalten, sondern mich an dem orientiere, was ich als erforderlich und richtig ansehe. Die Kunden engagieren mich, weil – gerade im Coaching – Tabus schnell zur Sprache kommen können und ich viel Schutz biete, dort wo er nötig ist. Mein Arbeiten bekommt meist schnell Tiefgang und auch emotionale Intensität und verlässt die Ebene von Ratschlägen und einem „Gut-dass-wir-darüber-gesprochen-haben!". Das erfolgreiche Coaching von Managern, die als schwierig, arrogant oder herrisch bezeichnet werden, hat sich in vielen Firmen herumgesprochen.

Viele Kunden sagen mir auch, dass mich die Kombination von theoretischer Klarheit und praktischer Kompetenz sehr auszeichnet. Auch der Wille, eine vertrauensvolle Kooperation zwischen internen Personalentwicklern und dem externen Coach zu pflegen, zeichnet meine Arbeit aus.

Die Kompetenz, die darin liegt, dass ich die Arbeit mit Einzelnen, Gruppen und Systemen kombiniere, finden viele Kunden sehr wichtig und spezifisch. Meine Kunden wissen zudem, dass ich mich, so schnell wie es sinnvoll ist, auch wieder überflüssig mache.

■ *Welche Marketing- und PR-Aktivitäten haben Sie zu Beginn Ihrer Tätigkeit umgesetzt? Wann war das? Wie viel Zeit haben Sie hierfür investiert?*

Das wirksamste Marketing-Instrument ist gute Arbeit und die daraus resultierende Mundpropaganda. Wenn diese Basis nicht stimmt, dann nutzt alles andere nichts. Daher habe ich immer in die Qualität und die Fortentwicklung dieser Qualität investiert und tue das heute noch.

Das Schreiben von Artikeln und Halten von Vorträgen war sicher für die Anbahnung von manchen Kundenkontakten sehr hilfreich, hatte aber für mich innerlich nie diese Funktion. Für mich ist das, wie schon gesagt, eine Möglichkeit, mich mit Themen auseinanderzusetzen. Die Marketing-Wirkung, insbesondere für den Bekanntheitsgrad, lässt sich jedoch nicht leugnen.

Außerdem habe ich meine Kunden gerade am Anfang gebeten, es weiterzuerzählen, wenn sie zufrieden waren. Meist war aber auch dies nicht notwendig.

■ *Und welche Marketing- und PR-Aktivitäten nutzen Sie jetzt?*

Die oben schon angesprochene Mundpropaganda und die mittlerweile entstandenen vertrauensvollen Kontakte zu vielen Kunden sorgen für ein kontinuierliches Auftragsvolumen, das weit über das Leistbare hinausgeht. Das Halten von Vorträgen und Workshops auf Kongressen und Tagungen sowie Buch- und Fachartikel stiften zusätzliche Kontakte und bieten Gelegenheit, mich kennen zu lernen. Im Effekt sind solche Auftritte sicher auch ein wirksames Marketing, jedenfalls so lange, wie auch hier die Qualität stimmt.

■ *Welchen Rat würden Sie einem Einsteiger in Sachen Marketing und PR geben?*

Ich würde raten, die eigene Person als das entscheidende Werkzeug eines Coaches anzusehen und daher in diese Person zu investieren. Wer auf Methoden und Schulen setzt und dann etwa als „systemischer Coach" herumläuft, der jeden mit Aufstellungen behelligt, der sich nicht rechtzeitig auf die Bäume flüchtet, wird ziemlich bald ein Problem bekommen. Methoden sind kurzlebig, kopierbar und austauschbar. Personen sind es nicht. Zentrale Bedeutung hat dabei die Entwicklung des eigenen Charismas. Charisma kann sich nur entwickeln, wenn die Basis stimmt, also das berühmte „Sein" der eigenen Persönlichkeit im Ausdrucksverhalten wahrnehmbar ist. Alle Formen des „Blendens" und des Erzeugens von „Schein" haben aus meiner Sicht im Coaching nur sehr begrenzte Dauer.

Wenn das eigene Kontaktverhalten stimmt und eben den berühmten Sog entwickelt, dann ist es natürlich wichtig, Gelegenheit zu schaffen, wo andere Menschen einen kennen lernen können. Ob das Kongresse und Tagungen sind, ob das Fortbildungen sind, ob man Verbänden beitritt, ob man publiziert oder in Beratungsfirmen hospitiert oder sich als freier Mitarbeiter assoziiert – der Möglichkeiten sind viele. Dass der professionelle Auftritt, also ein klares Produkt und Profil, ein klarer Web-Auftritt, stimmen muss, versteht sich.

Wenig Bedeutung sollte man Zertifkaten und Anerkennungen geben, auch wenn deren Wichtigkeit in den nächsten Jahren vermutlich zunehmen wird. Wer sein Heil in Äußerlichkeiten sucht, wird austauschbar.

■ *Wann ist ein Coach aus Ihrer Sicht spannend für den Kunden?*

Spannend ist sie/er, wenn sie/er eigenständig ist und an ihm oder ihr klar erkennbar ist, dass er/sie den Führungskräften Paroli bieten kann und gleichzeitig Bedingungen schaffen kann, unter denen Menschen sich öffnen. Es gibt so viele Coaches, die Führungskräften erzählen, was diese hören wollen. Das macht vordergründig einen zufriedenen Kunden und fördert mittelfristig einen schlechten Ruf.

Spannend ist sie/er auch, wenn klar erkennbar ist, was sie/er besonders gut kann.

Sehr unspannend werden Coaches, wenn sie sich als Verkäufer gebärden und versuchen, Kunden etwas aufzuschwatzen oder ohne großes Nachfragen immer schon wissen, was die Kunden brauchen oder worin die Lösung besteht.

Absolut unspannend sind Coaches, die selbst nicht wissen, was sie dazu prädestiniert, dass Führungskräfte sich von ihnen beraten lassen. Manchmal habe ich den Eindruck, deren wesentliche Motivation besteht darin, dass man gute Stundenhonorare erzielen kann.

■ *Welche Marketing- und PR-Instrumente werden aus Ihrer Sicht in den nächsten Jahren eine besondere Bedeutung bekommen?*

Ich denke, dass die Mitgliedschaft in Verbänden und den daraus resultierenden Begegnungsmöglichkeiten mit Kollegen verstärkte Bedeutung haben wird. Es wird auch wichtiger werden, sich zu unterscheiden und eine klare Positionierung am Markt zu entwickeln. Vermutlich werden auch Coach-Netzwerke oder Coaching-Anbieter an Bedeutung zunehmen. Für Einzelcoaches wird es sicher insgesamt schwieriger werden, besonders dann, wenn sie nur als Coach unterwegs sind.

Generell glaube ich jedoch, dass Coaching immer auf der persönlichen Beziehung zum Auftraggeber beruhen wird und je größer die Konkurrenz ist, desto mehr wird die Bedeutung der Kundenkontakte zunehmen. Coaching ist und bleibt meines Erachtens ein „Personengeschäft" und kein „Produktgeschäft". Auf die Frage, was ich verkaufe, antworte ich seit Jahren mit dem einfachen Satz: „Mich selbst."

Klaus Eidenschink, verheiratet, zwei Töchter. Lebt nahe München. Studium der Theologie, Philosophie und Psychologie in München. Danach Ausbildung zum Psychotherapeuten, Tätigkeit als Bildungsreferent. Seit 1989 selbstständig, zunächst in eigener Praxis, dann als Geschäftsführer von „Eidenschink und Partner. Spezialisten für Verständigung und Wandel". Arbeitet mit dem Top-Management mehrerer DAX-Unternehmen. 1997 Gründung von „HEPHAISTOS, Coaching-Zentrum München". Aus- und Fortbildungslehrgänge für Trainer und Berater.

Zahlreiche Veröffentlichungen in diversen Zeitschriften und Büchern. Radiointerviews für verschiedene deutsche Rundfunksender. Regelmäßige Vorträge auf Kongressen, Tagungen und Firmen-Events. Kolumnen zu Managementthemen in verschiedenen Zeitungen, u.a. der Süddeutschen Zeitung. Derzeit Arbeit an einem Buch über metatheoretische und philosophische Grundlegungsfragen des methodischen Vorgehens im Coaching.

Hintergrund des eigenen Beratungsstils sind langjährige Ausbildungen und Erfahrungen in humanistischen Psychotherapieverfahren, Gruppendynamik, systemischer Beratung, Organisations- und Führungspsychologie und Konfliktforschung sowie einer großen Zahl an erlebten Meetings und Sitzungen.

Senior Coach und Präsidiumsmitglied im Deutschen Bundesverband Coaching e.V. (DBVC).

Adresse:
Eidenschink & Partner
Jahnstraße 1
D-82152 Krailling b. München
Tel.: 089/85 66 22 46
Fax: 089/85 66 22 45
E-Mail: info@eidenschink.de
Internet: www.eidenschink.de

Kapitel 4

Inszenierung:
Spannend sein und interessieren

Kapitel 4

Schnellfinder

	Inszenieren ist wie das Planen eines Menüs	103
Menüpunkt 1	**Grundzutaten des Inszenierung**	105
Menüpunkt 2	**Spannungsregeln der Inszenierung**	106
	Den Leidensdruck der Interessenten ansprechen	106
	Die Balance aus Sagen und Nicht-Sagen finden	107
	Kreative Abweichung hervorrufen	111
	Mit Fragen den Geist öffnen	114
	Narrativität – Geschichten erzählen	118
	Persönliche Nähe herstellen	127
	Metaphern anwenden	133
Menüpunkt 3	**Gestaltung der Inszenierung**	133
Menüpunkt 4	**Darreichungsformen**	140

Inszenieren ist wie das Planen eines Menüs

Während ich diese Zeilen schreibe, ist es Freitag und ich bin gerade bei der Planung eines kleinen Muttertags-Menüs für den kommenden Sonntag. Einmal mehr wird mir bewusst: Inszenierung ist wie gutes Kochen – eine optimale Kombination aus Gefühl und Verstand. Was also kann ich mit diesem Kapitel über Inszenierung erreichen?

Sie sollen Prinzipien und Methoden von Inszenierung kennen lernen, mit denen Sie ein Gefühl für Spannung entwickeln. Spannung ist ein zentraler Baustein für gute Inszenierung und mit welchen Zutaten Sie diese aufbauen, möchte ich Ihnen vermitteln.

Entwickeln Sie ein Gefühl für Spannung.

Auch hierbei kann es sich nicht um ein schlichtes Rezept handeln, das Sie lediglich befolgen müssen – und schon funktioniert Ihre Inszenierung. Vielmehr ist auch hier das Ganze mehr als die Summe seiner Teile und erst das hinzugewonnene Inszenierungs**gefühl** kann entsprechende Ergebnisse bringen.

Wie bei einem guten Menü gibt es aber auch für die Inszenierung feste Erfolgsfaktoren:

1. **Welche Zutaten werden verwendet?**
   Grundzutaten einer Inszenierung: Positionierung, Themen, Leidensdruck

2. **Wie wird es zubereitet?**
   Spannungsregeln

3. **Wie sieht das Essen aus?**
   Gestaltung der Inszenierung, Nutzen von Kanälen (z.B. Internetseite)

4. **Wie wird es gegessen?**
   Darreichungsformen: live, schriftlich, auditiv, audio-visuell

Im Folgenden möchte ich Ihnen diese einzelnen Menüpunkte näher vorstellen. Die Beispiele sind ausschließlich am jeweiligen Inszenierungsprinzip orientiert. Daher kann es sein, dass zu einem Prinzip zwei völlig unterschiedliche Ausprägungen, zum Beispiel die Umsetzung in einem Fachartikel und im Lebenslauf beschrieben sind. Jedes der Prinzipien ist auf jeden Marketingkanal, sogar in jedes persönliche Gespräch übertragbar.

Inszenierung

Menüpunkt 1

Welche Zutaten werden verwendet? Grundzutaten der Inszenierung

Viele Coaches, aber auch Trainer und Berater kommen zu mir mit dem Wunsch: *„Ich möchte für Kunden und Medien so attraktiv sein, dass diese auf mich zukommen."* Wenn ich dann zunächst nach ihrer Positionierung, der grundlegenden Geschäftsstrategie oder den Leidensdruckthemen der Kunden frage, werden sie häufig still. Das sind unbeliebte Themen, weil sie nicht auf Show-Effekte bauen, sondern den Kern der eigentlichen geschäftlichen Tätigkeit treffen. Sie sind die Zutaten für jedes Inszenierungsmenü, und wie beim Kochen gilt: Gute Zutaten sind die Grundvoraussetzung.

Daher ist es so wichtig, sich zunächst mit den strategischen Grundfragen der eigenen Arbeit zu beschäftigen, lange bevor die Frage nach dem Spannungsaufbau relevant wird. Eine gute Positionierung (*„Ich bin/wirke anders als andere"*), die definierten Leidensdruckthemen der Kunden (*„Ich weiß, wo meinen Kunden der Schuh drückt"*) oder auch eine Marktrecherche (*„Ich kenne meinen Platz im Markt"*) sind nicht nur wichtige Voraussetzungen, sondern auch schon die ersten Schritte für eine gute Inszenierung. Dabei verstehe ich Inszenierung, wie bereits im zweiten Kapitel beschrieben als: *„Die eigene Kernkompetenz und eigene Besonderheiten optimal wirken lassen. Durch äußere Mittel, wie eine spannend gestaltete Internetseite und Medienarbeit, soll die Wirkung der eigenen Kernbotschaften erhöht werden."*

Ohne die Positionierung als Basis keine Inszenierung.

Menüpunkt 2

Wie wird es zubereitet?
Spannungsregeln der Inszenierung

Die Regeln des Spannungsaufbaus

Die Zubereitung der erstklassigen Zutaten kann beginnen. Während beim Kochen die handwerklichen Fähigkeiten z.B. den Umgang mit Lebensmitteln, Messerführung, die Kenntnis der Speisen und ihres Geschmacks betreffen, zählen die **Regeln des Spannungsaufbaus** zum grundlegenden Handwerkszeug der Inszenierung. Die wichtigsten Regeln habe ich für Sie ausgewählt. So, wie Sie beim Kochen lernen, einen Fisch zu filetieren, erfahren Sie im folgenden, wie sich Spannung aufbauen und halten lässt:

- Den Leidensdruck der Interessenten ansprechen
- Die Balance aus Sagen und Nicht-Sagen finden
- Kreative Abweichung hervorrufen
- Mit Fragen den Geist öffnen
- Narrativität – Geschichten erzählen
- Persönliche Nähe herstellen
- Metaphern anwenden

Den Leidensdruck der Interessenten ansprechen

Dies ist die einfachste Regel überhaupt. Sprechen Sie so oft wie möglich vom Leidensdruck Ihrer potenziellen Kunden. Jeder Kunde bemerkt täglich seinen Leidensdruck. Egal ob privat oder geschäftlich, irgendwo drückt immer der Schuh. Was er braucht, ist jemand, der sich seines Leidensdrucks annimmt und mit ihm nach praktikablen Lösungen sucht – möglichst schnell und nachhaltig. Daher ist es so einfach, über Leidensdruck spannend zu sein. Der einzige Wasserverkäufer in der Wüste braucht eben nur „Wasser, Wasser" zu rufen, und schon finden wir ihn interessant. Der Führungscoach, der konkrete Führungsprobleme benennt und Lösungen durch sein Coaching andeutet, ist per se spannend. Zumindest dann, wenn nicht Hunderte andere auch von diesem Leidensdruck sprechen. (Mehr zum Thema Leidensdruck finden Sie auch auf Seite 35 ff.)

Wo drückt der Schuh?

Die Balance aus Sagen und Nicht-Sagen finden

Die meisten Coaches wären gerne gefragte Experten, sind aber häufig ungefragte Experten. Auf die einfache Frage *„Was machen Sie denn beruflich?"* antworten sie mit ausschweifenden Ausführungen nach dem Motto: *„Ich bin Coach. Aber kein so ganz normaler. Meine Methode blablablabla. Und die Themenvielfalt blubblubblubb. Und im Gegensatz zu vielen anderen habe ich das alles schon selbst erlebt lalalala."*

Weniger kann mehr sein.

Gerade Coaches haben häufig den Anspruch, ihr Gegenüber umfassend zu informieren – und genau hier liegt der Haken. In einem so komplexen Beruf muss eine umfassende, nicht abgefragte Information den Interessenten erschlagen! Es reicht völlig aus, wenn Sie zunächst neugierig machen, Spannung aufbauen und zu einem weiteren Kontakt motivieren. Wenn Sie dann noch unterhaltsam sind, wunderbar.

Wie lässt sich dieses Prinzip einsetzen? Auf einer Internetseite reicht es in aller Regel völlig aus, typische Themen der Kunden zu benennen und zu signalisieren: *„Hierzu und zu anderen Themen coache ich."* Hier ein Beispiel der Internetseite von Katharina von Agris, eine der erfahrensten Coaches, gerade für Familienunternehmen:

Schön, dass Sie da sind!

Als Coach und Trainerin konzentriere ich mich auf zwei Themenschwerpunkte:

Effiziente Führung *und*
Kommunikation mit Kunden

In 14 Jahren Leitungstätigkeit – zunächst im eigenen Familienbetrieb, später als Leiterin des Human-Resources-Bereiches in der Steigenberger-Gruppe – wurde mir immer klarer: Führung und Kommunikation sind vor allem Handwerk, also ganz konkret und pragmatisch erlernbar. Dies war die Basis für mein heutiges Arbeitsfeld als Trainerin und Coach, in dem ich seit 1989 arbeite.

Typische Themen meiner Kunden sind:
- *Konflikte zwischen einem Mitarbeiter und seinem Team oder zwischen Führungskraft/Geschäftsführer und Mitarbeitern sollen entschärft und dauerhaft gelöst werden.*
- *Turbulenzen im Unternehmen – zum Beispiel ausgelöst durch Vorgesetztenwechsel – sollen reduziert werden. Alle Beteiligten sollen wieder ruhig und souverän handeln können.*
- *Mitarbeiter müssen aus wirtschaftlichen Gründen entlassen werden. Diese sollen gezielt unterstützt werden, ihre berufliche Neuorientierung voranzutreiben.*
- *Die Mitarbeiter sollen alle an einem Strang ziehen und sich gegenseitig noch mehr unterstützen, um das Unternehmens- bzw. Projektziel zu erreichen.*
- *Erhöhung der Leistungsfähigkeit und Erweiterung der Kompetenzen von Führungskräften.*

Die Themen sind so unterschiedlich wie die Unternehmen, für die ich arbeite. Einige Beispiele meiner Kunden finden Sie in der Rubrik „Praxisbeispiele" und in 5 kurzen Interviews, die ein Radiojournalist mit mir geführt hat.

Wenn auch Sie vor einem ähnlichen Problem stehen: In einem unverbindlichen ersten Gespräch [Link zum Kontaktformular] können wir am besten herausfinden, was ich konkret für Sie tun und mit Ihnen erreichen kann.

Das reicht völlig. Jetzt sagen Sie vielleicht: „Das klingt gar nicht so spektakulär." Und genau darum geht es: Der Text ist nicht reißerisch, macht aber die Schwerpunktthemen und typischen Kundenanliegen sehr schnell deutlich. Und er verzichtet auf viel Information drumherum. Keine Angabe zu Methoden und Arbeitsphilosophien. Keine allgemeinen Infos zum typischen Ablauf von Coachings und ethischen Maßstäben. Keine Selbstbeweihräucherung und aufgeblasene Werbesprache. Natürlich kann ein Teil davon sinnvoll sein, aber den Kunden damit gleich zu Beginn zu überfordern, stört die Balance aus Sagen und Nicht-Sagen und damit den Spannungsaufbau.

Auch im Elevator Pitch, also der Kurzvorstellung im Aufzug, gilt dieses Prinzip. Zu viel sagen – Spannung weg. Im richtigen Moment aufhören – Spannung bleibt. Das ist auch eine ungeheure Erleichterung, denn Sie müssen nicht mehr unbedingt verkaufen oder wirklich umfassend über Ihre Leistungen informieren. Sich spannend machen in wenigen Sätzen genügt! Im Elevator Pitch kann das dann zum Beispiel so klingen:

Elevator Pitch

Ich heiße Sabine Steege und bin Coach für Projektmanager. (Kurze Pause, um die Reaktion des Gegenübers abzuwarten. Wenn dieser interessiert schaut, geht es weiter ...)

Kennen Sie Teller-Jongleure im Zirkus, die permanent 10 bis 15 Teller auf Stäben in der Luft balancieren müssen? Für den Jongleur gibt es kein Patentrezept, wann er welchen Stab wie drehen muss, damit alle Teller laufen. Genau das ist für mich Projektmanagement. Ständig viele Teilbereiche am Laufen zu halten, ohne dass es ein Patentrezept gibt, was wann in welchem Bereich gemacht werden muss. (Wieder kurze Pause und Reaktion abwarten ...)

Und weil es weder fürs Jonglieren noch fürs Projektmanagement ein Patentrezept gibt, unterstütze ich Ihren Projektmanager durch Coaching.
(Wieder Pause und Reaktion abwarten. Falls das Gegenüber wirklich interessiert ist, folgt ein Abschlussimpuls ...)

Ich habe einen kleinen Check-up entwickelt, mit dem Sie Verbesserungspotenziale Ihres Projektmanagements ermitteln können. Der ist kostenlos, und ich schicke Ihnen gerne ein Exemplar zu ...

Der gezielte Einsatz von Pausen

Die Kunst liegt hier im gezielten Einsatz der Pause. Erst wenn Ihr Gegenüber interessiert schaut oder nachfragt, geben Sie ihm weitere Informationen. So bleiben Sie interessant und spannend. Ihre Wirkung ist dann eben nicht die eines aufdringlichen Coaches, sondern die eines Unternehmers, der seinen Gesprächspartnern nur wirklich relevante Informationen vermitteln will.

Die Balance aus Sagen und Nicht-Sagen gilt auch für Kleinigkeiten. Wir selbst haben erst kürzlich festgestellt, wie schmal der Grad zwischen aufdringlichem Push-Marketing und elegantem Sog-Marketing sein kann. Für unsere Kunden erstellen wir regelmäßig 60-Sekunden-Präsentationen. Früher waren das immer selbstablaufende PowerPoint-Dateien, in denen die Besonderheiten des Coaches interessant in 60 Sekunden dargestellt wurden. Unsere Kunden verschickten solche Dateien nach Kundenanfragen oder zur Kaltakquise per E-Mail. Die Datei war dabei direkt der E-Mail angehängt. Das Instrument funktionierte ausgesprochen gut. Jedoch gab es immer wieder Empfänger, die eine solche Datei als aufdringlich empfanden. Also änderten wir die Strategie. Statt einer Datei wird jetzt der Link auf eine Flash-Präsentation im Internet versendet. Der Interessent hat nun die Wahl zwischen dem Anschauen im Internet oder dem Herunterladen der Präsentationsdatei, kann aber auch die E-Mail ignorieren. Um die Informationen zu erhalten, muss er also mindestens einmal klicken und auf diese Weise die Information akiv anfordern. Aus Push- wurde Pull-Marketing, eine angefordete Information.

Aus Push-Marketing wird Pull-Marketing.

Klingt banal, aber der Einfluss auf den Verkaufsprozess ist enorm. Das hätte ich vorher auch nicht erwartet – und ist für mich einmal mehr ein Beispiel für Spannungsaufbau. Nicht gleich alles sagen (Datei mitschicken), sondern auf eine Frage (einen Klick) warten. Genau das, nämlich im richtigen Moment aufzuhören, fällt den meisten schwer!

Kreative Abweichung hervorrufen

Das in der Werbung wohl häufigste Inszenierungsinstrument ist die Abweichung von der Norm. Professor Werner Gaede, der in diesem Gebiet führende Wissenschaftler, hat sich intensiv mit den Grundlagen von Abweichung in der Werbung beschäftigt. Er nennt das „Prinzip ABW" und war so nett, mir einige Zeilen zum Prinzip zu schreiben. Lesen Sie selbst ...

Das kreative „Prinzip ABWeichung"

Das „Prinzip ABW" ist das grundlegende Prinzip bei der Realisierung eines kreativen Produkts (z.B. die Idee einer Anzeigen-Kampagne).

Wovon wird abgewichen?
Von Normen, Regeln, Erwartungen ...

Was heißt das konkret?
Bei der Werbe-Kommunikation stammen die Normen (von denen man kreativ abweicht) vor allem aus vier Normenbereichen:

1. Kommunikation
ABW ... von gewohnten Werbe-Inhalten und Regeln der Werbe-Ansprache bzw. der Gestaltung (verbal, visuell, typografisch, auditiv, audio-visuell).

ABW von der Branchen-Norm (größer, stromlinienförmiger, stärker – „think big")

2. Gesellschaft

ABW ... von gesellschaftlichen Erwartungen, also sozialen, moralischen, religiösen/kirchlichen, ästhetischen Normen.

Werbung mit der Untugend „Egoismus". Denn das Häagen Dasz Eis schmeckt so gut, dass man es lieber selber essen möchte.

3. Erfahrung

ABW ... von unseren wiederholten Wahrnehmungen und Erlebnissen.

Viereckige Äpfel weichen von unseren Erfahrungen ab.

4. Wissen

ABW ... von Daten, die wir mit Gewissheit zu wissen glauben.

Die Headline „Was ihr fehlt, sind Vitamine" weicht ab von unserem Wissen von Vitaminen und Obst/Gemüse.

Giso Weyand: Sog-Marketing für Coaches

Normen sind – psychologisch betrachtet – Erwartungen

1. Erwartungen ... auf Grund von Gesetzmäßigkeiten

Alles, was regelmäßig geschieht, bzw. was so bleibt wie es ist, wird (wieder) erwartet, zum Beispiel:

- Erwartet wird: am Nachthimmel ... ein Mond.
  ABW: zwei Monde
- Erwartet werden: runde Äpfel.
  ABW: viereckige Äpfel

2. Erwartungen ... auf Grund von Konventionen

Alles, was gesellschaftlich verabredet ist, zum Beispiel:

- Erwartet wird: die Einhaltung sprachlicher Regeln.
  ABW: schreIBMaschine (orthografische ABW)
  Strom ist gelb (semantische ABW)
- Erwartet wird: die Einhaltung bestimmter gesellschaftlicher Normen.
  ABW: – „Jeder ist sich selbst der Nächste", Häagen Dasz Eis
  (moralische ABW: Egoismus als Tugend)
  – Mönch küsst Nonne, Benetton
  (religiös/kirchliche ABW: nichtkeusches Verhalten)
  – Abbildung einer sehr dicken Frau als Model, Fuji
  (ästhetische ABW: entgegen dem Schlankheitsideal)

Wenn also „Erwartungen" kommunikativ sinnvoll durchbrochen werden, dann wird das „Prinzip ABW" erfolgreich realisiert. Eine weitere, Erkenntnis fördernde Unterscheidung des Prinzips Abweichung ist, dass von inhaltlichen und gestalterischen Normen abgewichen werden kann.

1. Inhaltliche Normen: Normen aus dem Gesellschafts-, Erfahrungs-, Wissens- und (zum Teil) Werbe-Kommunikations-Bereich.

- Priester küsst Nonne
- Ein schwangerer Mann

2. Gestalterische Normen: Normen/Regeln aus dem Bereich der Sprache, des Bildes, der Typografie, TV und Funk.

- „Strom ist gelb"

Was bewirkt das „Prinzip ABW"?

Die Anwendung des Prinzips bewirkt vor allem eine Steigerung der Wahrnehmungs-Chance für das Objekt. Diese ist von fundamentaler Wichtigkeit, denn wir leben in einer Zeit der Informations-Überlastung. Dieses Faktum gilt nicht nur im engeren Sinne für die Kommunikation, sondern auch allgemein für das Marketing. *„Marketing is not a battle of products – it's a battle of perceptions"*, beschreiben es die Marketing-Autoren Al Ries und Jack Trout.

Weitere Kommunikationswirkungen des Prinzips ABW sind bessere Erinnerung und erhöhte Attraktivität.

Das kreative „Prinzip ABW" wird nicht nur in der Werbekommunikation angewandt, sondern auch in allen Bereichen, in denen Kreativität gefragt ist: Malerei, Musik, Sprachgestaltung (Publizistik, Poesie ...), Architektur, Kochkunst usw.

Prof. Werner Gaede, 2006

Weitere Informationen im Buch: Werner Gaede, Abweichen von der Norm. Langen/Müller, München 2001, ISBN 978-3-7844-7416-8.

Was heißt das nun, angewandt auf Coaches? Ich erinnere mich noch gut an die Startseite eines Coaching-Anbieters vor dem Coaching-Boom:

Wir behandeln alle unsere Kunden
ungleich!

Zu einer Zeit, wo kaum einer den Unterschied zwischen Beratung, Training und Coaching kannte, ein optimaler Einstieg. Und ein Paradebeispiel für das „Prinzip *ABW*eichung"!

Mit Fragen den Geist öffnen

Fragen bieten geistigen Spielraum. Der folgende Gedanke von Vera F. Birkenbihl fasst die Wirkung von Fragen wunderbar zusammen. Angenommen, ich sage zu Ihnen:

Inszenierung

„Ein Elefant hat vier Beine!"

Wie viel Raum haben Sie noch für eigene Gedanken? So gut wie keinen, denn es steht ja fest, dass ein Elefant vier Beine hat. Die Aussage ist hart und schließt den Geist. Nun sage ich:

„Ein Elefant hat in der Regel vier Beine!"

Obwohl es immer noch eine Aussage ist, haben Sie schon mehr Raum zum Denken. Zum Beispiel könnten Sie sich fragen, in welchen Ausnahmefällen ein Elefant keine vier Beine hat. Die Aussage ist also weicher geworden und hat Ihnen mehr geistigen Spielraum gegeben. Um wirklich den Geist zu öffnen, ist jedoch die Frageform optimal:

„Wie viele Beine hat ein Elefant?"

Nun beginnen Sie nachzudenken und sich mit dem Thema zu beschäftigen. Und genau das ist auch Ihr Ziel in der Kommunikation mit Kunden. Sie sollen zum Denken animiert werden.

Dieses Prinzip lässt sich im Sog-Marketing für Coaches nutzen. So lautet der Slogan von Coach Manfred Mäntele:

Ein Slogan als Frage formuliert

Was wollen Sie wirklich?

Sofort beginnt es im Kopf seiner Zielgruppe zu arbeiten. Weiß jemand aktuell nicht, was er will, kennt er seine Schwachstelle. Also braucht er vielleicht einen Coach. Weiß er jedoch, was er will, bringt ihn der Zusatz „wirklich" zum Nachdenken. In jedem Falle beschäftigt sich der Internetseiten-Besucher mit dem Thema – ein erster wichtiger Schritt.

Aber auch indirekt können Fragen auf Internetseiten eingesetzt werden. So lautet die Startseite von BankStrategieBerater und Coach Willi Kreh:

*Wenn der Unternehmer selbst zur Bank geht,
empfindet er sich häufig als Bittsteller*

Gerade wenn Sie in wichtigen Gesprächen zur Kreditvergabe, Finanzierungsfortführung oder einem Basel II Rating mit Ihrer Bank sind:

Augenhöhe ist der entscheidende Faktor.

Und wie erreichen Sie Augenhöhe? Nur durch solide strategische Vorbereitung.

Sind Sie vorbereitet auf die folgenden Fragen Ihrer Bank?

- *Welches Ziel- und Strategiekonzept verfolgen Sie?*
- *Welchen Führungsstil verfolgt Ihr Unternehmen und welche konkreten Richtlinien existieren?*
- *Welche Risikoszenarien haben Sie entwickelt und wie sichern Sie diese ab?*
- *Wie wird sich die Liquidität in den nächsten 36 Monaten entwickeln und wie begegnen Sie Liquiditätsengpässen?*
- *Welche Instrumente zur Unternehmenssteuerung setzen Sie täglich ein?*

Je besser Sie solche und weitere Fragen beantworten können, desto größer sind Ihre Chancen. Genau darum geht es in meiner Beratung.

Die Vorwegnahme der unangenehmen Fragen eines Bankberaters zeigt dem Leser schnell, wie gut er vorbereitet ist. Unterbewusst oder bewusst sucht er nach Antworten auf die Fragen. Findet er sie, ist das wunderbar. Findet er sie nicht, ist dies ein Zeichen von Beratungs- und Coachingbedarf.

Spannungsaufbau in Vorträgen   Fragen sind auch eine gute Möglichkeit, um in Vorträgen und Artikeln Spannung aufzubauen, ohne zu viel Show zu machen. Ein Vortrag über emotionale Sicherheit in Verhandlungen lässt sich wunderbar einleiten mit:

„Was glauben Sie: Wie viel Prozent der großen geschäftlichen Verhandlungen scheitern auf Grund mangelnder Nervenstärke?"

Nun lassen Sie die Zuhörer ein wenig schätzen und ... sind mitten im Thema.

Ähnlich bei einem Fachartikel. Wollen Sie einen Beitrag über Work-Life-Balance schreiben, eignet sich eine Frage wie:

„Welche Sorgen haben Ihren Lebenspartner diese Woche beschäftigt?"

Viele Workaholics werden diese Frage nicht beantworten können und peinlich betroffen sein. Ein guter Einstieg in die Thematik und mal ganz anders als das übliche „Beruf-ist-wichtig-aber-ohne-Privatleben-blablabla".

Direkte und indirekte Fragen wirken auch in einer Kurzvorstellung optimal:

„Ich habe mir vor einigen Jahren die Frage gestellt, warum viele Entscheider nicht entscheiden."

Das ist zwar keine direkte, aber zumindest eine indirekte Frage. Das Gegenüber denkt nun darüber nach. Also können Sie fortfahren:

„Und dabei habe ich herausgefunden, dass viele Entscheider emotionale Kriterien und sachliche Kriterien vermischen und so nie auf ein zufriedenstellendes Ergebnis kommen. Mein Entscheidungscoaching setzt genau da an."

Und als Coach sind Sie sowieso gewohnt, Fragen zu stellen. Es wird Ihnen also vermutlich leicht fallen, Fragen auch in Ihrem Marketing einzusetzen. In diesem Sinne:

Welche Frage stellen Sie Ihren Interessenten?

Narrativität – Geschichten erzählen

Geschichten zu erzählen war schon immer eine der effektivsten Formen, Spannung aufzubauen. Stellen Sie sich nur einmal die Bibel, Bestseller wie Harry Potter oder auch Sachbuch-Bestseller wie „Forever Young" ohne Geschichten vor.

Auch Coaches dürfen Geschichten erzählen.

Viele Coaches haben dennoch Angst, dabei als unseriöse Schaumschläger abgestempelt zu werden. Gerade in der Erfolgstrainerwelle Mitte bis Ende der 1990er-Jahre gab es zu viele Trainer, die eher als Showtalente denn seriöse Berater galten. Geschichten von der eigenen harten Kindheit, schwerer Schulzeit und dem anschließenden Hocharbeiten sowie der Entdeckung der eigenen Leidenschaft zum Trainerberuf als Berufung gehörten zur Tagesordnung. Jede Methode, jeder Inhalt wurden als erlebte Situationen dargestellt, in denen dem Guru dann plötzlich ein Licht aufgegangen war. Nett, unterhaltsam und spannend war das ja, jedoch fehlte es an der nötigen Ernsthaftigkeit.

Nun behaupte ich dennoch: Geschichten zu erzählen ist die Pflicht eines jeden Coaches. Gerade als Coach sind Sie doch direkt dran an den „Geschichten, die das Leben schreibt". Sie erleben große und kleine Emotionen, Widerstände und Konflikte, Versöhnung, innere und äußere Hürden und den Kampf vieler Kunden mit sich selbst. Zeigen Sie etwas davon! Nur wenn Sie es schaffen, die Vielfalt Ihrer Arbeit erlebbar – also spürbar – zu machen, kann sich im Kopf Ihres Interessenten ein Bild entwickeln. Und da die Leistungen eines Coaches nicht gerade leicht zu erläutern sind, ist dieser emotionale Zugang des Interessenten so wichtig.

Geschichten wecken Assoziationen.

Ich gehe sogar noch einen Schritt weiter: Analog zu Paul Watzlawicks berühmt gewordenen Satz „Sie können nicht nicht kommunizieren", können Sie auch nicht keine Geschichte erzählen. Sobald Sie am Markt präsent sind, erzählen Sie eine Geschichte. Stellen Sie sich einmal vor, Sie besuchen die folgende Internetseite:

„Hallo und Grüß Gott.
Als Verkaufstrainer schule ich Ihre Mitarbeiter im geradlinigen und effizienten Verkauf nach Ihrer Unternehmensstrategie."

Und, haben Sie eine erste Assoziation, eine erste Geschichte zu diesem Trainer im Kopf? Also ich schon. Bei der Begrüßung denke ich schon einmal: „Aha, ein Bayer oder Österreicher ..." Dazu passt dann die restliche Aussage und ich vervollständige „... der alten Schule". Das Beispiel bedient natürlich ein Klischee, aber genau so funktioniert die Interpretation der Interessenten häufig. Schublade auf, Coach rein, Schublade zu. Ihre Geschichte entscheidet, ob es Ihnen genauso ergeht.

Eine andere Geschichte erzählt die folgende Internetseite:

„Herzlich willkommen.
Als Diplom-Sozialwissenschaftler beschäftige ich mich mit dem Coaching von Führungskräften und ganzheitlichen Personalentwicklungsmaßnahmen."

Im Kopf eines soliden Mittelständlers könnte etwa folgender Eindruck entstehen: *„Noch so ein Sozialfuzzi. Ich brauche einen bodenständigen Coach für meine Mannschaft."*

Wieder ein Klischee, aber wieder die Beschreibung eines tatsächlichen Kundenverhaltens.

Sowohl der oben genannte Trainer als auch der Coach können hervorragende Arbeit leisten. Sie werden auch Interessenten finden, zu denen genau diese Linie und diese Geschichte passt. Nur dürfen sie niemals denken, sie erzählten keine Geschichte.

Hinzu kommt erschwerend: Nicht **Sie** machen die Geschichte, sondern **der Leser** macht sie. Wie Ihr Interessent Ihre Botschaft

Die Geschichten entstehen im Kopf des Lesers. wahrnimmt, ist nicht steuerbar. Auch die erwähnten Internettexte lassen unterschiedliche Interpretationen zu. Aber zumindest können Sie die Gedanken und Assoziationen der Leser beeinflussen. Und genau darum geht es.

Geschichten lassen sich authentisch, ruhig und unaufdringlich erzählen. Ein Unterschied zur Erfolgstrainerwelle mit ihren „überinszenierenden Protagonisten" ist also leicht herzustellen.

Die Geschichte im Kopf des Lesers

Welchen Satz finden Sie spannender?

> *Die Katze sitzt auf dem Boden.*
> oder: *Die Katze sitzt vor dem Vogelkäfig.*

Vermutlich werden auch Sie den zweiten Satz spannender finden. Aber warum? In beiden Fällen sitzt eine zunächst langweilige Katze an einem, für sich genommen, langweiligen Ort.

Den Unterschied macht die Geschichte, die sich in Ihrem Kopf abspielt. In der ersten Aussage erkennen wir in aller Regel keine weitere Geschichte, wir stellen uns einfach nur eine auf dem Boden sitzende Katze vor. Satz zwei regt schon eher unsere Fantasie an:

„Diese Katze will bestimmt an den armen Vogel. Was wird passieren? Hoffentlich ist die Tür des Vogelkäfigs zu. Oder doch nicht? Wenn sie offen ist, hat der Vogel entkommen können? Vielleicht fliegt er ja auf das Regal. Und dann? Kommt die Katze da nicht auch hoch? ..."

Unsere Fantasie wird angeregt. Sie sehen, unsere Fantasie wird angeregt und damit werden wir Teil der Geschichte. Mehr noch – die Geschichte findet in unserem Kopf statt. Das erklärt auch, warum viele Filme zu bekannten Büchern eine Enttäuschung für uns sind. Im Buch war die Geschichte in uns, wir konnten sie nach unseren Wünschen ausschmücken. Im Film sehen wir ein fertiges Bild. Fantasie ist nicht nötig.

Doch wie lässt sich diese Erkenntnis für einen Coach umsetzen? Stellen wir uns einfach einmal den Coach Dorothea Echtermeyer (frei erfunden) vor. Sie ist Coach für all jene aus dem mittleren Management, die im Rahmen des Downsizings der letzten Jahre ihre Stelle verloren haben und nun berufliche Orientierung suchen. Nun kann sie ihre Internetseite eher gewöhnlich formulieren:

Als Coach unterstütze ich Sie, wenn Sie aus einer Position des mittleren Managements entlassen wurden oder selbst gekündigt haben. Ihre neue berufliche Orientierung kann dabei ebenso Thema sein wie emotionale Herausforderungen oder der Gang in die Selbstständigkeit.

Mit 14 Jahren eigener Erfahrung in Sandwich-Positionen und dem Wechsel in die Selbstständigkeit kenne ich Ihre spezifischen Themen häufig aus eigener Erfahrung ...

Dorothea Echtermeyer hat mit diesem Text vieles gut gemacht. Sie hat eine klare Positionierung und ist als Person hierfür auch glaubwürdig. Obwohl Sie das noch stärker unterstreichen könnte, deutet sie zumindest an, welche Leidensdruckthemen eine Rolle spielen. Doch spannend ist der Text nicht. Warum? Bereits nach dem ersten Satz ist die Situation klar: Hier ist ein Coach für Menschen, die aus dem mittleren Management entlassen wurden. Keine Geschichte baut sich auf. Natürlich: Wenn ich ein Betroffener bin, spricht mich das eventuell noch an. Aber wirklich gespannt, was im weiteren Text passiert, bin ich nicht. Ganz zu schweigen von einem Journalisten, der unseren Coach eventuell für ein Interview gewinnen möchte. Auch er wird nicht in den Bann des Themas gezogen. Eine kleine Änderung lässt dasselbe Thema in einem ganz anderen Licht erscheinen:

Ist dieser Text spannend?

Als Markus Meyer frühmorgens das Bürogebäude betrat, wurde er zu seinem neuen Chef gerufen.

Dieser arbeitete seit knapp drei Monaten im Unternehmen, um es aus der schwersten Krise seiner Geschichte zu führen.

Markus Meyer spürte, dass ihn eine unangenehme Nachricht erwartete: „Herr Meyer, Sie waren die letzten 20 Jahre immer für unser Unternehmen da. Ihre Mitarbeiter schätzen Sie und Ihre Ergebnisse sind gut. Genau deshalb fällt es mir so schwer, Ihnen diese Nachricht zu überbringen. Wir sehen uns leider gezwungen, Sie nicht weiter zu beschäftigen. Die Änderungen in den Hierarchiestrukturen geben uns keine andere Wahl. Aber ich kann Ihnen versichern: Wir werden alles tun, damit der Ausstieg für Sie so reibungslos wie möglich verläuft ..."' Das Gespräch ging noch eine ganze Weile so weiter.

Auch wenn dies nur ein Beispiel ist, zeigt es: Kündigungen im mittleren Management treffen oft überraschend und hart. Eigene Kündigungen sind häufig nur der Versuch, dem Zwangsläufigen aktiv zu begegnen. Das weiß ich, weil ich selbst im mittleren Management gearbeitet habe und mich dann für meine Selbstständigkeit entschied. Als Coach unterstütze ich Sie daher, wenn Sie aus einer Position des mittleren Managements entlassen wurden oder selbst gekündigt haben. Ihre neue berufliche Orientierung kann dabei ebenso Thema sein wie emotionale Herausforderungen oder der Gang in die Selbstständigkeit.

Merken Sie den Unterschied? Mit dem ersten Satz beginnt sich bereits eine Geschichte im Kopf des Lesers zu entwickeln. Er will wissen: Und was passierte dann? Also liest er weiter, und genau das ist Ihr Ziel.

Dieser Effekt ist eine Frage der Formulierung und des Textaufbaus. Aber nicht nur. Sie müssen Szenen aus dem (Arbeits-)Leben Ihrer potenziellen Kunden kennen, um sie dann „in Szene zu setzen".

Die „Actors Studio Methode" Um auch in Ihrem Bereich ein solches Potenzial zu nutzen, empfehle ich Ihnen die „Actors Studio Methode", die inzwischen Kultstatus unter Drehbuchschreibern erreicht hat. Um die Methode zu verstehen, lohnt sich ein Blick auf ihre Wurzeln (in Anlehnung an Sol Stein: Über das Schreiben).

In den 1950er-Jahren trafen sich eine ganze Reihe herausragender Schauspieler der USA in einer weiß gestrichenen Holzkirche der heruntergekommenen 44. Straße in New York City, dem Actors Studio. Neben zahlreichen Büros und Probenräumen gab es ein Herzstück des Studios: das große Auditorium mit einer behelfsmäßigen Bühne und harten, unbequemen Stühlen. Das Ambiente war gleichgültig, denn hier arbeiteten herausragende Schauspieler und Drehbuchschreiber wie Tennessee Williams und Wiliam Inge unter der Leitung des berühmten Lee Strasberg. Die Autoren hatten so die Chance, ihre neuen Stücke mit absoluten Profis testen und verfeinern zu können. Zu den regelmäßigen Treffen der Autorengruppe gehörte auch eine Übung, in der Stücke von den Autoren selbst improvisiert und dann besprochen wurden. Sol Stein, einer der Autoren, beschreibt seine einschneidenste Erfahrung:

„Wir Autoren lernten unheimlich viel aus den improvisierten Übungen, die ganz ohne Schauspieler und wochenlange Proben auskamen. In diesen Übungen übernahmen Autoren für ihre Kollegen die Rolle des Schauspielers. In einer der ersten Übungen dieser Art gehörte ich zu den Autoren, die vom Regisseur ausgewählt wurden.

Neben mir sollte Rona Jaffe spielen, aus deren Feder einige Bestseller-Romane stammen. Der Regisseur, der an diesem Tag mit uns arbeitete, war Elia Kazan, dessen Werk mit fünf Pulitzerpreisen und zwei Oscars ausgezeichnet worden ist. Die Autoren im Zuschauerraum – und die ‚Opfer', also Rona Jaffe und ich – lernten anhand dieser Übung eine der wertvollsten Techniken kennen, deren sich ein Schriftsteller bedienen kann.

Wir sollten eine Szene improvisieren, für die es kein Drehbuch gab. Ich musste den Direktor der Dalton School spielen, einer New Yorker Privatschule für die Kinder der gehobenen Gesellschaft. Rona Jaffe war die Mutter eines Jungen, dem der Direktor einen Schulverweis erteilt hatte. Das war alles, was das Publikum wusste. Dann zog mich Kazan außer Hörweite der anderen und erklärte mir, dass mich die Mutter des von der Schule verwiesenen Jungen in meinem Büro aufsuchen und zweifellos versuchen werde, mich dazu zu bringen, ihn wieder aufzunehmen. Dieser unbelehrbare Knabe habe in jeder

Klasse, in die er kam, den Unterricht massiv gestört und die Ermahnungen seiner Lehrer in den Wind geschlagen; ich dürfe mich unter keinen Umständen überreden lassen, ihn wieder aufzunehmen.

Nach dieser kurzen Orientierung, die eine halbe Minute in Anspruch nahm, kehrte ich auf die Behelfsbühne zurück, und Kazan nahm nunmehr Rona Jaffe beiseite. Was meinen Sie, was er ihr sagte?

Alle Anwesenden – ich eingeschlossen – erfuhren es erst nach Beendigung der Übung. Kazan hatte Rona Jaffe erklärt, sie sei die Mutter eines intelligenten und wohlerzogenen Jungen. Der Direktor der Schule sei gegen diesen erstklassigen Schüler voreingenommen, habe ihn diskriminierend behandelt, und Rona müsse darauf bestehen, dass er ihren Jungen auf der Stelle wieder in der Schule aufnahm!

Rona Jaffe und ich wurden auf die Bühne geschickt, sozusagen aufeinander losgelassen, und mussten nun die Szene vor dem Publikum improvisieren. Schon nach wenigen Sekunden lagen wir uns keifend in den Haaren. Mit hochrotem Gesicht schrien wir aufeinander ein. Das Publikum war begeistert. Wir stritten miteinander, weil wir unterschiedliche Regieanweisungen erhalten hatten.

Genauso geht es im Leben. Jeder von uns tritt mit seinem ureigenen Drehbuch in die Unterhaltung mit einem anderen Menschen ein. Das führt mit schöner Regelmäßigkeit zu Meinungsverschiedenheiten und Konflikten – was im Leben unangenehm, in der Literatur dagegen von unschätzbarem Wert ist, weil der Konflikt ein Element ist, das szenische Spannung erzeugt. Wenn wir mit anderen Menschen in Interaktion treten, besteht immer, selbst wenn es sich um geliebte Personen handelt, die Möglichkeit einer Kollision, weil wir unterschiedliche Drehbücher im Kopf haben. Noch größere Spannungen entstehen, wenn wir es mit einem Antagonisten zu tun haben.

Nun sind Sie gerüstet. Sie müssen Ihren Figuren unterschiedliche Drehbücher geben, um in den Szenen Konflikte zu erzeugen – das ist das ganze Geheimnis."

Von dieser Erfahrung können Sie als Coach sehr profitieren. Denn auch Sie können diese Unterschiedlichkeit von Drehbüchern in Marketing und PR nutzen, um Spannung aufzubauen. Schauen wir uns einige Beispiele an:

Nutzen Sie unterschiedliche Drehbücher.

Sie sind als Coach überwiegend tätig für junge Führungskräfte. Ein klassisches Problem ist die unterschiedliche Sichtweise eines Themas von Chef und Mitarbeiter. Also beschreiben Sie auf Ihrer Internetseite einen virtuellen Mitarbeiter:

Wenn ein Projekt scheitert, sieht das jeder Beteiligte ein wenig anders. Als junge Führungskraft war es Ihr erstes größeres Projekt. Sie sahen, welche Schwierigkeiten von Anfang an bestanden und haben das Projekt dennoch angenommen. Als Einziger waren Sie bereit, sich dieser Herausforderung zu stellen. Doch nicht jeder sieht das so. Ihre Führungskraft kommt bei einem Auswertungsgespräch zu einem anderen Ergebnis. ...

Wenn Sie im Anschluss beschreiben, dass dies eine exemplarische Situation Ihrer Kunden ist, auf Grund derer Coaching Sinn machen kann, haben Sie eine erste Brücke zu Ihrem Kunden gebaut. Eine Situation, mit der er sich identifizieren kann – in einer spannenden Form präsentiert. Sie nutzen die unterschiedlichen Drehbücher von Chef und Mitarbeiter und bauen durch den ersten Satz bereits Spannung auf. Der Leser fragt sich: „Was kommt denn jetzt? Wer sieht was anders?" Und damit wird er „in Ihren Text gezogen". Erstes Ziel erreicht.

Es muss natürlich nicht immer dieser Ton sein, in dem Sie die Spannung aufbauen. Auch ein sachlicherer Ton kann das Gleiche erreichen.

Angenommen, Sie sind Life-Coach und coachen überwiegend Frauen bei deren Lebensplanung. Sie stellen fest, dass es nicht nur unterschiedliche Drehbücher verschiedener Personen, sondern auch

Verschiedene Drehbücher in einer Person

verschiedene Drehbücher **in** einer Person gibt. Also können Sie in Ihrer Außendarstellung schreiben:

Das häufigste Thema meiner Kundinnen ist eine schwierige Entscheidung: Wann will ich mich schwerpunktmäßig um Karriere, wann intensiver um Familie kümmern? Die Argumente halten sich die Waage:

Eine frühe Karriere und spätere Familienplanung sichern beruflichen Erfolg und bei Selbstständigen häufig auch den Aufbau einer Reputation. Die Erfüllung des Kinderwunschs wird jedoch mit jedem Jahr unwahrscheinlicher.

Frühe Familienplanung hingegen erleichtert vieles, macht leider aber immer noch den Wiedereinstieg und Erfolg im Beruf schwieriger. Diese und weitere Entscheidungen treffen meine Kundinnen im Coaching.

Hier gibt es zwei Drehbücher im Kopf der virtuellen Kundin: die Mutter und Familienfrau mit ihren Vorstellungen und die Karrierefrau – eventuell selbstständig – mit ihrem Lebensentwurf. Beide sollen unter einen Hut gebracht werden, doch wie kann das gelingen? Eine verzwickte Situation – und eine spannende Darstellung für Sie als Coach.

Möglichkeiten unterschiedlicher Drehbücher

Bitte überlegen Sie einmal selbst: Wo haben Ihre potenziellen Kunden mit anderen Personen oder mit sich selbst unterschiedliche Drehbücher? Drei Möglichkeiten gibt es mindestens:

1. Unterschiedliches Drehbuch **zwischen** Personen, z.B. Mitarbeiter und Chef, Ehemann und Ehefrau, Kollege und anderer Kollegen, Unternehmer und Lieferant etc.

2. Unterschiedliche Drehbücher **in** einer Person, z.B. zwischen dem inneren Umsetzer und dem inneren Schweinehund, dem Macher und dem Ängstlichen usw.

Inszenierung

3. Unterschiedliche Drehbücher eines Verhaltens**musters** und eines **gewünschten Verhaltens**, z.B. die Angewohnheit, Dinge aufzuschieben und dem Wunsch, das zu ändern.

Neben dem großen Spannungspotenzial nähern Sie sich auf diese Weise übrigens auch erneut den Leidensdruckthemen Ihrer potenziellen Kunden, wie Sie oben bereits sehen konnten.

In den Beispielen steckt aber auch noch ein weiterer wichtiger Erfolgsfaktor für eine gelungene Inszenierung: die persönliche Nähe.

Persönliche Nähe herstellen

Wie sehr interessiert Sie der folgende Satz?
„Alljährlich sterben x Menschen an Medikamentenmissbrauch."

Und dieser?
„Janis schluckte alle Schlaftabletten auf einmal und starb."

Wenn es Ihnen wie mir geht, geht auch Ihnen Satz Nummer zwei näher. Warum? Weil er auf mehr Nähe angelegt ist; denn nicht eine anonyme Masse von Menschen ist betroffen, sondern Janis. Selbst wenn wir Janis nicht kennen, macht das einen Unterschied.

Das Prinzip der persönlichen Nähe können Sie als Coach nutzen. Statt ein Projektbeispiel in einem Fachartikel anonym aufzubauen, können Sie ein virtuelles Unternehmen und einen virtuellen Kunden beschreiben. Der Unterschied macht sich sofort bemerkbar. Coach Katharina von Agris zum Beispiel arbeitet auf ihrer Internetseite intensiv mit Kundenbeispielen. Statt also anonym zu formulieren „Ich erarbeite mit Familienunternehmern eine klare Linie der Geschäftspolitik auch bei familiär-konträren Interessen", beschreibt sie einen realen Fall:

Beschreiben Sie ein virtuelles Unternehmen oder eine virtuelle Person.

Der Geschäftsführer einer familiengeführten AG stellte zunehmend fest, wie sehr ihm einzelne Familienmitglieder in unternehmerische

Entscheidungen hereinredeten, obwohl er alleinige Entscheidungskompetenzen hatte.

Jeder einzelne hatte individuelle und damit zu den anderen widersprüchliche Ziele und mein Klient wollte es allen recht machen. Damit – das stellte er fest – verpuffte seine gesamte Kraft und hinzu kam, dass die Umsatzzahlen stark rückläufig waren.

Mein Klient wollte die Firma wieder in die Gewinnzone führen und wünschte sich zudem auch einen Sparringspartner zur Reflexion und Absicherung seiner Entscheidungen.

Im Coaching befassten wir uns dann zunächst mit der Frage, wie wir für meinen Klienten eine neue, selbstbewusstere Rolle definieren könnten. Er selbst hatte den Verdacht, dass sein Hang, es allen recht machen zu wollen, das Hineinregieren der Familienmitglieder noch unterstützt. Dafür mussten wir uns mit seinen erlernten Verhaltensmustern befassen und unproduktive Emotionen durch produktivere überschreiben.

Im zweiten Schritt kam die strategische Planung. Es ging zum einen um die Klärung seiner formalen Rechte und Pflichten, zum anderen um seine unternehmerischen Ziele zur Umsatzsteigerung. Diese wurden Schritt für Schritt aufgegliedert und der Familie als Gesamtkonzept präsentiert.

Die während der anschließenden Diskussion aufflammenden innerfamiliären Aggressionen und Selbstverwirklichungswünsche der Familie konnte mein Klient dann innerlich ruhig und gelassen meistern und zwar auf Grund einer streng geführten Sachargumentation. Und er konnte sein Ziel erreichen, mit nur einem Sprecher der Familie an definierten Fixterminen seine Geschäftsergebnisse zu besprechen.

Mein Klient erreichte innerhalb von acht Monaten seine Ziele und hat inzwischen eine weitere Filiale eröffnet.

Inszenierung

Der Effekt der persönlichen Nähe wurde so genutzt, um Erfahrung in Familienunternehmen zu zeigen. Katharina von Agris geht sogar noch weiter und veröffentlicht ein kurzes Interview, das ein Journalist mit ihr geführt hat. Auch in diesem Interview kommt den persönlichen Beispielen eine große Bedeutung zu. Und eine Frage nach den eigenen Erfahrungen in Familienunternehmen ermöglicht unserem Coach, noch mehr von der eigenen Kompetenz zu zeigen.

Persönliche Beispiele auch in Interviews

Persönliche Nähe im Profil

Persönliche Nähe muss nicht ausschließlich über die Darstellung von Kunden entstehen; sie kann ebenso über die Persönlichkeit des Coaches entwickelt werden. Die beste Möglichkeit hierzu ist ein persönliches Profil, das Sie auf Ihrer Internetseite, in einer Broschüre oder auch als PDF-Datei verschicken können. Zwei Beispiele:

Ihr persönliches Profil

Olaf Hinz arbeitet bei der Beratergruppe HRD-Hamburg als Coach und Organisationsentwickler. Wer ihn kennen lernt, dem fällt sofort seine klare, im besten Sinne „wache" und gleichzeitig natürliche Ausstrahlung auf. Er ist im besten Sinne Hanseat: ein aufrechter Geschäftsmann mit klaren ethischen Grundsätzen und entsprechender hanseatischer Gelassenheit.

Umso weniger verwundert es, dass seine Haupt-Metapher die „seemännische Gelassenheit" ist. Zieht nachts ein Sturm auf, bleibt der Kapitän eines Schiffs ruhig, aber hoch konzentriert. Er prüft die Lage, trifft alle Vorkehrungen und weckt nur den Teil der Mannschaft, der wirklich gebraucht wird.

Genau diesen Schwerpunkt kommuniziert Olaf Hinz unaufdringlich in seinem Profil:

Geboren (1968) und aufgewachsen bin ich in Schleswig-Holstein, wo ich auch heute mit meiner Frau und unseren drei Söhnen lebe.

Als Partner von HRD-Hamburg coache und trainiere ich erfahrene und junge Führungskräfte/Projektleiter. Außerdem berate ich Organisationen bei der Gestaltung von Veränderungsprozessen.

© managerSeminare

129

Als bekennender Hanseat unterstütze ich meine Kunden darin, ihre Aufgaben mit seemännischer Gelassenheit zu erfüllen. Gemeint ist damit eine konzentrierte, wache und entspannte, aber auch konsequente Haltung sowohl zu beruflichen Herausforderungen als auch zu der eigenen Mannschaft.

Dieser Fokus wurde geprägt durch die vorherigen Stationen meines Berufslebens:

Ausbildung zum Industriekaufmann bei der Deutschen Shell AG; Studium der Volkswirtschaftslehre in Kiel und an der University of Glasgow mit dem Abschluss als Diplom-Volkswirt; Projektmanager und später HR-Manager bei der LB Kiel (heute HSH-Nordbank AG); Leiter des Ministerbüros von Peer Steinbrück, damals Wirtschaftsminister in Schleswig-Holstein; Niederlassungsleiter der Unternehmens- und Personalberatung Dieter Strametz & Partner GmbH.

Die Schwerpunkte meiner Beraterausbildung waren Projektmanagement (bei Kepner-Tregoe), systemische Beratung & Coaching (zwei Jahre bei Simon, Weber & Friends), Organisationsentwicklung & Transaktionsaktionsanalyse (bei Prof. Claus Nowak). Zu meinem Standard gehören mindestens 25 Tage Weiterbildung und kollegiale Supervision pro Jahr.

Publikationen: ...

Betonen Sie die eigene Persönlichkeit. Dies ist eine gute Möglichkeit, der eigenen Kommunikation und Persönlichkeit sofort eine persönliche Note zu geben.

Aber auch eine noch stärkere Betonung der eigenen Persönlichkeit ist möglich. Manfred Mäntele ist Coach für Menschen in Umbruchphasen (oder solche, die sich gerne in einer befinden würden). Groß, kräftig und ruhig strahlt er große Sicherheit aus. Gleichzeitig liest sich sein Lebenslauf wie ein Abenteuerroman: unterschiedlichste Lebensstationen unter anderem bei Harley-Davidson, dazwischen eine lange Weltreise mit dem Motorrad und große

Spiritualität. Neben einem kurzen Faktenprofil bietet er auf seiner Internetseite eine ausführliche Kurzvorstellung:

Jede Veränderung ist ein Wagnis, ein kleineres oder ein größeres. Die größte Gefahr besteht aber darin, nichts zu tun und in Situationen zu bleiben, die einen nicht erfüllen. Wer in seinem Leben etwas beginnt, das zunächst wie ein Wagnis aussieht, kann damit viel Sicherheit gewinnen: die Sicherheit im Umgang mit anderen Menschen, die Sicherheit, auf dem richtigen Weg zu sein.

Seit dem Jahr 2000 arbeite ich als Coach für Menschen in Umbruchphasen. Menschen, die Coaching für einen rein leistungsbezogenen, klassischen und als hart angestrebten Karriereweg suchen, sind bei mir nicht richtig. Ich bin nicht der Coach für gerade, ebene Wege. In schwierigen Phasen braucht es einen Berater, der auch einen Umweg mitzugehen bereit ist.

Ich sehe meine Aufgabe darin, das Abenteuer kalkulierbar zu machen bzw. das Kalkulierbare mit Abenteuer zu verbinden. Das Ergebnis: Coaching mit Freude an der Veränderung, mit Vorfreude auf das Unbekannte.

Diese Vorfreude auf das Ungewisse, auf das Neue, braucht man meiner Meinung nach für ein erfülltes Leben, ohne sie ist alles nur grauer Alltag. Wie gut sich Verantwortung und Erfüllung miteinander verbinden lassen, habe ich in der interessantesten Station in meinem früheren Berufsleben erfahren: bei Harley-Davidson. Diese acht Jahre haben meinen Sinn für ein erfülltes, selbstbestimmtes Leben geprägt. Denn bei Harley-Davidson erledigt man keinen Job, man entscheidet sich jeden Tag neu für dieses Unternehmen, stellt sich neuen Herausforderungen. Ich war bei Harley-Davidson als Brand Manager für die Marke Buell tätig. Die große Herausforderung war dabei, etwas völlig Neues zu schaffen. Meine Aufgabe war es, Buell als sportliche Marke gegenüber dem klassischen Image von Harley-Davidson zu positionieren. Diese beiden einander entgegengesetzten Welten miteinander zu verbinden war vor allem deshalb herausfordernd, weil ich alleine auf mich, meine Intuition, Kraft und Erfahrung angewiesen war.

Meine Freude als begeisterter Motorradfahrer kombinierte ich dabei mit betriebswirtschaftlicher Rentabilität. Gerade für meine Kunden ist es häufig wichtig, scheinbar entgegengesetzte Dinge miteinander in Einklang zu bringen. Ich nenne das dann „sowohl-als-auch" statt „entweder-oder". Die Verbindung zu Harley-Davidson besteht übrigens weiter. Heute arbeite ich als Coach auch für Harley-Davidson Europa.

Zum Coach wurde ich anschließend bei CTI, einem der weltweit führenden Institute in den USA ausgebildet, in Deutschland bei CICERO zum Change-Manager und Management-Trainer. Schwerpunkte meiner Ausbildung waren Motivationspsychologie, Struktur von strategischen Prozessen, Arbeit mit Veränderungstypen, Perspektiven- und Metaphernarbeit sowie die physiologischen Grundlagen von Motivation und Leistung. Zum Coach für die Entwicklung von Führungskräften wurde ich lizenziert von Hogan Assessments. Fortgeführt werden diese Ausbildungen durch meine aktive Mitgliedschaft im weltweiten Coaching Verband ICF, der International Coach Federation.

Das hohe Maß an Freiheit in meiner letzten Managerposition hat gleichzeitig viel Verantwortung mit sich gebracht. Und es hat zu einer wertvollen Erkenntnis geführt: Verantwortung hat jeder Mensch zunächst nur für eine Person: für sich selbst. Erst wenn man die Aufgabe(n) seines Lebens in Angriff genommen hat, kann man auch damit beginnen, verantwortlich mit anderen umzugehen. Viele, die diese Regel übersehen, führen ein Leben in Angst und Fremdbestimmtheit. Nicht gelebte Träume sind die härteste Realität, was mir meine Kunden immer wieder rückmelden.

Je größer die Summe verwirklichter Lebensträume ist, desto höher die Zufriedenheit, die Lebensqualität. Die meisten Fähigkeiten habe ich nicht erlernt, sondern erlebt. Ich freue mich darauf, Ihnen auf einem interessanten, sicher auch nicht ganz einfachen Weg Kraft zu geben, mit Ihnen Schritte zu gehen, bis sich ein Ziel herausstellt, bis es näher kommt ... erreicht wird.

Ein ganz besonderer Stil für einen außergewöhnlichen Coach.

Metaphern anwenden

Metaphern sind auch eine Form des Geschichtenerzählens, denn sie lösen ebenfalls entsprechende Assoziationen beim Leser aus. Doch lesen wir zunächst, was der Duden Nr. 7 zu Metapher schreibt:

Übertragen Sie ein Bild auf einen anderen Bereich.

„Die Metapher begann im 17. Jahrhundert in beiden angelsächsischen Sprachen Einzug zu halten, und zwar zuerst in der (an den griechischen Ursprung angelehnten) Form: ‚Metaphor'. Das griechische metaphorá setzt sich zusammen aus meta (darüber hinaus) und phérein, beide zusammen ergeben ‚anderswohin tragen'."

Und genau darum geht es: Sie übertragen ein Bild auf einen anderen Bereich, in diesem Falle Ihre Arbeit. Was heißt das nun konkret?

Betrachten wir uns einmal den Firmennamen von Coach Elisa French: *in Tune*

Als auch englischsprachiger Coach hat sie sich für diesen Begriff entschieden, da er ihre Arbeit besonders gut ausdrückt. Laut Wörterbuch der TU Chemnitz hat *„tune"* folgende Bedeutungen:

abstimmen, abgestimmt, stimmend, gestimmt.
„Put out of tune" bedeutet: *verstimmt.*
„In tune" hingegen: *stimmend, stimmig, im Einklang.*

Also geht es in ihrem Coaching um das „in Einklang bringen". Das kann sich nun sowohl auf den Einzelnen mit seinen persönlichen Themen wie auf Teams und Geschäftsbeziehungen beziehen:

▶ Privatleben und Beruf im Einklang
▶ Innere Stimmen bei einer wichtigen Entscheidung in Einklang bringen
▶ Im Einklang mit dem Team arbeiten
▶ Im Einklang die Unternehmensziele verfolgen
▶ In Konfliktgesprächen von der Verstimmung zum Einklang kommen

- Dienstleistungen anbieten, die im Einklang mit den Wünschen des Kunden stehen

Eine komplette Internetseite lässt sich so wunderbar mit einer Metapher gestalten. Aber auch ein Fachartikel kann so betitelt werden:

In Tune – Stimmiges Teammanagement

Oder denken wir gar an eine Kurzvorstellung auf die Frage *"Was machen Sie denn beruflich?"*:

> *"Ich bin Coach und nenne mein Unternehmen ‚in tune'. Das steht im Gegensatz zur Verstimmung für Einklang und Gleichklang. Und letztlich geht es immer genau darum: etwas Verstimmtes mit Hilfe des Coaches in Einklang zu bringen. Das können individuelle Themen sein, z.B.: ‚Wie bringe ich unterschiedliche Argumente für eine Entscheidung in Einklang?' Oder aber Team-Themen, z.B.: ‚Wie können wir noch stimmiger zusammenarbeiten?'"*

Treffend, nicht wahr?

Der direkte Weg zu den Emotionen Ihrer Leser

Eine Metapher kann also der direkte Weg zu den Emotionen des Lesers oder des Zuhörers sein. Jedoch ist nichts schlimmer, als eine falsche, unpassende oder unverständliche Metapher. Deutlich wird das vor allem in der fiktionalen Literatur, in der falsche oder zu viele Metaphern ganze Texte zerstören können. Was denken Sie bei folgendem Zitat aus dem Buch „Polar Star" von Martin Cruz Smith?

„Im Lichtschein der Lampe wirkte Volovois Bürstenschnitt wie eine strahlende Dornenkrone. Karp, der die ganze Schwerarbeit leistete, schwitzte natürlich wie Vulcanus am Schmiedefeuer."

Also ich verstehe kein Wort. Noch schlimmer als eine Metapher, die keiner versteht, ist jedoch eine unpassende. Ich erinnere mich an die Anfrage eines Trainers, der sein Rhetoriktraining als *„Schwarze*

Rhetorik" verkaufen wollte. Das ist zwar eine Metapher und sie wirkt auch – aber leider in der falschen Richtung. Eine kleine Umfrage bei der Zielgruppe ergab dann schnell: Man dachte an „Voodoo-Puppen", abgebissene Hühnerköpfe und merkwürdige Tänze.

Daher mein abschließender Rat: Finden Sie eine perfekte Metapher für Ihre Tätigkeit oder auch nur für Fachartikel oder Vorträge – wunderbar. Finden Sie keine perfekte – dann lassen Sie besser die Finger davon.

Menüpunkt 3

Wie sieht das Essen aus?
Gestaltung der Inszenierung

Nun haben Sie gute Zutaten in Form Ihrer Strategie und Positionierung und kennen die Zubereitungsmethoden der Inszenierung. Wie bei jedem Essen kommt es nun auf die Gestaltung, also letztlich die Optik an. Wie schön sind die Speisen angerichtet? Passen die einzelnen Elemente auf dem Teller zueinander? Was ist der Gesamteindruck des Essens?

Auf die Optik kommt es an.

Genauso verhält es sich auch bei der Inszenierung: Eine gute Positionierung und ein perfekter Spannungsbogen nutzen Ihnen nichts, wenn sie nicht entsprechend schön aufbereitet sind.

Möchten Sie zum Beispiel einen Vortrag verkaufen, so bietet sich als Instrument hierfür eine ein- bis zweiseitige Übersicht (Exposé) an (s. auch Kapitel 6, ab Seite 250). Die meisten Berater, Trainer und Coaches schreiben nun einfach etwas in Word herunter. Das größte Manko: schlechte Inszenierung, also ein schlecht gewählter Titel, kein Heißmacher (Teaser), unverständliche Zusammenstellung der Textinhalte – eben „Fachgesülze". Das zweitgrößte und genauso häufig anzutreffende Manko ist die schlechte Gestaltung. Die meisten verwenden eine in der Textverarbeitung geschriebene und grafisch nicht gestaltete Datei. Wenn Sie hier etwas mehr Zeit und gegebenenfalls auch Geld investieren, können Sie ein deutlich besseres Ergebnis erzielen.

Sehen Sie auf den Folgeseiten selbst, wie sich „SteuerConflict-Coach" Mathias Paul Weber konsequent und stimmig nach außen darstellt.

Inszenierung

Vortragsexposé — steuerconflictcoach

Mein Freund vom Finanzamt
Wie Sie Steuerkonflikte souverän lösen

Denken Sie einmal an Ihr Finanzamt. Was fühlen Sie dabei?
Die meisten von uns verbinden mit Finanzamt: Raubritter, Neider, Vollstrecker, Abzocker kurz: den Feind.

Mathias Paul Weber behauptet:
Ihr Finanzbeamter kann zum Geschäftsfreund werden.

Das bringt Ihnen:
- kurzfristig: Deeskalation bedrohlicher Situationen
- mittelfristig: Lösung von steuerlichen Problemen
- langfristig: partnerschaftliche Kommunikation auf Augenhöhe

Klingt unglaublich? Seien Sie gespannt!!

Inhalt:
- Perspektivenwechsel: Ein Tag im Finanzamt
- Die drei häufigsten Steuerkonflikte und was Sie tun können
- Mein Freund vom Finanzamt. Ein Traum - und wie er Realität werden kann

Hörernutzen: Der Hörer erfährt,
- welche unternehmerischen Vorteile ein partnerschaftlicher Umgang mit dem Finanzamt hat
- wie er diesen trotz angespannter Situation erreicht
- wie er mit den häufigsten Steuerkonflikten souverän umgehen kann

Vortragsdauer:
von 30 - 90 Minuten variabel gestaltbar, als Workshop 2 - 4 Std.

Fazit:
Stellen Sie Ihr Verhältnis zum Finanzamt auf eine völlig neue Basis

Der Referent
Nach Ausbildung zum Steuerinspektor war ich jahrelang an der Oberfinanzdirektion Frankfurt/M. tätig. Ich kenne als Insider die Denk- und Vorgehensweise des Finanzamtes. Seit 12 Jahren bin ich Steuerberater und betreue meine Kunden erfolgreich bei der Deeskalation von Steuerkonflikten.

Mathias Paul Weber
Steuerberater · Dipl.-Finanzwirt

Marburger Str. 5
35719 Angelburg
Fon 06464 934 924
Fax 06464 913 907
info@steuerconflictcoach.de
www.steuerconflictcoach.de

Vortragsexposé ...

Daran erinnert sich ein Veranstalter, selbst wenn Sie nicht direkt gebucht werden. Aber Ihr Außenauftritt sollte nicht nur schön anzusehen, sondern auch in sich stimmig sein. Wenn wir uns die Internetseite von Mathias Paul Weber betrachten, wird schnell klar: Alles ist aus einem Guss!

Kapitel 4

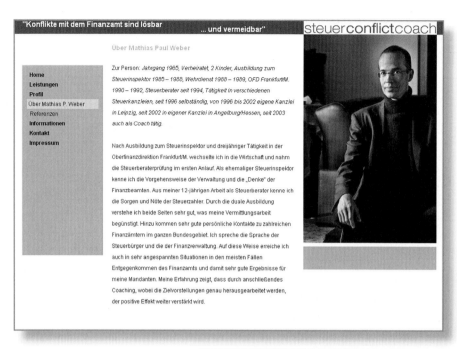

... Webseite ...

Und natürlich sollten auch
Briefpapier und Visitenkarten
Einheitlichkeit vermitteln:

... Visitenkarte ...

... Briefbogen ...

138 Giso Weyand: Sog-Marketing für Coaches

... und Foto – alles aus einem Guss.

Zu guter Letzt sollte auch das Foto stimmig ausdrücken, was Ihre Botschaft ist. Vor kurzem schlug ich ein Vertriebsmagazin auf und las einen hervorragenden Artikel über Krisen-PR. Ein wirklich kompetenter Fachbeitrag. Und dann sah ich das Foto. Der Autor, Berater für Krisen-PR, zeigte sich strahlend, braun gebrannt und mit legerer Kleidung. Mein guter Eindruck brach zusammen. *„Der macht wohl Krisen-PR in der Karibik"*, war meine erste Reaktion. Das war keine stimmige Kommunikation. Das Foto von Mathias-Paul Weber wäre wohl besser geeignet gewesen.

Natürlich ist die Entstehung solcher Unterlagen ein Prozess. Sie starten in der Regel mit Briefpapier und Visitenkarten. Dann kommt ein Marktauftritt, zum Beispiel durch Internetseite und Broschüre. Es folgen Marketing- und PR-Instrumente wie 60-Sekunden-Präsentation, Vortrags-Exposés und die entsprechenden Vorträge, Fachartikel-Exposés ergänzt um Artikel, Bücher, Interviews usw. (mehr dazu in Kapitel 6). Bei dieser Menge an Aufgaben und unterschiedlichen Zeitfenstern kann eine einheitliche Linie schon einmal schwer umzusetzen sein. Und genau deshalb gilt meine Empfehlung: Wie zu jedem guten Essen gehört zur Inszenierung eine einheitliche, passende und ansprechende optische Linie.

Menüpunkt 4

Wie wird es gegessen? – Darreichungsformen

Ein gutes Essen erfreut alle Sinne: der Anblick der schön zubereiteten Speisen, der Duft exotischer Zutaten, der Geschmack ungewöhnlicher Kombinationen, das Gefühl auf der Zunge beim Essen – auf all diesen Kanälen können Sie eine Mahlzeit erleben.

Senden Sie auf allen Kanälen.

Ähnlich ist es in Marketing und PR. Auch hier haben Sie die Chance, Ihre Interessenten über alle Sinne anzusprechen. Klassisch sind natürlich visuell erfassbare Medien wie Fachartikel und Bücher. Sehr selten unter Coaches sind jedoch Audio und Video als Selbstdarstellung und zur Vermittlung von Inhalten.

Audio-Interview

Wie wäre es zum Beispiel mit einem kurzen Audio-Interview zu Ihren Praxisfällen, Ihrer Arbeit und Ihren Lebensstationen. In einem Studio oder per Telefon interviewt Sie dabei ein Profi-Sprecher zu Ihren Themen, das Gespräch wird aufgezeichnet. Aufbereitet in fünf Sequenzen à 2-3 Minuten können Sie ein solches Interview wunderbar auf Ihre Internetseite stellen. Der Effekt: Die Hemmschwelle, Sie zu kontaktieren, wird gesenkt, Vertrauen baut sich auf, und Sie haben wieder einen weiteren Teil Ihrer Persönlichkeit kommuniziert. Alleine durch die Möglichkeit, Ihre Stimme zu hören, baut sich eine Beziehung auf.

Dieser Effekt wird häufig unterschätzt. Kunden, mit denen ich dieses Instrument nutze, berichten immer wieder von den verblüffenden Ergebnissen. Erst kürzlich rief mich eine Kundin an: *„Herr Weyand, es ist unglaublich. Seitdem ich mein Interview auf die Internetseite gestellt habe, melden sich pro Woche zwei bis drei Interessenten mehr."* Nun möchte ich nicht verschweigen, dass dieser Effekt einiges an Vorarbeit benötigt hat. Die betreffende Kundin schafft es durch gezielte Fachartikel und ihr Buch, zunächst Interessenten auf ihre Seite aufmerksam zu machen. Viele finden das

Angebot interessant, aber naturgemäß meldet sich nur ein kleiner Prozentsatz auf Grund der bereits erwähnten Hemmschwelle. Und genau jener Prozentsatz an Rückmeldern wird durch die gezielte Nutzung von Audio erhöht. (Weitere Informationen zu Audio-Interviews finden Sie in Kapitel 5. Beispiel-Interviews finden Sie zudem unter www.brennglas-beratermarketing.de)

Noch weniger als Audio wird Video als Marketing-Instrument genutzt. Dabei sind die Chancen gigantisch. Nehmen wir einmal einen Führungscoach und nehmen wir weiter an, er würde zu neun Führungsthemen kurze Videosequenzen auf seiner Internetseite anbieten. Zu neun schriftlich formlierten Fragen fände man mit einem Klick ein 30-Sekunden-Video zum Thema. So könnte eine Frage lauten: *„Was bringen Mitarbeitergespräche?"* In der kurzen Videosequenz hätte unser Coach die Chance, wichtige Themen anzusprechen, Kompetenz auszustrahlen und seine Persönlichkeit ein wenig zu zeigen.

Videosequenzen

Das ist auch deshalb so wichtig, weil viele Dinge nur schwer schriftlich zu kommunizieren sind. Die Aussage *„Ich liebe meinen Beruf"* mag ja stimmen, klingt aber stark nach Plattitüde. Über ein Video können Sie Ihre Begeisterung, Ihre Liebe zum Beruf und zu den einzelnen Themen sowie Ihr Interesse optimal über Körpersprache transportieren, ohne auch nur einen Satz darüber zu verlieren.

Ihre Körpersprache wird Ihnen gute Argumente liefern.

Nun wurde in der Fachpresse schon viel über Audio und Video geschrieben. Daher stellt sich die Frage, warum so wenige diese Chancen auch wirklich nutzen. Häufig stecken Vorurteile dahinter.

Vorurteile

Vorurteil I: Ich brauche viel technisches Know-how

Viele denken, es sei kompliziert, Audio und Video selbst zu produzieren. Mit ein wenig Aufwand und einer Einarbeitungszeit von wenigen Stunden lassen sich jedoch kleine Audio- und Videosequenzen schnell und einfach selbst produzieren. Natürlich: Wenn Ihnen Technik überhaupt nicht liegt, kann eine Fremdproduktion schon Sinn machen. Ein gut gemachtes Audio-Interview können Sie dann bereits ab 800 Euro inkl. Sprecher, Studio und Schnitt produzieren lassen (Stand: Juni 2006). Eine Investition, die sich lohnen kann.

141

Vorurteil II: Audio und Video müssen immer professionell produziert sein

Natürlich: Als Top-Management-Coach sollten Sie bestimmte Inhalte, zum Beispiel die erwähnten Kurzvideos zum Thema Führung, professionell produzieren lassen. In anderen Sparten oder bei regelmäßigen Beiträgen kann auch eine selbst produzierte, aber dennoch professionell wirkende Version gut ankommen. Viele Kunden schätzen diese natürliche Form der Darstellung als eine authentische Möglichkeit, die eigene Arbeit darzustellen.

Wägen Sie also im Zweifelsfall ab, wie viel „technische Professionalität" Ihre Kunden für diese Art der Präsentation benötigen.

Vorurteil III: Ich klinge einfach nicht gut bzw. wirke nicht gut genug vor der Kamera

Das geht jedem so. Trainer sind es eher gewohnt, sich in Video-Feedbacks selbst zu sehen und zu hören. Für Coaches ist das eher ungewöhnlich. Umso schlimmer finden sie dann häufig ihren eigenen Auftritt. Doch ich kann Sie beruhigen: Andere sehen das meistens anders. Machen Sie doch einmal den Test und senden Sie eine Audio- bzw. Videosequenz an besonders gute Kunden und fragen nach der Wirkung. Sie werden überrascht sein.

In Kapitel 5, ab Seite 174, erfahren Sie mehr zu Marketing- und PR-Instrumenten, die Audio und Video nutzen. Eines ist aus Marketingsicht sicher: Wer als Coach Audio und Video **nicht** nutzt, verschenkt wertvolle Möglichkeiten.

Damit kennen Sie die wichtigsten Regeln der Inszenierung und entwickeln mit der Zeit ein Gefühl für den Aufbau von Spannung. Nun zählt nur noch eines: machen, machen, machen. Ein erster Schritt kann es sein, die eigene Webseite zu betrachten, bevor Sie sich mit dem Kapitel zur Internetseitengestaltung beschäftigen. Was würden Sie nach den beschriebenen Inszenierungsregeln verändern? Wie lässt sich Ihre Seite noch spannender gestalten? Sie werden womöglich überrascht sein.

Kapitel 5

Internetauftritt:
So anziehend wie das Original

Gastbeitrag von Nadine Hamburger

Kapitel 5

Schnellfinder

Basics und Extras für Ihren Web-Auftritt 145

I. Die Basics Ihrer Internetseite – ein Muss 147

Was will ich erreichen? Die Sache mit den Zielen 147

1. Schritt   Konkret ansprechen und Interesse wecken 149

2. Schritt   Informationen geben und besonders sein 151
- Einfach und wirkungsvoll – Persönlichkeit zeigen im Profil.... 152
- Überzeugend kommunizieren – auf allen Ebenen.................. 159
- Leistungen zum Leben erwecken 163

3. Schritt   Durch Aktion zum Kontakt.. 165

Checkliste – Haben Sie alle Basics im Blick? 169

II. Das gewisse Extra durch die Extras 170

Extra Nr. 1   Mehrwert durch Check-up & Co. 170
Extra Nr. 2   Persönliche Notizen 173
Extra Nr. 3   Audio- und Videosequenzen 174
Extra Nr. 4   Referenzen... 175
Extra Nr. 5   Presseartikel & Co. 176
Extra Nr. 6   Downloadseite & Fachinformation 177
Extra Nr. 7   Terminplaner und Online-Buchung 178
Extra Nr. 8   Newsletter... 179
Extra Nr. 9   Forum 180

Checkliste – Welche Extras kommen für Sie in Frage?................ 181

Wie anziehend ist Ihre Internetseite? 181

Intermezzo   **Interview mit Uwe Böning**... 183
von Giso Weyand

144   Giso Weyand: Sog-Marketing für Coaches

Basics und Extras für Ihren Web-Auftritt

Wie gut, wenn wir wissen, was uns ausmacht, was wir anbieten und wie wir es im Gespräch glänzend vermitteln können. Das alleine reicht aber nicht aus. Denn schließlich können wir nicht gleich überall persönlich erscheinen und mit Ausstrahlung, Auftreten, Sprachgewandtheit und einer netten Atmosphäre überzeugen. Selbst wenn die Möglichkeit besteht, beim potenziellen Kunden sofort in einem persönlichen Gespräch zu punkten, schaut er heute mit größter Wahrscheinlichkeit anschließend auf Ihre Internetseite: Um einen weiteren Eindruck Ihrer Glaubwürdigkeit und Professionalität zu erhalten: Oder sich genauer über Ihre Angebote und Sie als Person zu informieren.

Letztlich trägt jeder einzelne Kontakt etwas zu Ihrem Gesamtbild beim Kunden bei: Ihr Auftreten im persönlichen Gespräch, Ihre Visitenkarte und Internetseite ebenso wie der Briefbogen, der E-Mail-Stil, das Dokument mit Vorbereitungsfragen zum Coaching, Ihre Broschüre, das PDF-Download-Angebot, die Feedback-Karte, der Newsletter bis zum Stil Ihrer Rechnung und Ihrem Spruch auf dem Anrufbeantworter. Bei all diesen Elementen Ihres Marktauftritts gilt es, das zu untermauern, was Sie sind. Und zwar inhaltlich überzeugend **und** glaubhaft.

In diesem Beitrag möchte ich mich auf das zentrale Element des Marktauftritts konzentrieren: die Internetseite.

Die Internetseite des Mustercoachs Louis Ludewig finden Sie unter www.louis-ludewig.de.

Wie so oft lässt sich auch dies am konkreten Beispiel am besten veranschaulichen. Daher habe ich für Sie die Internetseite eines fiktiven Coachs erstellt. An seinem Beispiel werde ich Ihnen die Kernelemente eines professionellen Marktauftritts für Coaches erläutern. Er heißt Louis Ludewig. Seine Seite finden Sie unter folgender Adresse: *www.louis-ludewig.de*. Hier können Sie alle Gestaltungselemente online sehen und ausprobieren!

Natürlich gibt es rund um den Internetauftritt eine Menge von wirkungsvollen Möglichkeiten, um Kunden zu interessieren, als Experte zu wirken, Dialoge aufzubauen und die Kunden zu binden. Dies alles von Beginn an umzusetzen, erscheint aber häufig nicht sinnvoll und bedeutet eine Menge Arbeit! Daher fokussiere ich mich auf zwei Teile. Zunächst geht es um die „Basics" des Marktauftritts. Diese machen in der Regel die Professionalität aus und sind daher ein Muss.

Sind die Basics geschafft, sagen Sie sich vielleicht: *„Ja, das ist prima ... Aber nun hätte ich gerne noch das gewisse Extra für meinen Auftritt."* Kein Problem, die Auswahl ist heute riesig. Und Raffinesse bringen diese Instrumente, indem sie optimal auf Sie zugeschnitten werden. Einige bewährte Möglichkeiten stelle ich Ihnen im zweiten Teil dieses Kapitels vor. Seien Sie gespannt! Aber erst einmal starten wir mit dem Wesentlichen, der Basis ...

Teil 1

Die Basics Ihrer Internet-Seite – ein Muss!

Die durchschnittliche Verweildauer auf Internetseiten von Coaches und Beratern beträgt 120 Sekunden. Und das auch nur, wenn der Besucher viel Geduld hat und wirklich intensiv liest.

Ganz schön kurz, nicht wahr? Da stellt sich unweigerlich die Frage: *„Wie kann ich ihm in so kurzer Zeit das nahe bringen, was mich und meine Leistungen ausmacht? Und dann will ich ja auch noch, dass mich der Kunde tatsächlich anruft ..."*

Dies sind die beiden größten Herausforderungen, denen Sie als Coach heute mit Ihrem Marktauftritt gegenüberstehen. Wie diese zu meistern sind, werden Sie nachfolgend erfahren. Vorab aber erst einmal drei Grundsätze, um die es bei der Auswahl und Ausgestaltung der Marketingmittel immer geht:

▶ Nur die *wesentlichen* Inhalte darstellen,
▶ diese *klar und deutlich kommunizieren* und
▶ *glaubhaft* vermitteln.

Was will ich erreichen? Die Sache mit den Zielen ...

Die Grundsätze klingen leider leichter, als deren Umsetzung ist. Denn: Was sind die wesentlichen Inhalte? Sowohl für die Auswahl der eigenen Marketinginstrumente als auch für die Ausgestaltung der einzelnen Medien ist es notwendig, zunächst deren Zielsetzung zu klären:

Welche wesentlichen Inhalte möchten Sie mit Ihrem Marktauftritt transportieren?

▶ Welche *wesentlichen* Inhalte möchte ich mit meinem Marktauftritt transportieren?

Was Coaches häufig unbeachtet lassen: Weniger ist hier meistens mehr. Denn wer kann schon aus einem seitenlangen Fließtext in Erinnerung behalten, was die Besonderheiten des Coaching-Anbieters sind? Auch allgemeine Erklärungen, was Coaching eigentlich ist, sind in der Regel überflüssig (wenn der Interessent überhaupt so weit liest und nicht gleich abgeschreckt wird). Das Gleiche gilt im Übrigen, wenn es um die Marketingmittel geht. Hier sind häufig schon gut gestaltete Visitenkarten, ansprechendes Briefpapier und eine aussagekräftige Internetseite ausreichend. Aufwendig gedruckte Broschüren werden damit oft unnötig.

Probieren Sie es einmal aus: Was sind die *wesentlichen* Inhalte, die Sie vermitteln müssen?

Was mein Marktauftritt transportieren und untermauern sollte

▶ Folgende Persönlichkeitsmerkmale: ...

▶ Diese Stimmungen und Emotionen: ...

▶ Diese weiteren Besonderheiten meiner Person: ...

▶ Diese Besonderheiten in meiner Arbeitsweise: ...

▶ Diese Informationen zu meiner Person: ...

▶ Diese Informationen zu meinen Leistungen: ...

Sind diese Vorüberlegungen getroffen, kann es auch schon losgehen.

1. Schritt: „Oh ja – spannend!"
Konkret ansprechen und Interesse wecken

Wenn ein Kunde das erste Mal auf Ihre Internetseite kommt, stellt er sich natürlich die Frage, ob er bei Ihnen überhaupt an der richtigen Adresse ist. Schnell und einfach signalisieren Sie ihm das „Ja", wenn Sie ihn konkret auf seine eigenen Bedürfnisse ansprechen. Genauer gesagt: seinen Leidensdruck und seine Problemsituation. Das fällt zwar gerade Coaches häufig schwer, insbesondere, wenn sie stark lösungsorientiert arbeiten, doch hier geht es erst einmal darum zu „pacen", das heißt, den Interessenten genau dort abzuholen, wo er gerade steht.

Holen Sie den Interessenten in seiner Problemsituation ab!

Wenn er das Gefühl hat, bei Ihnen richtig zu sein, möchte er wissen, warum er gerade Sie buchen sollte und niemand anderen. Hier gilt, mit wenigen Worten darzustellen, welche Lösung Sie ihm bieten und was das Besondere daran ist.

Wenn ihm die Lösung passt und er dabei das Gefühl hat, verstanden zu werden (das können Sie unterstützen, indem Sie Tonalität und Sprache an Ihre Zielgruppe anpassen), liest er weiter.

▶ Konkret: Louis Ludewig
Stellen Sie sich vor, Sie sind mittelständischer Unternehmer und Ihr wichtigstes Projekt droht gerade gegen die Wand zu fahren. Sie wissen nicht mehr, was Sie tun können und wollen externes Coaching hinzuziehen.

Über einen Fachartikel werden Sie auf die folgende Internetseite aufmerksam (siehe Folgeseite):

Kapitel 5

louis-ludewig.de

Und? Was denken Sie? Spricht es Sie an? Würden Sie weiterlesen? Ich schon. Aber wie hat unser Mustercoach Louis Ludewig das gemacht?

Klare Positionierung Zum einen hat er eine sehr konkrete Positionierung: „*Coach für brisante Projekte im Mittelstand*". Zum anderen greift er die stärksten Leidensdruckthemen seiner Kunden auf. Seine fundierte Erfahrung lässt er wie nebenbei einfließen und vermittelt klar seine plausiblen Erfolgsfaktoren: Die Kombination von Schnelligkeit und Flexibilität und einem festen, soliden Fundament. Was das bedeutet, weiß der Leser zwar noch nicht (das ist an dieser Stelle auch nicht notwendig), aber es erfüllt seinen wichtigsten Zweck: Es macht neugierig und Lust auf mehr.

Direkte Sprache Danach folgt seine besondere Lösung: schnelle Hilfe plus das nötige Fundament und – er packt mit an. Dabei spricht er eine direkte Sprache, statt sich in langen Abhandlungen oder theoretischem

„Geschwafel" zu verzetteln. Pragmatische, schnelle Unterstützung – das ist es, worauf es einem Mittelständler in einer brenzligen Situation ankommt.

Abschließend der konkrete Nutzen: Handlungsfähigkeit und Sicherheit. Ich höre geradezu die innere Stimme des unter Druck stehenden Mittelständlers, die da ruft: *„Ja, davon will ich mehr!"*

Konkreter Nutzen

2. Schritt: „Mehr davon ... Das hat was."
Informationen geben und besonders sein

Die Neugier ist geweckt. Nun kommt die größere Herausforderung: Denn behaupten können das, was Louis Ludewig auf der Startseite schreibt, schließlich viele. Jetzt gilt es, die Inhalte *glaubhafter* zu kommunizieren als andere. Dies ist ein Eindruck, der im Zusammenspiel vieler verschiedener Elemente beim Leser entsteht: über den Lebenslauf und das persönliche Profil ebenso wie über den Gesamteindruck der Internetseite, die inhaltliche Darstellung der konkreten Leistungen und Interaktionselemente.

Ziel: Glaubhafter kommunizieren als andere

Sicher haben Sie viele attraktive Eigenschaften, die man Ihnen mit der entsprechenden Darstellung auch abnehmen würde. Entscheidend ist aber, genau *die* (wenigen) Eigenschaften zu benennen, durch die Sie sich – in den Augen der Kunden – von anderen am meisten abheben. Und eben das ist Bestandteil der Kernbotschaft, die sich in jeglicher Kommunikation wiederfinden sollte. In unserem Beispiel sind das: die Balance zwischen Schnelligkeit/Flexibilität und einem soliden Fundament, gepaart mit einer pragmatischen, erfahrungsbasierten Herangehensweise, und zwar speziell für Mittelständler.

> ▶ Weniger ist mehr ... Fokussieren Sie sich auf Ihre Kernbotschaft!
> ▶ Durch Wiederholung prägt sie sich ein.
> ▶ Konstanz über alle Kanäle macht sie glaubhaft.
> ▶ Geben Sie Ihre Persönlichkeit preis – das macht Ihre Besonderheiten glaubwürdig.

Reduzieren Sie die Inhalte Ihrer Kommunikation.

Immer wieder erleben wir bei unseren Kunden, wie schwer es fällt, die Inhalte ihrer Kommunikation zu reduzieren. Verständlich, denn *alle* diese Eigenschaften und Erfahrungen machen Sie als Person aus.

Aber wie viel davon bleibt in Ihrem Kopf hängen, wenn Sie 15 verschiedene Eigenschaften eines Coachs lesen und dann einem Dritten von ihm berichten wollen? Und wie verhält es sich hingegen, wenn Sie ausschließlich drei elementare Eigenschaften eines Coachs (wiederholt) lesen und diese weitergeben sollen?

Denn das ist letztlich Ihr Ziel: Dass andere Sie in Erinnerung behalten. Und zwar mit den *wesentlichen* Merkmalen. Wie schon auf der Startseite geht es also darum, diese Aspekte zu benennen und – jetzt neu – zu vertiefen und zu untermauern. So entsteht ein glaubwürdiges Bild der – für die Kaufentscheidung des Kunden – wesentlichen Argumente.

Einfach und wirkungsvoll – Persönlichkeit zeigen im Profil

Die meistgelesene Seite in Internetauftritten von Coaches und Beratern ist das Profil. Das ist nicht verwunderlich. Denn sich einen Coach zu nehmen, ist etwas sehr Persönliches. Egal, ob es sich um ein berufliches oder privates Thema handelt. Ebenso wie die geschützte Atmosphäre und das Vertrauensverhältnis im Coaching häufig über den Coaching-Erfolg entscheiden, so entscheidet die „Chemie", die bereits im Marktauftritt vermittelt wird, über den „Kauf", sprich: die Buchung des Coachings.

Stimmt die Chemie?

Ein authentisches persönliches Profil bietet aber noch einen zusätzlichen Effekt: Die Kunden, die nicht zu Ihnen passen, werden das optimalerweise rasch merken und Sie gar nicht erst kontaktieren. Deshalb sollte beispielsweise ein Coach mit sehr provokativem Coachingstil dies unbedingt schon auf der Internetseite deutlich machen, bevor ein ängstlicher Kunde unvorbereitet bei ihm in den „Schwitzkasten" gerät.

> **Stimmt die Chemie? Hilfreiche Fragen fürs Profil**
>
> ▶ Wie wirken Sie mit Ihrem Foto als Person?
> ▶ Wirken Sie in den Augen der Zielgruppe sympathisch?
> ▶ Passt Ihr Äußeres zu Ihrer Klientel?
> ▶ Wie sind Sie zu dem gekommen, was Sie heute tun?
> ▶ Was hat Sie zu dem gemacht, was Sie heute sind? Was hat Sie geprägt?
> ▶ Was ist das Besondere an Ihrer Arbeitsweise?
> ▶ Welche persönlichen Erfahrungen sind wichtig für das, was Sie heute anbieten?

Im Profil können Sie wunderbar punkten, denn hier haben Sie die Möglichkeit – und mehr Freiraum als auf den anderen Internetseiten –, Ihre Besonderheiten darzustellen und von Ihrem Leben zu „erzählen". (Wie Sie dabei den unterschiedlichen Informationsbedürfnissen Ihrer Kunden hinsichtlich der Ausführlichkeit gerecht werden können, lesen Sie später.) Beispielsweise können Sie hier Ihren „kurvigen" Lebenslauf in einem ganz neuen Licht erscheinen lassen, indem er vielleicht Ihrem starken Merkmal „Vereinen von Gegensätzen" in die Hände spielt.

Aber auch hier gilt: Konzentration auf das Wesentliche. Stellen Sie sich also stets die Frage: *„Ist diese Information wirklich wichtig für meine heutige Arbeit mit Klienten?"* So sind Anzahl und Alter der Kinder und Zahl der Ehen in der Regel nicht angebracht, es sei denn, Sie sind Coach für Kommunikation in der Partnerschaft.

Neben dem Chemie-Check findet im Profil auch der Authentizitäts-Check statt: Können Sie halten, was Sie versprechen? Es ist ein offenes Geheimnis, dass auf dem Coachingmarkt häufig mehr versprochen wird, als die Anbieter letztlich halten können. Daher ist es wichtig, hier – ohne überschwängliche Übertreibung, aber klar und deutlich – sowohl mit Fakten als auch mit persönlichen Worten zu überzeugen.

Wirken Sie authentisch?

> **Wirken Sie authentisch? Hilfreiche Fragen fürs Profil**
>
> ▶ Können Sie wirklich halten, was Sie versprechen?
> ▶ Welche Qualifikationen und Erfahrungen können Sie vorweisen?
> ▶ Welche Kompetenzen zeichnen Sie aus?
> ▶ Über wie viele Jahre Berufserfahrung verfügen Sie?
> ▶ In welchen Unternehmen/Branchen kennen Sie sich aus?
> ▶ Welche konkreten Tätigkeiten führten Sie aus?

Werden Sie den unterschiedlichen Informationsbedürfnissen Ihrer Leserschaft gerecht: 3 Varianten.

Wie aber stelle ich mich selber dar? Eine gute Möglichkeit, zu wirken – neben einem aussagekräftigen Foto – und dabei auch den unterschiedlichen Informationsbedürfnissen der Leser gerecht zu werden, ist erfahrungsgemäß die Darstellung von *zwei* Profilen auf der Internetseite: das Faktenprofil und die persönliche Vorstellung. Giso Weyand beschreibt in „Allein erfolgreich – Die Einzelkämpfermarke" (BusinessVillage 2006) insgesamt drei Profilarten, die sich bewährt haben und miteinander kombiniert angeboten werden können:

▶ das Faktenprofil
▶ die persönliche Vorstellung
▶ das Interview

> **Vier gute Gründe für ein stimmiges Profil**
>
> ▶ Die meistgelesene Seite entscheidet häufig über Kontaktaufnahme.
> ▶ Ein Chemie-Check selektiert und entscheidet über die Passung.
> ▶ Besonderheiten können belegt werden.
> ▶ Ein Profil überbrückt häufig die Hemmschwelle, „gecoacht zu werden".
>
> (aus: „Allein erfolgreich – Die Einzelkämpfermarke"
> von Giso Weyand, BusinessVillage 2006)

Das Faktenprofil

Der Faktenlebenslauf bietet dem Leser einen schnellen Überblick über die präzisen Fakten Ihres Lebens. Wenn Faktenprofil und persönlicher Lebenslauf angeboten werden, lesen erfahrungsgemäß etwa 60 Prozent der Website-Besucher zuerst dieses Profil.

60 Prozent Ihrer Website-Besucher lesen zuerst Ihr Faktenprofil.

Empfehlenswert sind folgende Inhalte:
- Ausbildung und Abschluss – sowohl Lehre und Studium als auch Coachausbildungen mit konkreten Fakten wie Dauer, gegebenenfalls Schwerpunkte und Ausbildungsinstitut
- Berufserfahrung – exakte Darstellung von Jahreszahlen, Unternehmen, Verantwortungsbereich und Schwerpunkten
- Branchenerfahrung – wenn diese für die jetzige Tätigkeit besonders relevant ist
- Nutzen für den Kunden – wenn Sie zum Beispiel relevante Erfahrung in einem bestimmten Kulturkreis gesammelt haben
- Warum arbeiten Sie als Coach? – ermöglicht ein besseres Bild Ihrer Persönlichkeit, Ihre Motivationen und Interessen
- Wie arbeiten Sie? – gibt Aufschluss über Ihre Arbeitsweise und die Passung mit dem potenziellen Kunden
- Medienresonanz – sofern die Medien über Sie berichtet haben; mit Medium und eventuell kurzen Zitaten
- Publikationen – soweit vorhanden, tragen relevante Artikel- und Buchpublikationen erheblich zu Ihrer Expertenwahrnehmung bei und erhöhen die Anziehungskraft.

Für das Faktenprofil gilt

1. Liefern Sie nur konkrete Fakten, also immer auch Jahreszahlen.
2. Nennen Sie als Ausbildungen nur tatsächliche Ausbildungen und nicht jedes Eintages-Seminar.
3. Vermeiden Sie direktes und indirektes Eigenlob nach dem Motto: „Der besonders erfahrene Coach."
4. Geben Sie nur beruflich relevante Informationen.

> 5. Verzichten Sie auf Banalitäten wie die Aussage, dass Sie sich regelmäßig weiterbilden. Das ist selbstverständlich.
>
> (aus: „Bunter Hund oder graue Maus – Marketing via Lebenslauf"
von Giso Weyand, managerSeminare 01/2006)

Die persönliche Vorstellung

Zusätzlich zum Faktenprofil – oder auch, je nach Zielgruppe, alleine – bietet sich die persönliche Vorstellung an. Hier können Sie ausführlicher „erzählen", wie Sie zu dem gekommen sind, was Sie heute beruflich darstellen. Ein überzeugendes Profil lebt vor allem von der Spannung, die Sie aufbauen, und dem roten Faden Ihres Lebens, der hier zum Ausdruck kommen sollte. Das ist eine anspruchsvolle Arbeit – die sich aber lohnt. Zwar wird diese Variante neben dem Faktenprofil nur von etwa 30 bis 40 Prozent der Besucher gelesen. Diese lesen sie dann aber mit wirklichem Interesse und gründlich.

Das Interview

Über sich selbst zu schreiben fällt meist am schwersten. Daher ist es für manche einfacher, anhand von konkreten Fragen über sich zu berichten, zum Beispiel über die wesentlichen Stationen in ihrem Leben. Das Interview ist zudem ein geeignetes Instrument, um, ergänzend zum Faktenprofil, weitere Aspekte wie berufliche Erfolge, Misserfolge oder außergewöhnliche Begebenheiten zu thematisieren.

> **Einige typische Interviewfragen**
>
> ▶ Was sind die drei wichtigsten Stationen in Ihrem Leben? Warum?
> ▶ Was ist Ihnen in der Arbeit besonders wichtig? Was zeichnet Ihre Arbeit aus?
> ▶ Warum machen Sie „..."?
> ▶ Was ist Ihre größte Stärke in der Arbeit mit Kunden?
> ▶ Was war Ihre größte Niederlage bisher?

Internetauftritt

> - Welches war der größte Erfolg, den Sie für und mit Kunden erreicht haben?
> - Was ist der größte Misserfolg in einem Coaching?
> - Was sind Ihre Leitwerte?
> - Wo sehen Sie das stärkste Entwicklungspotenzial für Kunden in Ihrem Fachbereich?
>
> (aus: „Allein erfolgreich – Die Einzelkämpfermarke" von Giso Weyand, BusinessVillage 2006)

- Konkret: Louis Ludewig

Louis Ludewig kombiniert ein kurzes, bündiges Faktenprofil mit persönlichen Worten zu seinem Lebenslauf. Welchen Eindruck bekämen Sie von diesem Menschen, wenn Sie nur sein Faktenprofil läsen?

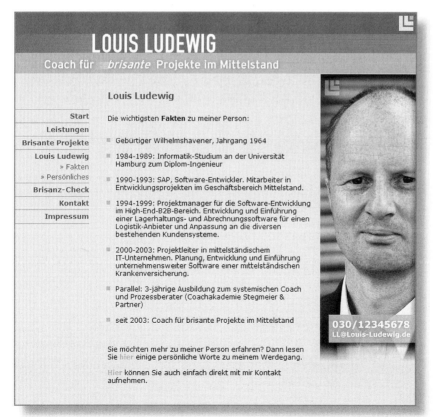

Das Faktenprofil

Lesen Sie anschließend das persönliche Profil und stellen Sie sich dann die Frage: Wie sieht nun Ihr Bild von Louis Ludewig aus?

Das persönliche Profil

Die Kombination der beiden Profile macht auf einen Blick die wesentlichen Besonderheiten dieses Coachs, seine Erfahrung im „Neuen Markt" deutlich, und die konzentrierte Kürze des Textes strahlt sowohl Pragmatismus als auch Bodenständigkeit aus. Hinzu kommt, dass in der persönlichen Vorstellung die Verbindung von Schnelligkeit und solidem Fundament anhand seiner persönlichen Lebenserfahrung lebendig, nachvollziehbar und glaubwürdig wird.

Überzeugend kommunizieren – auf allen Ebenen

Authentizitäts- und Chemie-Check erfolgen nicht nur über das Profil. Sie finden – bewusst und unbewusst – auf allen Ebenen der Kommunikation statt. So werden vom optischen Gesamteindruck häufig Rückschlüsse auf die Professionalität gezogen … Umso erstaunlicher, dass zahlreiche Seiten von Coaches „selbst gemacht" und unvollständig wirken.

Stimmt der „erste Eindruck" Ihres Marktauftritts?

Das ist dramatisch, denn ein negativer erster Eindruck ist nur mit hohem Aufwand wieder auszubügeln. Nichts gegen selbst gestaltete Internetseiten. Mit dem richtigen Händchen und entsprechendem Gespür umgesetzte Seiten können in der Außenwirkung durchaus professionell wirken. Vor allem, wenn das grafische Design erst einmal entwickelt worden ist, lässt sich über ein Redaktionssystem durchaus selbst Hand anlegen. Wichtig aber ist, dass Logo, Schriften, Farben und grafische Gestaltungselemente gut aufeinander abgestimmt sind und exakt das übermitteln, was Ihrer Grundbotschaft entspricht und was Sie auch im Gespräch kundtun. Meine Empfehlung: Sparen Sie hier nicht am falschen Ende, und beauftragen Sie lieber einen professionellen Grafiker.

Auch die Fotos sollten professionell und vor allem authentisch wirken. Weder „verkrampfte" Studioaufnahmen noch eigene Fotografien in einem schlecht belichteten Trainingsraum sind hier angebracht. Schlips und Kragen sind passend für Kunden wie DaimlerChrysler, würden Kundschaft in Handwerksbetrieben aber eher abschrecken. Zeigen Sie sich tendenziell so, wie Ihr Kunde Sie auch in der Auftragsklärung zu Gesicht bekommt.

Ihr Foto

Scheuen Sie sich nicht, das eigene Foto (ruhig auch groß oder in verschiedenen Varianten) in Ihre Internetseite zu integrieren. Im Gegenteil, das bringt Sie Ihrem potenziellen Kunden weit näher, spricht ihn auf der emotionalen Ebene an und lässt Ihren Auftritt viel persönlicher und individueller wirken. Keine Bange, immerhin sind Sie die zweitwichtigste Person im Coachingprozess, da dürfen Sie sich ruhig auch mal etwas größer oder in verschiedenen Varianten auf der Internetseite zeigen. Und vor allem: Ihre Persönlichkeit ist Ihr einziges wirklich „einmaliges" Alleinstellungsmerkmal. Denn eine Persönlichkeit gibt es nicht zweimal. Nutzen Sie sie!

Bilder und die äußere Gestaltung bestimmen maßgeblich den ersten Eindruck des Marktauftritts. Nicht minder einflussreich sind Texte und Struktur. Diese Elemente werden jedoch häufig unterschätzt, was aus zahlreichen Internetauftritten von Coaches hervorgeht: Hier finden sich zahlreiche Negativbeispiele von endlos langen, unübersichtlichen Fließtexten bis hin zu Menüstrukturen, die eher einem Labyrinth ähneln.

Weist Ihre Struktur klar und deutlich auf das Wesentliche hin?

Erinnern wir uns an die eingangs erwähnten Grundsätze für Internetseiten. Dann wird schnell deutlich, was sich auch in Text und Struktur widerspiegeln sollte: Weist Ihre Struktur *klar und deutlich* auf das *Wesentliche* hin?

Die Struktur sollte einen problemlosen und raschen Zugang zu allen wesentlichen Informationen ermöglichen. Auch hier gilt daher das Prinzip: Weniger ist oft mehr. Haben Sie keine Angst davor, Informationen bewusst wegzulassen. Das kann durchaus ein Anreiz für den Kunden sein, Sie anzurufen, um Sie direkt zu fragen! Das Prinzip der „Verknappung" funktioniert häufig besser, als man denkt.

Der entscheidende Vorteil einer klaren Struktur: Die Orientierung für den Leser wird einfacher, so dass er schnell erfasst, was wirklich wichtig ist und vor allem bei ihm ankommen *soll*: Ihre Kernbotschaft. Wenn diese zusammen mit dem Kundennutzen spannend genug inszeniert ist, wird sich der Kunde ohnehin bei Ihnen melden. Im persönlichen Gespräch kann er dann auch Grundsätzliches klären: was Ihre Coachingprinzipien sind, wie Sie vorgehen, was eigentlich der Unterschied zwischen Coaching und Beratung ist etc.

Bedenken Sie immer: Das Hauptziel der Internetseite ist, dass der Kunde Kontakt mit Ihnen aufnimmt. Welche Informationen sind dafür notwendig? Sie werden staunen – es sind gar nicht so viele.

Weniger ist oft mehr.

Die meisten Coaching-Interessenten haben bereits eine gewisse Vorstellung von dem, was Coaching bedeutet und wie es abläuft. Ihr Hauptanliegen ist in aller Regel ein aktuelles Problem, der Leidensdruck. Dafür suchen sie eine Lösung. Wenn der Leser Ihrer Website also das Gefühl hat, bei Ihnen mit seinem Bedürfnis an der richtigen Adresse zu sein und von Ihnen die Lösung zu bekommen, die zu ihm passt und die andere ihm so nicht zu bieten scheinen, wird er zu Ihnen kommen. Ziel erreicht.

Viele versuchen immer wieder, die Hemmschwelle der Kontaktaufnahme durch zahlreiche Hintergrundinformationen zu verringern. Doch das glückt kaum mit dieser Form der „Aufklärungsarbeit", sondern erheblich wirkungsvoller mit Ihrer Persönlichkeit – indem Sie ganz souverän Ihre Erfahrungen sprechen lassen. Auf diese Weise überzeugen Sie Kunden wesentlich eher, Sie anzurufen, als mit allgemeinen Abhandlungen über Coaching.

Der Charakter eines Textes sollte ebenso wie die grafische Gestaltung die Kernbotschaften des Coachs widerspiegeln. Der Textcharakter ist definiert durch Textumfang, Satzstruktur, Satzbau und -länge, Wortwahl und Sprachstil. Lange Schachtelsätze auf der Internetseite und ausschweifende Formulierungen machen Aussagen wie *„Pragmatisch und schnell erziele ich mit Ihnen die Ergebnisse"* schlichtweg unglaubwürdig.

Entsprechen Textcharakter und Sprache Ihrer Persönlichkeit?

Setzen Sie also in Ihrer Schreibweise um, was Sie mit den Worten vermitteln – sonst senden Sie zwei unterschiedliche Botschaften und untergraben so (meist unbewusst) Ihre Glaubwürdigkeit in den Augen des Kunden.

▶ Konkret: Louis Ludewig

Wie wirken Struktur, Text und Gestaltung bei Louis Ludewig? Welche Emotionen entstehen bei Ihnen, welche Assoziationen und Eindrücke bekommen Sie von dem Coach? Louis Ludewig kombiniert in seiner Arbeit Stabilität und Geschwindigkeit. Er ist bodenständig und flexibel. Pragmatischer Realist, der professionell agiert und dabei sehr persönlich und nahe bei den Menschen ist.

Die Leistungen

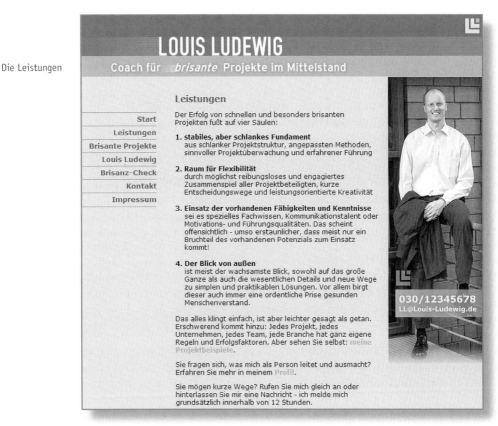

Genau das untermauert er in seinem Internetauftritt: klare Struktur mit nur zwei Menüebenen, inhaltlich konzentriert er sich auf das Wesentliche – ohne ausschweifende Exkurse über Projektmanagement, Coaching oder Interimsmanagement ...

Die Texte sind bewusst kurz gehalten und im Layout so gestaltet, dass jeder Sie mit einem Blick erfassen kann. Vor allem hat er auf den meisten Hauptseiten das beim User unbeliebte Scrollen vermieden.

Die Kombination von (bodenständigen, Sicherheit vermittelnden) Grautönen und (energievollem) Orange passen zu seiner Zielgruppe ebenso wie zu seiner Person. Der schnörkellose, gradlinige grafische Aufbau der Seite und die Gelassenheit, die er auf den Bildern ausstrahlt, bestätigen seine Glaubwürdigkeit in puncto Sicherheit. All dies steht für das solide Fundament. Die Verläufe und Schriften im Logo und in seiner Bezeichnung „Coach für *brisante* Projekte im Mittelstand" symbolisieren die Geschwindigkeit.

Es entsteht der Eindruck: Der weiß, was er tut, der bringt wieder Konstanz und Sicherheit ins Projekt. Bingo.

Leistungen zum Leben erwecken

Wenn dem potenziellen Kunden Ihre Startseite, Ihr Profil und das Gesamtbild Ihres Auftritts passend erscheinen, wird er in der Regel Genaueres über Ihr Angebot erfahren wollen. Mit welchen konkreten Dienstleistungen, Vorgehensweisen, Coachingmethoden und – wenn relevant – in welcher Arbeitsweise werden Sie sein Problem lösen?

Ja, auch hier gilt wieder: Benennen Sie ausschließlich das, was der Klient bis zu seiner Entscheidung benötigt. Stellen Sie diese für den Leser wesentlichen Kerninformationen übersichtlich zur Verfügung. Seien Sie dabei ruhig kreativ – denn auch die Art der Darstellung Ihrer Inhalte steht für Ihre Arbeitsweise und kann Ihre Kernbotschaft durchaus unterstützen.

Welche Leistungsdarstellung macht Sie für Ihre Kunden spannend und entspricht Ihrer Grundbotschaft?

▶ Konkret: Louis Ludewig

Auf Grund seiner langjährigen Erfahrung und pragmatischen Herangehensweise bietet sich bei unserem Mustercoach an, seine Arbeit mit Hilfe der vier wesentlichen Erfolgsfaktoren für brisante Projekte an Referenzprojekten ganz konkret darzustellen. So schlägt er zwei Fliegen mit einer Klappe: Er zeigt seine bereits erzielten Erfolge und verdeutlicht glaubwürdig sein Vorgehen und die Effekte seines Coachings. Zudem wiederholt er auf allen Seiten die Erfolgsfaktoren, die ihn und seine Arbeit ausmachen.

Brisante Projekte

LOUIS LUDEWIG
Coach für *brisante* Projekte im Mittelstand

- Start
- Leistungen
- Brisante Projekte
- Louis Ludewig
- Brisanz-Check
- Kontakt
- Impressum

Brisante Projekte

Brisante Projekte sind immer ein Balanceakt zwischen Stabilität und Geschwindigkeit. Werfen Sie doch mal einen Blick auf meine bisherigen Projekte!

Monatlich wechselnd stelle ich Ihnen hier eines meiner Projekte vor.

Projekt des Monats

Ein Zulieferer der Automobilindustrie erhält aufgrund einer Rückrufaktion des Automobilherstellers den Auftrag, die Produktionslinie für Vergaserteile innerhalb von 6 Wochen auf die neuen Anforderungen umzustellen.

Die Brisanz des Projektes:

- hoher Koordinations- und Abstimmungsbedarf mit Lieferanten, Einkäufern, Entwicklern und Ingenieuren des Kunden und mit der internen Arbeits- und Prozessabteilung
- kurzfristige Umstellung während der laufenden Produktion
- engste Terminvorgaben und hoher öffentlicher Druck
- geringer Verhandlungsspielraum aufgrund des hohen Wettbewerbsdrucks

Die vier erfolgsrelevanten Säulen dieses Projektes:

1. **Handlungsfreiraum durch ein solides, aber schlankes Fundament ...**
   - Dank hartem Nachverhandeln konnte der Projektauftrag in terminlich realisierbare Muss-Anforderungen und längerfristig umzusetzende Kann-Anforderungen aufgeteilt werden.
   - Reduzierung der Ansprechpartner beim Kunden durch Einsatz eines Schnittstellenmanagers

2. **Die nötige Flexibilität ...**
   - Einführung der Initiative "Eigenverantwortliches Handeln"
   - schnelle Lösungen und Entscheidungen durch tägliche 10-Minuten-Projektmeetings
   - Einführung eines Quick-Help-Portals im Intranet

3. **Einsatz vorhandener Fähigkeiten ...**
   - Einsatz eines Projektleiters mit geschultem Blick für das Wesentliche
   - neu erlernte Fähigkeit: Delegieren statt enger Führung
   - ½ Tag Gruppencoaching für das Projektteam zu den Themen eigenverantwortliches Handeln, Abgrenzungsproblematik und effizientes Reporting.
   - Kick-off-Event zur Teambildung

4. **Der Blick von außen ...**
   - Erleichterung und Entspannung im Prozess durch klare Reflexion und Priorisierung: Was ist realistisch umsetzbar und was nicht?
   - Konkrete Problemlösung im laufenden Projekt
   - Individuelles Coaching der Projektbeteiligten ermöglicht Höchstleistungen jedes Einzelnen.

Das Ergebnis:

- Die Kernziele des Projektes wurden innerhalb der vorgegebenen Zeit realisiert.
- Die im Zuge des Wissensmanagements im Projekt entstandenen Ideen zur internen Prozessoptimierung können zukünftige Produktionszeiten um 10 Prozent reduzieren.

Die Sicht des Kunden ...

"Wir haben ein prima Expertenteam, gar keine Frage. Aber wenn ein Projekt gegen die Wand zu fahren droht, gibt es kein Pardon, dann muss jeder Handgriff sitzen. Nicht nur im Fachgebiet, sondern vor allem im Miteinander: als Projektteam mit der dazugehörigen Verantwortung für jeden Einzelnen. Herr Ludewig rettete unser Projekt - mit seinem klaren Blick fürs Wesentliche, er nahm die Dinge in die Hand, setzte unsere Ressourcen zielgerichtet und optimal ein und lenkte die Aktivitäten in die richtige Richtung. Vielen Dank dafür!"

030/12345678
LL@Louis-Ludewig.de

3. Schritt: „Ja, ich tue es!"
Durch Aktion zum Kontakt

Die schönste Internetseite bringt nichts, wenn der Kunde sich nicht bei Ihnen meldet. Die Hemmschwelle beim Interessenten ist um ein Vielfaches größer, als man allgemein annimmt. Insbesondere, wenn es um so ein heikles Thema geht, wie „sich coachen zu lassen". Der Furcht einflößende Gedanke: *„Da muss ich die Hosen herunterlassen!"*, ist im deutschsprachigen Raum noch weit verbreitet.

Die erste Hürde nehmen Sie, wenn Sie, wie oben beschrieben, den Kunden sehr konkret auf seine Themen ansprechen, dabei möglichst viel von Ihrer Persönlichkeit preisgeben (womit Sie selber verletzlich werden), den Leser sehr persönlich ansprechen (nach Möglichkeit in der Ich-Form); wenn Sie offen und authentisch wirken und der besondere Nutzen, den Sie zu bieten haben, sehr klar ist; wenn Sie ihn neugierig machen auf Ihr Angebot, indem Sie nicht alles im Detail preisgeben. Lassen Sie Raum für Fragen.

Sie sollten dem Kunden gerade jetzt schon Ihre Unterstützung zeigen. Machen Sie es ihm so leicht wie möglich, mit Ihnen in Verbindung zu treten. Das Minimum sind vollständige Kontaktdaten wie Telefon- und Faxnummer, E-Mail- und Postadresse. Empfehlenswert ist ein Kontaktformular. Denn hierüber kann Ihnen der Interessent auch von fremden Rechnern im Internetcafé oder bei der Arbeit ohne ein eigenes E-Mail-Programm eine Nachricht zusenden. Die Kontaktdaten sollten schnell auffindbar und nicht etwa im Impressum versteckt sein. Oft empfiehlt es sich sogar, die wichtigsten Kontaktdaten (Telefonnummer, E-Mail, bei lokal orientierter Kundschaft: Adresse) auf jeder Seite sichtbar zu haben. Da gelingt der spontane Griff zum Hörer doch gleich viel besser!

Sind Ihre Kontaktdaten intuitiv ersichtlich?

Ermutigen Sie Ihre Kunden, Sie zu kontaktieren! Stellen Sie ruhig auffordernde Fragen wie:
▶ „Wünschen Sie noch weitere Informationen zum Thema xy?"
▶ „Sie hätten gerne ein individuelles Coachingangebot?"
▶ „Möchten Sie persönlich mit mir sprechen? Dann klicken Sie einfach hier."

Ermutigen Sie Ihre Leser zur Kontaktaufnahme.

Der Kunde sagt schneller innerlich „ja" und kann dann direkt über einen integrierten Link auf Ihre Kontaktdaten oder das Kontaktformular geleitet werden, indem zum Beispiel unterstrichene Worte mit einem Link zum Kontaktformular versehen sind.

Solche in den Text eingebauten Links können Sie auch einsetzen, um den potenziellen Kunden gezielt durch Ihre Internetseite zu führen. So ließe sich auf der Startseite beispielsweise der Satz integrieren: *„Sind Sie neugierig geworden? Mehr erfahren Sie in meinen Leistungen."*

Unter den beschriebenen Leistungen steht dann:
„Sie möchten ein unverbindliches Gespräch mit mir führen?
Erfahren Sie hier mehr über meine Person."

So können Sie ein komplettes Leitsystem durch Ihren Webauftritt bauen und den Kunden immer näher an den Telefonhörer heranrücken lassen.

Lösen Sie Ihre Versprechen ein.

Ganz wesentlich für jegliches Angebot und jegliches Versprechen: Lösen Sie es auch ein! Schlecht oder gar nicht beantwortete E-Mails, unbeantwortete Anrufe oder die Abwesenheit eines Anrufbeantworters halten mit Sicherheit nicht nur Kunden fern, sondern schädigen auch das Image.

Hinweis

Schauen Sie einmal auf Ihrer Internetseite nach: Heute gibt es häufig die Möglichkeit, über eine Auswertungs-Software nachzuvollziehen, welche Seiten des Internetauftritts in welcher Reihenfolge gelesen werden. Dies gibt Hinweise darauf, wie gut die Internetseite funktioniert. Kommt der Leser überhaupt bis zur Kontaktseite? Wenn nicht, könnte ein weiterer Anreiz Wunder bewirken, wie zum Beispiel auffordernde Fragen am

> Ende jeder Seite oder auch die kostenlose Zusendung Ihrer Publikation. Geht der Kunde auf Ihre Kontaktseite, aber er ruft oder mailt Sie nicht an? Hier können Sie vielleicht ein kleines Video oder Interview einbauen, wo er Sie vorab „erleben" kann.

Ergänzend zu diesen Basisanforderungen lohnt es sich, zumindest einen weiteren Anreiz zur Kontaktaufnahme zu integrieren. Dazu können Sie eine der Möglichkeit aus dem folgenden Kapitel wählen, sei es das kostenlose Angebot, einen konkreten Presseartikel zuzuschicken, ein kostengünstiges Einstiegsangebot oder eine „Checkliste" zu Ihrem Thema. Das ist kein großer Aufwand, erleichtert den Erstkontakt aber erheblich!

▶ Konkret: Louis Ludewig

Werfen Sie bitte einen weiteren Blick auf die Seite von Louis Ludewig (www.louis-ludewig.de). Die im Text unterstrichenen Worte leiten gleich weiter zu den entsprechenden Seiten, weiterführende Fragen navigieren den Leser und geben immer wieder die Kontaktoption. Telefon und E-Mail sind dabei auf jeder Seite präsent. Denn wenn es im Projekt brennt, möchte man schließlich schnelle Hilfe.

Als weiteren Anreiz verspricht er eine rasche Antwort. (In Urlaubszeiten und Projektprozessen nutzt er einen qualifizierten Büroserviceanbieter, der die Anfragen annimmt.) Darüber hinaus bietet Ludewig weitere Referenzen und eine Rückrufoption an. Sein „gewisses Extra", um die Hürde zur Kontaktaufnahme zu überwinden, besteht in einem kostenlosen Brisanz-Check. Näheres dazu im nächsten Abschnitt (Seite 170 ff.).

Die Kontaktseite

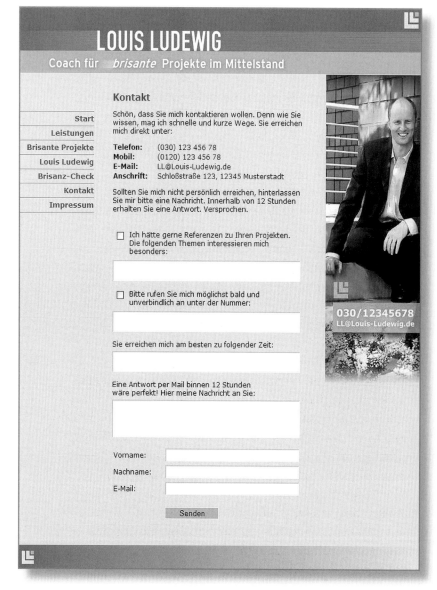

Dies sind die Minimalanforderungen an den Marktauftritt im Netz. Mehr gibt's im nächsten Abschnitt: Denn dort geht es darum, wie Sie Ihren Marktauftritt „würzen" können, um sich noch attraktiver für Ihre Zielgruppe zu machen.

Haben Sie alle Basics im Blick? – Checkliste

Schritt 1: Konkret ansprechen und Interesse wecken
- Ziele und Zielgruppe der Internetseite sind klar.
- Zielgruppe wird in ihren konkreten Bedürfnissen angesprochen.
- Die spezielle Lösung und deren Nutzen sind exakt kommuniziert.
- Besonderheiten und Alleinstellungsmerkmale sind deutlich herausgearbeitet.
- Internetseite „infiziert" Leser in wenigen Sekunden, maximal jedoch in zwei Minuten.
- Ansprache auf Sach- und Emotionsebene.
- Leicht verständliche Texte, gemäß dem Sprachgebrauch der Zielgruppe.

Schritt 2: Informationen geben und besonders sein
- Alle notwendigen Informationen sind vorhanden, nichts Unnötiges und keine Wiederholungen.
- Schnelles Auffinden und Erfassen der relevanten Informationen ist gewährleistet.
- Struktur und grafische Gestaltung unterstützen die Inhalte.
- Alle Kommunikationsebenen senden die gleichen Botschaften aus.
- Unerwünschte Kunden spricht die Seite nicht an.
- Der (potenzielle) Kunde erhält ein klares Bild Ihrer Persönlichkeit, ohne irrelevante Informationen zur Person.
- Das Profil liest sich spannend und unterstützt Angebot, Besonderheiten und Alleinstellungsmerkmale.
- Präzise Fakten zeigen und belegen Ihre Kompetenzen und Qualifikationen.
- Leistungen und Auftritt wirken glaubwürdig und authentisch.

Schritt 3: Durch Aktion zum Kontakt
- Verschiedene, leicht zugängliche Elemente zur Kontaktaufnahme.
- Erste interaktive Elemente und/oder Audio- beziehungsweise Videodateien.

Teil 2

Das gewisse Extra durch die Extras ...

Die gekonnte Umsetzung der Basics macht Sie schon sehr attraktiv – wie aber wird Ihr Marktauftritt so richtig sexy? Eine Auswahl von bewährten Extras möchte ich Ihnen vorstellen. Es handelt sich um Gestaltungsmöglichkeiten, die Sie in Ihre Internetseite, aber auch bei Ihrer Pressearbeit, im Kundengespräch und zur Bindung bestehender Kunden einsetzen können. Aber bitte nicht vergessen: Konzentrieren Sie sich auf das Wesentliche. Suchen Sie sich die Instrumente heraus, die zu Ihrer Gesamtbotschaft, zu Ihrer Persönlichkeit, Ihrem Angebot und Ihrer Arbeitsweise passen.

Setzen Sie Ihrer Kreativität beim individuellen Einsatz der „Extras" keine Grenzen. Aber beherzigen Sie dabei immer: Was Sie tun, sollten Sie richtig tun!

Die einzelnen Instrumente erzielen allerdings nur den gewünschten Effekt, wenn sie gründlich und konsequent umgesetzt werden. Das ist für Einzelkämpfer oft nicht einfach, denn sie haben ohnehin schon viel in ihrem Alltag zu bewältigen. Ein gähnend leeres Forum, „Aktuelles" mit Terminen des vergangenen Jahres und ein „Newsletter", der nur einmal im Jahr erscheint oder lediglich Werbebotschaften zu Ihrem Coaching-Angebot enthält, schaden mehr, als dass sie nützen. Dennoch gibt es auch einige „Finessen", die Sie mit geringem Aufwand umsetzen können.

Extra Nr. 1: Mehr Wert für Kunden durch Mehrwert – Check-up & Co.

Häufig sehr attraktiv ist die Integration eines kostenlosen oder kostengünstigen „Check-ups", wobei Inhalt und Gestaltung – je nach Schwerpunkt des Coachs – sehr unterschiedlich aussehen können. Hier einige Beispiele:

- Es kann sich um einen Fragebogen zu den eigenen Werten und deren Erfüllungsgrad handeln, den der Klient für sich allein beantwortet.
- Ein Marketing-Coach kann einen Marketing-Check mit fünf Fragen anbieten, der online ausgefüllt wird. Der Mehrwert könnte dann in der kostenlosen Auswertung dieser Fragen mit Hinweisen und Verbesserungsvorschlägen zum eigenen Marktauftritt liegen.
- „Testen Sie Ihre sieben Kernfähigkeiten als Projektleiter" könnte Thema eines entsprechend ausgerichteten Coachs sein. Das Ergebnis ließe sich beispielsweise gegen eine Schutzgebühr in einem Auswertungstelefonat besprechen.

Statt einer Schutzgebühr oder eines günstigen Honorars können Sie die Ergebnisse auch in eine kleine Studie einfließen lassen. Sie erstellen die Auswertung in diesem Falle kostenlos, lassen sich aber als Gegenleistung die Erlaubnis geben, die gesammelten Daten anonymisiert – zum Beispiel in Ihrer Pressearbeit – zu verwenden. Auch hier haben Sie wieder mehrere Nutzen vereint:

- Der potenzielle Kunde nimmt schneller Kontakt zu Ihnen auf.
- Im Akquisegespräch können Sie diese Leistungen mit einem Hinweis auf Ihre Internetseite anbieten.
- Sie lernen mehr über die Bedürfnisse Ihrer Kunden und Themen, die sie beschäftigen.
- Sie wiederholen Ihr Kernthema und geben einen Einblick in Ihre Arbeitsweise, bis hin zu einer ersten „Kostprobe" Ihrer Arbeit.
- Sie können sowohl die Ergebnisse als auch das Angebot an sich in Ihrer Pressearbeit erwähnen.

- Konkret: Louis Ludewig

Auf der nächsten Seite sehen Sie, wie unser Mustercoach dieses Instrument umgesetzt hat. Probieren Sie es gleich einmal aus unter *www.louis-ludewig.de*! Dort können Sie auch eine Musterauswertung per E-Mail anfordern.

Kapitel 5

Der Brisanz-Check

LOUIS LUDEWIG
Coach für *brisante* Projekte im Mittelstand

030/12345678
LL@Louis-Ludewig.de

- Start
- Leistungen
- Brisante Projekte
- Louis Ludewig
- Brisanz-Check
- Kontakt
- Impressum

"Brisanz-Check"

Was gelingt in Ihren Projekten und wo hapert es?

Schnell und unverbindlich erhalten Sie eine individuelle Auswertung und erste Ideen, wie Sie in Ihrem brisanten Projekt wieder handlungsfähig werden und das Projektziel sichern.

Beantworten Sie einfach die folgenden Fragen zu Ihrem Projekt:

Was gibt Ihrem Projekt derzeit Stabilität?

In welchen Punkten ist Ihre Flexibilität besonders gefragt?

In welchen Bereichen können Sie flexibel handeln?

Welche Kompetenzen benötigen Sie am dringendsten?

Ihre fünf entscheidenden Projektressourcen in puncto Wissen, Erfahrung, Fähigkeiten:

In welchen Bereichen wünschen Sie sich einen "dritten Mann"?

Vielen Dank für Ihre Antworten. Jetzt benötige ich nur noch Ihre Kontaktdaten, dann werden Sie innerhalb von 24 Stunden von mir hören.

Möchten Sie zusätzlich ein persönliches Auswertungsgespräch (ca. 60 Minuten) zu Ihrer Projektsituation mit mir führen?

☐ Ja, ich möchte das Einstiegsangebot für 70,00 € zzgl. MwSt. buchen.

Wenn ja, melde ich mich binnen 24 Stunden bei Ihnen, um einen Termin zu vereinbaren.

Ihre Kontaktdaten:

Vorname:

Nachname:

Giso Weyand: Sog-Marketing für Coaches

Extra Nr. 2: Persönlichkeit & Aktualität pur – Persönliche Notizen

Ebenfalls sehr bewährt hat sich ein Bereich „Persönliche Notizen" oder „Aktuelles" auf der eigenen Internetseite. Dies kann ein fester Bestandteil der Internetseite sein, der auf jeder Seite sichtbar ist, oder Sie können diesen als zusätzlichen Menüpunkt integrieren. Das ist sehr individuell, das heißt, auch hier besteht die Möglichkeit, noch mehr Nähe zum Kunden aufzubauen, und Sie können zudem verschiedene interessante und für Ihren Auftritt wirkungsvolle Informationen kundtun wie:

- Hinweise auf eigene Publikationen
- Aktuelle Erfahrungsberichte
- Einen interessanten Artikel, den Sie gelesen haben.
- Eine Neuigkeit, die Sie auf der Coachingkonferenz sehr bewegt hat.
- Spezielle Angebote wie eine Telefonkonferenz zum Thema xy
- Aktuelle Termine zu eigenen oder relevanten externen Vorträgen
- usw.

Wichtig: Dieser Bereich sollte keine Müllhalde für Dinge sein, die Ihre Kunden nicht interessieren wie z.B. der Status der Überarbeitung Ihrer Website. Stattdessen sollten es für Ihren Kunden wertvolle und nützliche Mitteilungen und Hinweise sein, die Sie hier darbieten. Hilfreich ist es, sich monatlich auf die To-do-Liste zu schreiben, diesen Bereich zu aktualisieren, alte Nachrichten und Termine herauszunehmen und einen neuen Beitrag einzustellen. So vermeiden Sie die Negativwirkung einer „abgestandenen" oder „ungepflegten" Seite.

„Aktuelles" muss tatsächlich aktuell sein.

Wenn es Ihnen schwerfällt, interessante Themen komplett aus diesem Bereich zu löschen oder Sie bestimmte Informationen über einen längeren Zeitraum zur Verfügung stellen wollen, können Sie den Bereich der Startseite mit einer (versteckten) vollständigen Seite verlinken. Der Kunde liest dann auf der Startseite die ersten zwei bis drei Sätze zu der Neuigkeit und wird bei Interesse über den Link weitergeleitet. Diese zusätzliche Seite hat auch den Vorteil, dass Sie zu dem Thema etwas ausführlicher berichten können.

Und: Hier können vorhergehende Notizen (mit dem entsprechenden Datum) auch weiterhin angeboten werden.

Der erwünschte Effekt: Neben dem persönlichen Touch wirkt Ihre Seite stets frisch und aktuell. Potenzielle und bestehende Kunden haben einen Anreiz, immer wieder auf Ihre Seite zu schauen.

Extra Nr. 3: Fast wie ein „Live"-Auftritt – Audio- und Videosequenzen

„Wenn ich wüsste, wer mich da am anderen Ende erwartet, hätte ich schon längst den Hörer in die Hand genommen." So geht es zahlreichen Website-Besuchern. Viele kostet es große Überwindung, jemanden anzurufen, den sie nicht kennen. Und bei einem sehr persönlichen Thema wie Coaching ist das für die meisten besonders heikel. Doch dank der Technik lassen sich hier inzwischen Brücken bauen ...

Audio-Interview

Beispielsweise können Sie ein Audio-Interview auf Ihrer Internetseite anbieten. So kann der potenzielle Kunde schon einmal Ihre Stimme hören und auch gleich mehr über Sie als Person erfahren, über Ihre Arbeitsweise oder Ihre Kunden. Beantworten Sie hier beispielsweise Fragen, die Ihnen Ihre Kunden häufig stellen. (Hilfreiche Interviewfragen finden Sie in diesem Kapitel unter der Überschrift „Das Interview" auf Seite 156.) Oder Sie drehen eine kurze Video-Sequenz, in der Sie sich und Ihre Leistungen vorstellen und Ihre Kernbotschaften übermitteln.

Testen Sie vorher aus, in welcher Variante Sie am besten wirken und welche am sinnvollsten ist. So wäre für einen Telefoncoach vielleicht eine Audio-Aufnahme angemessen, für den Rhetorik- und Kommunikationscoach das Video.

Video- und Audio-Aufnahmen eignen sich auch hervorragend, um in der Akquise-Phase oder im Rahmen des eigenen Newsletters dem Kunden ein kleines Highlight zu bieten. Kleinere Audio-Dateien können noch per E-Mail versendet werden, größere Dateien oder Videos sollten auf einer (eventuell nicht frei zugänglichen) Internetseite zum Download bereitgestellt werden. In diesem Fall genügt es, dem Interessenten per E-Mail die konkrete http-Adresse mitzuteilen. So können Sie vermeiden, dass Kunden verärgert reagieren, weil ein übergroßer E-Mail-Anhang den E-Mail-Client oder das Postfach lahmlegt oder die Nachricht vielleicht gar nicht erst ankommt.

Audio- und Video-Sequenzen sind in jedem Fall etwas Besonderes! Und dem Interessenten wird der Griff zum Hörer sicher viel leichter fallen, da er bereits Ihre Stimme kennt.

Extra Nr. 4: Kunden sprechen für sich – Referenzen

Eine sehr elegante und glaubhafte Art, Ihre Arbeitsweise und Erfolge darzustellen, sind die Stimmen Ihrer Kunden. Hiermit vermeiden Sie, über sich selbst zu reden und können doch viele positive Faktoren zeigen. Fragen Sie Ihre Kunden doch einfach nach einigen „netten Zeilen" über Ihre Arbeit. Sie werden überrascht sein, wie viele das gerne machen werden.

Es versteht sich, dass hier nur mit tatsächlichen Referenzen gearbeitet wird. Diese können Sie dann zum Beispiel in einer Rubrik „Stimmen meiner Kunden" im Internet veröffentlichen. Prüfen Sie dabei genau, welche Kernaussagen für Ihre potenziellen Kunden interessant sind und Ihre Botschaftslinie unterstützen. Wenn neben Coaching auch Workshops einen großen Teil Ihrer Arbeit ausmachen, kann es zweckmäßig sein, die Referenzen in diese beiden Bereiche zu unterteilen.

Arbeiten Sie nur mit realen Referenzen.

Referenzen lassen sich unterschiedlich darstellen. Gerade im Coaching empfiehlt es sich oft, die Zitate ohne nähere Informationen zum Kunden wiederzugeben. Denn schließlich wollen die meisten Klienten es nicht aller Welt mitteilen, wenn sie sich zum Thema „Wie handhabe ich meine Ängste?" coachen ließen.

Das hat auch den Vorteil, dass Ihre potenziellen Neukunden nicht ungefragt Ihre bisherigen Kunden kontaktieren. Eleganter ist es in der Regel, wenn ein solcher Kontakt über Sie als Coach hergestellt wird. Wollen Sie hier dennoch demonstrieren, dass es hauptsächlich Führungskräfte aus namhaften Unternehmen waren, die ihre Aussagen abgegeben haben, können Sie dies (bitte nur in Absprache mit dem Klienten!) anonymisiert darstellen: *„Abteilungsleiter in einem führenden Automobilkonzern, 45 Jahre."* Bei Rückfragen müssen Sie natürlich Namen und Kontaktdaten nennen können, also Ihr Vorgehen mit dem Kunden entsprechend abgestimmt haben.

Die andere Variante wäre, detaillierte Informationen zum Referenzgeber wie Name, Alter, Firma, Position oder sogar ein Foto beizufügen. Sicher erhöht das die Glaubwürdigkeit, jedoch wirkt die anonyme Alternative ebenfalls glaubwürdig, wenn Sie ergänzen (insofern es mit den Referenzgebern abgestimmt ist): *„Die Kontaktdaten der erwähnten Referenzkunden gebe ich Ihnen gerne in einem persönlichen Gespräch."*

Eine weitere spannende Möglichkeit besteht darin, Kundenstimmen in Interviewform (z.B. durch Mitschnitt eines Telefoninterviews) einzufangen und als Audiodatei zur Verfügung zu stellen. Sie merken, Ihrer Kreativität sind auch in der Kombination dieser „Extras" keine Grenzen gesetzt!

Extra Nr. 5: Der Experte schreibt – Presseartikel & Co.

Publikationen erhöhen den Expertenstatus.

Nichts hebt Sie aus Kundensicht so sehr in den Expertenstatus wie eigene Veröffentlichungen, seien es Buch, Fachartikel oder ein Bericht über Sie als Coach in der Lokalzeitung. Sobald Sie drei bis fünf Publikationen vorweisen können, bietet es sich an, diese auch auf Ihrer Internetseite darzustellen. Auch dabei haben Sie verschiedene Möglichkeiten, diese als Untermenüpunkt des eigenen Profils oder in einem Hauptmenü „Publikationen" zu integrieren. Sie können ...

- Ihre Publikationen schlichtweg auf Ihrer Internetseite auflisten (mindestens mit Titel, Medium und Erscheinungsdatum).
- einzelne oder alle Publikationen als Download anbieten (Bitte vorher unbedingt mit dem Verlag klären!) oder auf andere Seiten verlinken (zum Beispiel die Verlags-Website), wo der Artikel einzusehen ist. Überprüfen Sie aber auch hier regelmäßig, ob Ihre Links noch aktuell sind. Denn unschön ist, wenn der Leser ins „Leere" geleitet wird.
- Ihren Kunden anbieten, Publikationen auf Anfrage zuzusenden. (Bitte ebenfalls mit dem Verlag abstimmen.) So haben Sie wieder eine weitere Kontaktmöglichkeit geschaffen.
- Ihren Kunden oder Interessenten einzelne Veröffentlichungen (Artikel) mailen, um sich z.B. wieder in Erinnerung zu rufen.
- die Publikationen Journalisten zugänglich machen. Denn wenn diese über Sie berichten wollen, werden sie vorab recherchieren, was Sie bereits veröffentlicht haben.
- eine Kurzvorstellung des eigenen Buches auf Ihrer Internetseite integrieren.
- eine Bestellmöglichkeit für das Buch anbieten.

Und bitte achten Sie darauf, nur die Publikationen, die zu Ihrer jetzigen Tätigkeit passen, in Ihrer Publikationsliste aufzuführen. Ihr Artikel in dem letzten Kochmagazin hat hier in der Regel nichts zu suchen. Also: Machen Sie sich zum anerkannten und gefragten Experten!

Extra Nr. 6: Was Du säst ... – Downloadseite & Fachinformationen

Wenn die Zielgruppe einen hohen Bedarf an weiteren Informationen hat oder Sie ihr verschiedene Dokumente als Zusatznutzen anbieten wollen, kann eine Downloadseite überaus sinnvoll sein. Hier können Sie unter anderem

Ein sinnvoller Service erhöht die Attraktivität Ihrer Site.

- Hintergrundmaterial und weiterführende Fachinformationen,
- Coachingmethoden und -instrumente für die Klienten,

- Arbeitsblätter,
- aktuelle Presseartikel

zur Verfügung stellen, entweder für jeden zugänglich oder in geschützten Bereichen. Dieser Bereich lässt sich nur bestimmten Personenkreisen zugänglich machen, indem Sie ihn nicht auf Ihrer Internetseite für alle sichtbar unterbringen, sondern nur den betreffenden Personen diesen Link zusenden.

Workshop-Unterlagen zum Download

Zeitlich begrenzt können Sie hier beispielsweise auch im Nachgang zu Ihrer Veranstaltung Workshop-Unterlagen zum Download anbieten. Das macht sich immer gut, denn der Teilnehmer fühlt sich weiterhin betreut, Sie halten länger Kontakt und binden ihn so stärker an sich. Also: Säen Sie – und Sie werden ernten können!

Extra Nr. 7: Praktisch und zeitgemäß – Terminplaner und Buchung übers Internet

Ich möchte einen Coachingtermin vereinbaren, aber seit Tagen erreichen wir einander nur über den Anrufbeantworter ... Probleme wie diese vermeiden Sie, wenn Sie Ihre eigenen Termine ins Internet stellen.

Machen Sie Ihren Terminplan transparent.

So können Kunden den Terminplan einsehen oder – wenn gewünscht – sogar ihre Coachingtermine online buchen. In einigen Systemen ist es auch möglich, dass der Klient seine Stundenabrechnung und gegebenenfalls das Protokoll der letzten Coachings einsehen kann und während des Telefoncoachings – in einem nur ihm und dem Coach zugänglichen Bereich – Dokumente erhält, die sie dann gemeinsam besprechen können. So ist es auch möglich, dem Klienten über diesen Bereich einzelne Dokumente wie Coachingmethoden, die er alleine anwenden kann, individuell zur Verfügung zu stellen. Anbieter eines umfassenden Paxismanagement-Tools ist tools4coaching (www.tools4coaching.com). Weitere Anbieter von allgemeinen Online-Terminplanern finden Sie beispielsweise unter www.teamspace.de und www.terminland.de.

Das kann die eigene Arbeit zwar erheblich erleichtern, doch auf der anderen Seite ist bei der Nutzung von Online-Kalendern zu beachten, dass diese fast täglich gepflegt werden müssen. Da ist es hauptsächlich eine Frage des eigenen Arbeitsstils, für wen diese Lösung sinnvoll ist und für wen nicht.

Extra Nr. 8: Immer wieder in Kontakt – Newsletter

Der E-Mail-Newsletter ist heute weit verbreitet – leider stellen die meisten seiner Art für viele Leser eher eine Last als eine erfreuliche Bereicherung dar. Das sollte nicht der Fall sein, denn Spam (unerwünschte E-Mails) haben wir heutzutage zur Genüge. Mit Newsletter ist hier nicht ein (versteckter) Werbebrief gemeint, sondern eine regelmäßige (!) Information für interessierte Leser, die ihnen einen effektiven Nutzen bietet.

Der Newsletter muss Nutzen bieten.

Das ist in der Regel der Fall, wenn der Newsletter ...

▶ nützliche Beiträge enthält. Klären Sie, welchen Nutzen und welche konkreten Informationen Sie hier veröffentlichen wollen, und planen Sie zwei bis drei feste Rubriken ein. Fragen Sie einmal Ihre Kunden: Welche Themen interessieren Sie am meisten? Und fragen Sie sich: Zu welchen Themen kann ich hilfreiche Informationen bieten?

▶ übersichtlich gestaltet ist. Die Länge pro Text sollte – bei maximal drei bis vier Rubriken bzw. Beiträgen – nicht mehr als eine Seite betragen. Bei längeren Texten empfiehlt sich eine Verlinkung zu dem vollständigen Artikel. So können Sie in fünf bis sieben Zeilen kurz und spannend umreißen, worum es in dem Beitrag geht, und der Leser erhält gleichzeitig einen schnellen Überblick über Ihre Themen.

▶ in regelmäßigen Abständen erscheint (zum Beispiel alle ein bis zwei Monate). Wenn der Newsletter seltener erscheint, ist die Zahl der verärgerten Abonnenten erfahrungsgemäß höher. Denn selbst wenn sich der Leser eigenhändig angemeldet hat, gerät dies heutzutage rasch wieder in Vergessenheit.

▶ nur an Personen versandt wird, die ihn auch bestellt haben. In dem ersten Newsletter, den Sie versenden, sollten Sie dem Leser gleich mitteilen, warum er diesen von Ihnen erhält und ihn darauf hinweisen, dass er diesen jederzeit abbestellen kann. Für weitere Anmeldungen sollten Sie ein „Double-opt-in-Verfahren" nutzen. Das sichert, dass wirklich jeder selbst gefragt wird, ob er den Newsletter erhalten möchte und nicht von jemand anderem angemeldet wird.

Bei Gestaltung, personalisiertem Versand und Adressverwaltung helfen professionelle Mailinganbieter. Wir im Team Giso Weyand empfehlen MailingWork (www.mailingwork.de), mit denen wir auch unser „Marken-Manual in 20 Teilen" versenden. Denn mit einem wirklich professionell gestalteten Newsletter erreichen Sie eine stärkere Bindung von Kunden und Interessenten, Sie bleiben besser in Erinnerung und werden häufiger weiterempfohlen. Es bedeutet einiges an Arbeit, einen Newsletter wirkungsvoll zu gestalten – dafür erzielt er dann aber in der Regel auch eine entsprechende Wirkung!

Extra Nr. 9: Austausch im Netz – Forum

So kommen Sie mit Ihrem Markt elegant ins Gespräch.

Ein eigenes Forum kann ebenfalls über die eigene Internetseite bereitgestellt werden. Foren bieten Kommunikationsrunden, in denen Kunden, Fachleute und Interessierte Fragen zur Diskussion stellen. Diese werden vom Moderator oder auch anderen Teilnehmern beantwortet und diskutiert. Eine schöne Möglichkeit, um die Kunden untereinander zu vernetzen, mit ihnen näher ins Gespräch zu kommen und sie genauso wie Interessierte an sich zu binden.

Foren sprießen heute unzählig aus dem Online-Boden, doch nur wenige werden regelmäßig und gut besucht. Denn die Kunst besteht darin, das Forum lebendig zu halten, das heißt, die Teilnehmer zu gewinnen und sie inhaltlich so sehr zu fesseln, dass sie sich regelmäßig und aktiv einbringen. Das erreichen Sie auf ähnliche Weise wie bei dem Newsletter mit spannenden Beiträgen, die hier auch gerne einige provokante Thesen enthalten können. Denn das kurbelt die Diskussionen an. Neben allgemeinen Diskussionsforen können Sie aber auch den Austausch Ihrer Klienten untereinander fördern, indem Sie konkrete Lerninhalte, Themen und Methoden zur Verfügung und zur Diskussion stellen.

Welche Extras kommen für Sie in Frage? – Checkliste

Überprüfen Sie Ihre Optionen anhand der folgenden Aussagen und Fragen:

- ▶ Dieses Instrument passt zu meiner Gesamtbotschaft.
- ▶ Es entspricht meiner Persönlichkeit.
- ▶ Die Form passt zu meinem Angebot.
- ▶ Sie untermauert meine Arbeitsweise.
- ▶ Ich kann es konsequent und mit der notwendigen Gründlichkeit in meinem Arbeitsalltag realisieren.
- ▶ Ich kann es effizient und stimmig in meine weiteren Marketing-Aktivitäten integrieren, zum Beispiel in Fachartikeln oder Workshops bewerben oder als Grund für die erneute Kontaktaufnahme in der eigenen Kurzvorstellung nutzen.
- ▶ Ich kann es individuell auf meine Inhalte anpassen.

Welche Ideen haben Sie für die kreative Umsetzung dieser oder weiterer Instrumente?

Wie anziehend ist Ihre Internetseite?

Ist Ihre Internetseite eine Seite Ihrer Persönlichkeit? Mit diesen Hilfestellungen kann sie jedenfalls eine werden. Nehmen Sie sich dabei erst einmal nicht zu viel vor und setzen Sie lieber weniger,

„Baustellen" kann man ausblenden.

das aber vernünftig, um. Auch Seiten, die „sich gerade im Aufbau befinden", gehören nicht in die Öffentlichkeit. Jede „Baustelle" – ob Neu- oder Umbau – kann heute versteckt werden, so dass sie der Kunde gar nicht erst sieht.

Ein stringenter und authentischer Marktauftritt nimmt Arbeitszeit in Anspruch, ist aber ein wertvoller und heute notwendiger Beitrag für jeden Coach. Dass die wenigsten Internetseiten von Coaches auch nur die hier beschriebenen Basics enthalten, hat für Sie einen entscheidenden Vorteil: Sie haben viele zusätzliche Möglichkeiten, sich durch einen professionellen Auftritt positiv von anderen abzuheben!

Über die Gastautorin

Nadine Hamburger ist freie Beraterin im Team Giso Weyand. Weitere Informationen und Kontakt unter:
www.nadinehamburger.de.

Interview mit Coaching-Pionier Uwe Böning

Uwe Böning

■ *Was sind Ihre Tätigkeitsschwerpunkte und Ihre Kernkompetenzen?*

Es sind drei Schwerpunkte, mit denen sich Böning-Consult als Unternehmen beschäftigt: Erstens das Business-Coaching, gerade für obere Führungsebenen. Zweitens die mentalen und verhaltensbezogenen Change-Prozesse bei strukturellen und strategiebezogenen Organisations-Veränderungen wie z.B. bei Fusionen und Neuausrichtungen von Unternehmen. Und drittens sind es tiefer gehende Unternehmenskultur-Analysen und Führungskräfte-Beurteilungen, zum Beispiel Management-Audits für obere Führungskräfte, sowie Potenzialanalysen und Assessment-Center im Rahmen der Führungskräfte-Entwicklung.

Ich selbst konzentriere mich dabei seit vielen Jahren auf das Top- und Senior-Management der jeweiligen Unternehmen.

Unsere Einzelmaßnahmen wie unsere Projektarbeiten haben dabei immer das Ziel der Stärkung und Weiterentwicklung der Führungskräfte. Wir beraten Führungskräfte dabei, „Leadership" in der Praxis umzusetzen und die Zusammenarbeit auf der Führungsebene sowie zwischen Organisationseinheiten nachhaltig zu verbessern.

■ *Angenommen, wir würden Ihre Kunden fragen: Was sind Ihre Besonderheiten gegenüber Mitbewerbern?*

Drei Punkte: Der Praxisbezug unserer Maßnahmen. Unsere Kompetenz und langjährige Erfahrung. Und unser persönliches Standvermögen.

Die Worte und Bilder in Werbebroschüren sind ja nur eine Seite. Sie sagen etwas über den Stil, die Selbstpositionierung und den

Aufwand aus – aber wenig über die handelnden Persönlichkeiten und tatsächlichen Vorgehensweisen in den konkreten Maßnahmen.
Wir sind keine Ankündigungsspezialisten, sondern zielorientierte Umsetzer: Aus einer psychologischen Perspektive befähigen wir Führungskräfte, aus einer inneren Einsicht und Veränderung heraus das Tagesgeschäft zu optimieren.

Wir sind keine Missionare. Wir sind ausgerichtet auf das Business. Unser Job ist zwischenmenschliche Kommunikation. Und unser Ziel kann nur sein: der Erfolg der Unternehmen und der Führungskräfte, die wir beraten. Dabei müssen wir nicht immer nur empathisch sein, sondern manchmal auch unbequem. Aber unsere Kunden schätzen uns dafür, dass wir gelegentlich auch schwierigere Themen auf annehmbare Weise transportieren.

Eines sollte ich dabei nicht vergessen zu erwähnen: Wir sind nicht mit der Weisheit des Allmächtigen ausgestattet. Etwas Selbstrelativierung, ein wenig Humor und eine Neigung zur wissenschaftlichen Unterlegung dessen, was wir tun, das liegt uns schon am Herzen. Deshalb führen wir auch Studien durch und publizieren entsprechend.

Unser Grundsatz dabei ist klar: Wir sind überzeugt von unserer Arbeit. Aber wir prüfen auch gerne, ob es stimmt, was gesagt wird – von uns wie von anderen!

■ *Welche Marketing- und PR-Aktivitäten haben Sie zu Beginn Ihrer Tätigkeit umgesetzt? Wann war das? Wie viel Zeit haben Sie hierfür investiert?*

Ach, zu Beginn war das wenig. Vor 25, 30 Jahren war das in unserer Branche kein echtes Thema – höchstens ein tabuisiertes. Es war nicht üblich, viel an Marketing und PR zu tun. Als Berater, Coach oder Management-Trainer glänzte man mit innerer Anteilnahme und großer Bescheidenheit nach außen.

Gerade diejenigen, denen die tiefen und echten Veränderungen von Menschen ein Anliegen waren, lehnten zu offensive Marketing- und PR-Maßnahmen ab: Die galten als zu oberflächlich, zu marktschreierisch und nicht seriös genug.

Ich erinnere mich noch, als wir vor 20 Jahren anfingen, kleine Anzeigen in Zeitungen zu schalten, sind wir von einem wohlgesonnenen Banker besorgt gefragt worden: *„Haben Sie das denn nötig? Geht das Geschäft denn schlechter?"* – Und das von einem Top-Banker, dessen Firma selbstverständlich aufwendige Marketingmaßnahmen und Werbekampagnen machte. Aber das sollte selbstverständlich nicht für die Zunft der Berater gelten, die sich um das Verhalten und die Persönlichkeit von Führungskräften kümmerte.

Noch vor 20 Jahren war mönchische Zurückhaltung angesagt. Also haben wir nicht viel Geld ausgegeben und nur wenig Zeit investiert in Strategie, Marketing und Werbung. Wir wurden einfach von Kunden weiterempfohlen. Die Kunden sollten zu uns kommen. Am besten sollten sie uns suchen, geradezu entdecken. Wir wollten und sollten unsere Edelsteine nicht auf der Straße anbieten. Nein, die Einstellung war: In vornehmer Zurückhaltung warten, bis wir geholt wurden, denn wir hatten Großes und Tiefes zu bieten. Aber wir wollten schon geholt werden ...

■ *Und welche Marketing- und PR-Aktivitäten nutzen Sie jetzt?*

Eine ziemlich breite Palette: Heute praktizieren wir einen bewussten Einsatz der Anzeigenwerbung. Wir haben natürlich unsere gedruckte Imagebroschüre und verschiedene inhaltliche Broschüren.

Aber das ist ja fast schon überholt, denn heute geht ja nichts mehr ohne das Internet. Es passiert uns schon hin und wieder, dass Anrufer noch während des Telefonates in das Internet gehen und mitlesen, Bilder anschauen oder entsprechende Fragen stellen.

Dann kommen Vorträge auf Kongressen, Messen oder auch in Firmen oder bei Verbänden dazu. Wir haben nach vielen Jahren auch wieder angefangen, eine gewisse Messepräsenz zu zeigen. Nachdem gerade das früher nicht so ergiebig gewesen war, scheint es heute doch wieder erforderlich und zweckmäßig zu sein. Die persönliche Präsenz, das unmittelbare Kennenlernen und direkte Vergleichen scheint heute wieder deutlich an Bedeutung gewonnen zu haben.

Darüber hinaus schreibe ich seit den 80er-Jahren regelmäßig Fachartikel und Bücher. Sieben sind es bis jetzt geworden, zu ganz verschiedenen Themen wie Führung, Coaching, Change-Management, Post-Merger-Integration, Internationales Business-Verhalten, Moderation und Stressmanagement.

Es kommen selbstverständlich die Durchführung von Interviews, die Erwähnungen in populären Fachzeitschriften und Zeitungen dazu, wie zum Beispiel Capital, manager magazin, managerSeminare, Handelsblatt etc.

Nicht zu vergessen sind unsere wiederkehrenden Kundenbefragungen, Marktstudien und Image-Analysen, die wir vor etwa 20 Jahren angefangen und immer wiederholt haben.

Heute machen wir auch zunehmend wieder fokussierte inhaltliche Kundenveranstaltungen in Form von Workshops und Präsentationen, in denen wir interessante eigene Studienergebnisse vorstellen und unter Praktikern, Kunden wie Kollegen, diskutieren.

Und was wir mit großem Vergnügen und Erfolg machen: Böning-Consult gibt seit Mitte 2005 einen elektronischen Newsletter heraus, den „BC-Observer". Er erscheint jetzt monatlich und beschäftigt sich mit interessanten Nachrichten zu den Themen „Coaching", „Leadership" und „Change-Management".

■ *Welchen Rat würden Sie einem Einsteiger in Sachen Marketing und PR geben?*

Direkt zu Beginn neben der Produktentwicklung unbedingt den Marktauftritt vorbereiten!

Davor liegt aber eine klare Strategie und eine bewusst gewählte Entscheidung zur Positionierung des eigenen Unternehmens und der eigenen Produkte! Daran sollten sich das Marketingkonzept und die PR ausrichten. Selbst an den Visitenkarten und der Broschüre sollte man sich in der Gestaltung nicht selbst ausprobieren, sondern die Arbeit zusammen mit Profis machen. Das trifft insbesondere auch auf das Internet zu. Gerade hier wird noch oft dilettantisch gearbeitet. Aber die Kunden vergleichen und wollen gerade auch von Business-Coaches eine professionelle Selbstdarstellung. Wir konkurrieren mit den Selbstdarstellungen von Unternehmensberatern, kleinen wie großen. Und da entscheidet die Qualität des Auftritts mit über den Eindruck des Kunden, ob er in dem Coach einen kompetenten Business-Berater hat.

■ *Wann ist ein Coach aus Ihrer Sicht spannend für den Kunden?*

Ich bin mir nicht sicher, ob ich Ihre Frage richtig verstehe. Sie meinen, wann ist der Marketingauftritt des Coaches für einen potenziellen Kunden überzeugend?

Nun, zum Beispiel wenn er das Gefühl bekommt, der Coach versteht nicht nur etwas von menschlichem Verhalten, Business und Leadership, sondern er kann sich gut ausdrücken und seine Ideen anderen Leuten auch vermitteln. Coaches sind manchmal wie altmodische Entwicklungs-Ingenieure: Sie glauben oft noch, eine gute Leistung verkauft sich quasi von alleine. Dabei kann man von der Autobranche, den Nahrungsmittelherstellern, den Banken oder der Kosmetikindustrie eine Menge lernen.

Als Business-Coach wirkt man nicht zuletzt dann spannend für einen Kunden, wenn man neben den inhaltlichen Themen auch die Perspektive und die Sprache des Kunden beherrscht.

■ *Welche Marketing- und PR-Instrumente werden aus Ihrer Sicht in den nächsten Jahren eine besondere Bedeutung bekommen?*

Alles, was dem Entstehen von Kontakten dient, was den unmittelbaren persönlichen Kontakt verstärkt. Und alles, was der produkt- und zielgruppenspezifischen Differenzierung dient. Die gute Beratung durch den Coach ist zwar das Wichtigste. Natürlich muss sie das halten, was die Werbung verspricht. Es genügt aber nicht, den werteorientierten Gutmenschen herauszustellen oder einen großen Bauchladen voller Produkte anzubieten, sondern es muss schon ein klares Produkt- und Unternehmensprofil sein, das erfolgreich vermarktet wird. Die anrührende Naivität, mit der manchmal Coaches ihre Dienstleistung anbieten, ist schon erstaunlich. Sie läuft nach dem Motto: „Was ich alles für Sie leisten könnte, wenn Sie mich nur lassen würden ..."

Das wirklich erfolgreiche Marketing- und Werbekonzept bedeutet nicht, dauernd anzugeben – und das noch fortwährend übertrieben –, sondern es muss den Kundennutzen eindeutig erkennbar herausstellen! Danach müssen sich die Instrumente richten.

■ *Gibt es eine Frage in Sachen Sog-Marketing für Coaches, die ich noch hätte stellen sollen?*

Ja, Sie hätten noch eine Frage stellen können, auch wenn es nur eine rhetorische ist: Wie kann man erklären, dass Coaches sich so schwer tun zu lernen, einen Markt aktiv zu gestalten?

Mir kommt es so vor, als wollten sie nicht säen, um später zu ernten, sondern einfach verkaufen, ohne zu säen, ohne zu ernten – und auch ohne zu verpacken.

Uwe Böning berät als Geschäftsführender Gesellschafter der Böning-Consult GmbH, Frankfurt, seit 1986 Großkonzerne und erfolgreiche mittelständische Firmen. Die Arbeitsfelder seines Unternehmens sind Business-Coaching, Change-Management-Projekte, Management-Audits und Führungskräfte-Trainings.

Zu den Kunden zählen Firmen wie BMW, BMW Rolls-Royce, E.ON, E.ON Energie, RWE, Deutsche Bank, ABN-AMRO, West-LB, Stinnes, Degussa, Nestlé, Schott Glas und Porsche, aber auch Beratungsfirmen wie BCG und Accenture.

Uwe Böning gilt als einer der Pioniere des Coachings in Deutschland. Er war einer der beiden Initiatoren des neu gegründeten Deutschen Bundesverbandes Coaching (DBVC) und von 2004 bis 2006 dessen erster Vorstandsvorsitzender.

Als Autor hat er zahlreiche Artikel und Untersuchungsberichte zum Thema Coaching und Fachbücher u.a. zu den Themenfeldern Business-Coaching, Führung, Veränderungsmanagement, Interkulturelle Business-Kompetenz und Post-Merger-Integration veröffentlicht.

Adresse:
Böning-Consult GmbH
Lyoner Straße 15
D-60528 Frankfurt/ Main
Tel.: 069/6 69 82 50
Fax: 069/6 66 09 61
E-Mail: info@boening-consult.com
Internet: www.boening-consult.com

Kapitel 6

Profilierung:
So werden Sie bekannter

Kapitel 6

Schnellfinder

	Fünf „Profilierungs-Stars" im Einsatz	193
Profilierungskanal 1	**Das eigene Buch**	**194**
1. Schritt	Die Ideensammlung und Verdichtung	194
2. Schritt	Das Exposé	196
3. Schritt	Recherche und Kontakt	208
4. Schritt	Nachfassen	208
5. Schritt	Vertragsverhandlung und Abschluss	210
Intermezzo	Interview mit Michael Schickerling, mi-Fachverlag	210
Profilierungskanal 2	**Der Fachartikel**	**213**
1. Schritt	Medienrecherche	213
2. Schritt	Das Exposé	216
3. Schritt	E-Mail an den Redakteur	222
4. Schritt	Artikel schreiben	222
5. Schritt	Veröffentlichung und die Zeit danach	225
Profilierungskanal 3	**Die 60-Sekunden-Präsentation**	**226**
	Text und Inszenierung	226
	Einsatz der 60-Sekunden-Präsentation	238
	Variationen	240
Profilierungskanal 4	**Themenvorschläge an freie Journalisten**	**241**
1. Schritt	Recherche der freien Journalisten	241
2. Schritt	Vorbereiten einer Information für die Journalisten	243
3. Schritt	Kontaktieren des Journalisten	247
4. Schritt	Nachfassen	249
Profilierungskanal 5	**Vorträge**	**250**
	Der passende Veranstalter	250
	Das Exposé	252
	Konditionen und die ersten Schritte	258
	Fünf Profilierungskanäle – und jetzt?	**261**

Fünf „Profilierungs-Stars" im Einsatz

Nun sind Sie gut positioniert, wissen, wie Sie Spannung aufbauen können, haben Ihre Internetseite erstellt oder angepasst – und dennoch haben Sie dadurch noch keinen neuen Kunden gewonnen. Denn noch wissen zu wenig Interessenten von Ihnen. Das lässt sich ändern. Um einen gewissen Bekanntheitsgrad zu erreichen, steht Ihnen eine Vielzahl von Instrumenten zur Verfügung.

Aus der Palette möglicher Profilierungskanäle haben sich fünf als besonders wertvoll herausgestellt. Und genau jene fünf „Profilierungsstars" habe ich für Sie zusammengestellt:

Fünf besonders wertvolle Instrumente für den Coach

▶ Das eigene Buch
▶ Der Fachartikel
▶ Die 60-Sekunden-Präsentation
▶ Themenvorschläge an freie Journalisten
▶ Vorträge

Wenn Sie diese fünf Instrumente konsequent und kontinuierlich nutzen, stehen die Chancen für eine entsprechende Bekanntheit sehr gut. Lassen Sie uns mit dem Instrument der Instrumente beginnen – dem eigenen Buch.

Das eigene Buch

Ein eigenes Buch ist immer noch die Königsdisziplin im Beratermarketing. Kein anderes Medium strahlt so viel Kompetenz und guten Ruf aus wie ein Buch. Suchen Printmedien, Radio und Fernsehen Experten für ihre Beiträge, gilt ein erster Blick häufig dem Verzeichnis lieferbarer Bücher. Wollen Bereichsleiter, Personalentwickler oder Führungskräfte einen Coach im Unternehmen als kompetent „verkaufen", hilft ihnen ein Buch ungemein. Möchte ein Interessent die Seriosität eines Coaches einschätzen, ist das eigene Buch immer auch der Ausdruck von Solidität und einem entsprechenden Ruf. Und auch wenn der Sachbuchmarkt groß geworden ist: Die Formulierung vom „renommierten Buchautoren bei namhaften Verlagen" prägt sich in den Köpfen des Zielpublikums ein und gilt als höchste Reputation.

Das eigene Buch erfordert immensen Einsatz. Aber der Aufwand lohnt sich.

Doch so groß die Vorteile auch sein mögen, erfordert ein eigenes Buch auch immensen Einsatz. Es muss sorgfältig geplant, den Verlagen angeboten, geschrieben und überarbeitet werden. Außerdem ist der Autor immer auch gefragt, sein eigenes Buch möglichst intensiv zu bewerben. Aber der Reihe nach. Lassen Sie uns mit dem ersten Schritt beginnen, der Ideensammlung:

1. Schritt: Die Ideensammlung und -verdichtung

Wollen Sie ein Buch schreiben, müssen Sie etwas zu sagen haben. Die meisten Coaches haben viel zu sagen, trauen es sich aber nicht wirklich zu. Daher braucht es zunächst eine strukturierte Sammlung von Ideen zu Ihren Hauptthemen und Kernkompetenzen, um diese zu verdichten. Die folgenden Fragen haben sich dabei bewährt:

- Was sind die sieben größten Leidensdruckthemen Ihrer potenziellen Kunden? (Bitte bedenken Sie die Definition von Leidensdruck ab Seite 35.)
- Welches Problem Ihrer Kunden können Sie am besten lösen?
- Was sind Ihre fünf wichtigsten Kernkompetenzen? (Auch wenn es darum geht, genau das herauszufinden. Diese Frage, über einen längeren Zeitraum gestellt, kann manchmal Wunder wirken.)
- Was sind, neben Ihrer Arbeit, Ihre fünf wichtigsten Interessensgebiete?
- Gibt es zu Ihren Coaching-Themen Erfolgsgeheimnisse (zum Beispiel „Die sieben wichtigsten Strategien für xyz")?
- Welches sind die fünf erfolgreichsten Projekte, die Sie mit Kunden umgesetzt haben? Welche Kernkompetenzen haben Sie dabei zum Einsatz gebracht?
- Was wird von Personen/Unternehmen im Gebiet Ihrer Kernkompetenz immer wieder falsch gemacht?
- Was sind aktuelle Themen und Trends Ihres Fachbereichs? Wie denken Sie darüber?
- Was sind die drei provokativsten Thesen, die Sie zu Ihrem Fachbereich formulieren können?
- Was bekommt Ihr Kunde nur bei Ihnen?
- Zu welcher Zielgruppe haben Sie eine besondere Beziehung?
- Gibt es bestimmte Fähigkeiten oder fachliches Wissen, das Sie zurzeit noch nebenbei an Kunden weitergeben, damit aber enormen Nutzen bieten?

Aus den Antworten können Sie die vielversprechendsten Themen extrahieren. Dabei kann ein Sachbuch verschiedenen Richtungen folgen:

Verschiedene Richtungen von Sachbüchern

Allgemeines Sachbuch

Viele Sachbücher verschaffen dem Leser einen Überblick zu einem bestimmten Thema, zum Beispiel Führungsstilen, Karriereplanung,

Gehaltsverhandlungen, Work-Life-Balance etc. Eine Platzierung als „allgemeines Sachbuch" ist vielfach sehr schwer geworden, da die meisten Themen schon in Büchern beschrieben wurden. Wenn überhaupt, sollten Sie hier mit einem neuen Thema an einen Verlag herantreten.

Provokatives Buch

Ungewöhnliche Thesen, die aufrütteln sollen, sind immer beliebt. Vor allem dann, wenn sie ein gesellschaftlich oder wirtschaftlich besonders relevantes Thema betreffen. Bücher über die „Abzocke durch unsere Sozialsysteme", die geringe Seriosität der großen Beratungsgesellschaften („Beraten und verkauft") oder über eine Neuordnung des Vertriebs sind bei Lesern und Verlagen gleichermaßen begehrt. Die unbedingte Voraussetzung: Belegen Sie Ihre Thesen stichhaltig – denn Provokation schafft Gegner.

Praktische Hilfestellung

In der Praxis unterstützen Sie Kunden bei ihren konkreten Anliegen. Nichts liegt näher, als ein Thema Ihrer Kernkompetenz so spannend und nutzbringend aufzubereiten, dass Sie den Lesern den Alltag erleichtern.

Trendbuch

Wie überall, wird es auch für Ihre Zielgruppe relevante Trends geben. Greifen Sie diese auf und zeigen Sie die Auswirkungen auf die Branche Ihrer Kunden oder einen Teil der Organisation, kann das sehr spannend sein. Idealerweise liegen hier eigene oder fremde Studien als Faktenmaterial zu Grunde.

Haben Sie Ideen gesammelt und zu einer ersten Buchidee verdichtet, geht es an den nächsten Schritt.

2. Schritt: Das Exposé

Viele Berater, Trainer und Coaches machen den Fehler, nach ihrer Idee gleich loszuschreiben. Häufig liegt nach 6-12 Monaten dann ein fertiges Buch vor, ohne dass eine Veröffentlichung überhaupt gesichert ist. Lektoren und Programmleiter in Verlagen erkennen den „schreibenden Berater" häufig an ungefragt eingesandten Manuskripten von 100 Seiten und mehr. Das macht kein Profi.

Profis erstellen zunächst ein Exposé, was dem Wortstamm nach „Handlungsabriss" bedeutet. Es ist also eine Themenübersicht, die einem Lektor in wenigen Minuten einen Überblick über Ihr geplantes Buchprojekt verschaffen soll. Das Exposé sollte enthalten:

Mit dem Exposé überzeugen Sie den Lektor.

Guter Titel und Untertitel

Auch wenn der endgültige Titel vom Verlag festgelegt wird, können Sie bereits hier beweisen, wie spannend Sie ein Thema für den späteren Leser aufbereiten können. Bei Dutzenden von Themenvorschlägen auf dem Tisch eines Lektors trägt ein guter Titel außerdem dazu bei, dass Ihre Skizze nicht als Letzte gelesen wird.

Um das Prinzip zu veranschaulichen, hier einige Bestseller-Titel:

- Forever Young – Das Erfolgsprogramm
- Stroh im Kopf
- Wie man Bill Clinton nach Deutschland holt – Networking für Fortgeschrittene
- Mythos Motivation

Aber auch ein weniger reißerischer, doch dafür einprägsamer Titel kann Sinn machen. Insbesondere die Verbindung mit einem eher erklärenden Untertitel hat sich hier sehr bewährt. So lautete der Arbeitstitel des aktuellen Buchprojekts von Mathias Paul Weber:

Erste Hilfe für Steuerzahler
Ihre Hausapotheke bei Konflikten mit dem Finanzamt

Heißmacher („Teaser")

Nun geht es zur Sache. Sie haben 15-30 Zeilen lang die Gelegenheit, den Lektor auf Ihr Thema „so richtig scharf" zu machen. Und womit wecken Sie das Interesse des Lektors? Mit der Aussicht auf Verkaufs-Chancen! Schreiben Sie also einen „Teaser" im Stil eines

Der Teaser, Ihre Kurzpräsentation

Klappentextes, wie ihn jeder Käufer gerne lesen würde. Nehmen wir doch noch einmal das Buch von Mathias Paul Weber:

Welcher Unternehmer kennt sie nicht: Konflikte mit dem Finanzamt?
Wer kennt ihn nicht: den Ärger über den kleinkarierten Finanzbeamten?
Wer kennt es nicht: das Gefühl, zu viele Steuern zu bezahlen?
Wer hat es nicht schon erlebt: mitten in einer stressigen Arbeitswoche unsinnige Rückfragen vom Finanzamt?
Wer weiß nicht, wie schnell es geht: die Eskalation eines Konflikts mit dem Finanzamt?
Doch wem nutzt all der Ärger, die Eskalation, der Stress?

Weder Ihr Finanzbeamter noch Sie profitieren von einem großen Konflikt oder den vielen kleinen Scharmützeln.

Was können Sie also dagegen tun? Wie können Sie eine konstruktive Zusammenarbeit mit Ihrem Finanzamt erreichen?

Mathias Paul Weber, Deutschlands erster SteuerConflictCoach, hat die wichtigsten Mittel für einen konfliktfreien Umgang mit dem Finanzamt zusammengestellt. Seine „Hausapotheke" kann dabei ebenso zur Vorbeugung wie zum Lösen akuter Konflikte genutzt werden.

Wie die medizinische Hausapotheke mit Mullbinde, Pflaster, Salbe und Aspirin erleichtern auch Webers Mittel den Alltag und sind insbesondere für kleine und mittelständische Unternehmer, Freiberufler und Existenzgründer geeignet.

Im ersten Teil des Buches stellt der Autor ein neues Denken im Umgang mit dem Finanzamt vor. Er plädiert für ein Umdenken und zeigt bewährte Strategien auf, um das Verhältnis zum Finanzamt auf eine bessere Basis zu stellen.

Der zweite Teil des Buches behandelt die Aktualisierungen und Neuerungen und was diese für den Steuerzahler bedeuten – abgerundet durch praktische Hinweise, Tipps und Checklisten zu den für

Profilierung

den Unternehmer wichtigsten Steuerfragen: von Einzelfragen bis zur Erstellung der Steuererklärungen. Besonderer Wert wird hierbei auf die Übersichtlichkeit gelegt, um schnelle Hilfe zu gewährleisten.

Dieser Teaser zeigt vor allem eines auf: den Leidensdruck der Zielgruppe. Und der wiederum entscheidet stark über den Verkauf eines Buchs. Ebenso entscheidend können provokative Thesen oder neue, noch nie gehörte Inhalte sein. Was Sie auch immer als Heißmacher nutzen: Investieren Sie möglichst viel Zeit in Titel und Teaser, diese sind maßgeblich am Erfolg Ihres Exposés beteiligt.

Kommentiertes Inhaltsverzeichnis

Ist der Lektor oder Programmleiter des Verlags weiter interessiert, sind nun die konkreten Inhalte und die Struktur des Buchs spannend. Wie gut schaffen Sie es, die Inhalte zu einem roten Faden zu verbinden? Genau diese Frage will beantwortet sein. Am besten gelingt das durch ein Inhaltsverzeichnis, das mit entsprechenden Anmerkungen versehen wurde. Im Falle von Mathias Paul Weber sieht das dann so aus:

Worum geht es?

Vorläufiges Inhaltsverzeichnis

I. Neuer Umgang mit einem alten Leiden

Eine Hausapotheke für den Umgang mit dem Finanzamt – Warum ist das so dringend nötig?

Kaum ein zweiter Bereich ist so emotions- und damit konfliktbeladen wie das Verhältnis zum Finanzamt. Die Finanzverwaltung ist Fokus individueller („Ich werde ungerecht behandelt.") und allgemeiner („Der Staat verschwendet Geld und verlangt dann zu hohe Steuern.") Unzufriedenheit. Was Ihnen wirklich weiterhilft: Nehmen Sie die Emotionen auf beiden Seiten heraus, und stellen Sie Ihr unternehmerisches Ziel in den Vordergrund: schnelle Lösung des Problems zu akzeptablen Bedingungen – für beide Seiten. Begreifen Sie Ihr Finanzamt als Geschäftspartner!

© managerSeminare

Erstes Mittel: Perspektivenwechsel
Nur wer die andere Seite kennt, kann mit ihr arbeiten –
Ein Tag im Finanzamt
Die Klischees über Finanzbeamte sind jedem geläufig: Raubritter, Abzocker, Vollstrecker, mürrische, oft kranke Kaffeetrinker. Aber wer kennt schon die Wirklichkeit, das Umfeld und den Tagesablauf eines Mitarbeiters im Finanzamt? Lernen Sie einen typischen Tag des durchschnittlichen Finanzbeamten kennen – und ihn etwas besser verstehen. Je vertrauter Ihnen die andere Seite des ‚Steuertisches' ist, desto zielgerichteter und erfolgreicher können Sie agieren.

Zweites Mittel: Fließende Kommunikation
Wie die regelmäßige, geplante Kommunikation mit dem
Finanzamt beiden Seiten nützt
Gute Kommunikation lässt kaum Raum für Fehlinterpretation und Missverständnisse. Dank einer guten Informationspolitik zwischen Ihnen und dem Finanzamt vermeiden Sie überflüssige Arbeit und Ärger auf beiden Seiten (z.B. Steuerschätzungen). Und noch ein Plus: Durch gute Kommunikation heben Sie sich – für das Finanzamt spürbar – von der Mehrzahl der Steuerzahler positiv ab. Das sichert Ihnen Entgegenkommen, sollte es doch einmal Probleme geben.

Drittes Mittel: Beruhigung im Ernstfall
Wie Sie die innere Ruhe im Konfliktfall wiederherstellen und
so besonders souverän auftreten können
Ist es zu einer Auseinandersetzung mit dem Finanzamt gekommen, so ist Ruhe die erste Bürgerpflicht. Warum? Aufgeregt und wütend können Sie nicht zielgerichtet handeln, Sie vergeuden Ihr wertvollstes Vermögen: Zeit und Energie. Hier erfahren Sie praxiserprobte Strategien, die Emotionen herauszuhalten und sachlich vorzugehen.

Viertes Mittel: Aufbaukur
Wie Sie ein bereits gestörtes Verhältnis mit Ihrem
Finanzbeamten wiederherstellen können
Was viele nicht glauben: Auch das Finanzamt streitet nicht gern. Der Druck durch ständige Gesetzesänderungen und Verschlankung

der Verwaltung infolge von Sparmaßnahmen ist groß. Die Finanzverwaltung muss und möchte einen Fall möglichst schnell abschließen, Konflikte stören hierbei nur. Wenn Sie wissen, in welchem Umfeld sich der Finanzbeamte bewegt, Sie also ‚seine Welt kennen', fällt es Ihnen leicht, ihm ‚sanfte Medizin' zur Beruhigung zu verabreichen. Dies umso erfolgreicher, wenn er merkt, dass er dabei nicht der Verlierer ist.

Fünftes Mittel: Spezielle Medizin für spezielle Situationen
Die häufigsten Konfliktthemen (Nachzahlung, Prüfung etc.) und wie Sie optimal reagieren
Betriebsprüfung, hohe Steuernachforderungen, gläserner Bürger, Vollstreckung, Steuerfahndung. Das treibt den Blutdruck des Unternehmers nach oben. Aber es gibt für jeden Fall eine Lösung. Hier finden Sie konkrete und bewährte Rezepte für die Behandlung vieler ‚Steuerleiden'.

II. Für jeden Anlass das richtige Mittel

Dieser Teil befasst sich mit den brennendsten Fragen kleiner und mittelständischer Unternehmer sowie Freiberufler.
Stichpunkte z.B.: digitale Betriebsprüfung, Informationsquellen und -wege der Finanzverwaltung (gläserner Bürger)

Der Abschnitt liefert einen Überblick und damit Orientierung. Für weitergehende Informationen wird der Leser auf zuverlässige Literaturquellen verwiesen und erhält darüber hinaus nützliche Hinweise plus Checkliste, wie er den Steuerberater findet, der zu ihm passt.

1. Aktuelle Entwicklungen im Steuerrecht
- *Grundsätzliches: Welche Entwicklung nimmt das Steuerrecht in nächster Zeit?*
- *Welche Regelungen sind neu und welche kommen auf uns zu?*
- *Was bedeutet das für den Unternehmer?*

2. Nützliche Hinweise und Checklisten
- Was ist zu beachten?
- Wie finde ich den passenden Steuerberater?

3. A-bis-Z-Verzeichnis
- Schneller Überblick und erste Hilfe
- Stichpunkte zu jedem Anlass

Für wen schreiben Sie? Niemand wird Sie später exakt auf dieses Inhaltsverzeichnis festlegen, denn während des Schreibens ergeben sich manchmal Änderungen. Was aber erwartet wird, ist der angekündigte rote Faden. Und den gilt es im Vorfeld sorgfältig zu spinnen.

Zielgruppen des Buchs

Nicht nur für den Lektor eine spannende Frage: An wen lässt sich das Buch verkaufen? Also beschreiben Sie kurz die Zielgruppe. Bei Mathias Paul Weber ist völlig klar, welche Zielgruppe er meint:

Zielgruppe:
Selbstständige Unternehmer und Freiberufler inkl. Ich-AGs. Sie alle haben regelmäßig mit dem Finanzamt zu tun und müssen Schwierigkeiten in dieser Beziehung bewältigen.

Wenn möglich, benennen Sie auch die Zielgruppengröße, das macht immer einen guten Eindruck. Ich verwende zum Beispiel häufig folgende Zielgruppenangaben:

Der Beratungsmarkt folgt eigenen, aber immer gleichen Prinzipien. Das Buch eignet sich daher für nahezu alle Personen in Beratungsberufen, ob Neueinsteiger oder langjährige Profis.

Zielgruppen sind unter anderen:

- *Coaches (mind. 16.000 in Deutschland)*
- *Trainer (mind. 30.000 in Deutschland)*
- *Unternehmensberater (mind. 180.000 in Deutschland)*
- *Selbstständige Berater in Sektoren wie Gesundheit, PR, Marketing etc.*
- *Ich-AGs im Bereich Beratung*

Diese Zielgruppen stammen aus einem enorm profitablen Markt: Allein klassischen Unternehmensberatern sagt der Bundesverband Deutscher Unternehmensberater BDU ein Marktvolumen von 12,4 Milliarden Euro voraus; die Bereiche Coaching und Training eingeschlossen, liegt das Marktvolumen bei mindestens 30 Milliarden Euro pro Jahr.

Verkaufsargumente für das Buch

Im Grunde ist dieser Punkt eine Wiederholung. Sie ist aber sinnvoll, denn nun können Sie erneut zeigen, wie markt- und marketinggerecht Sie denken. Stellen Sie sich einfach vor, ein Buchhändler sollte Ihr Buch empfehlen. Was könnte er sagen? Auch hier finden Sie ein Beispiel aus dem Projekt von Mathias Paul Weber:

Mit welchen Argumenten sollte Ihr Buchhändler Ihr Werk empfehlen?

Ein partnerschaftliches Verhältnis mit dem Finanzamt bringt Ihnen als Unternehmer entscheidende Vorteile:

- *Sie vermeiden Konflikte und sparen damit Zeit, Nerven und Energie, die Sie stattdessen in den Auf- und Ausbau Ihres Unternehmens investieren können.*
- *Sie heben sich positiv von der Mehrzahl der Steuerzahler ab und können bei eventuellen Problemen mit Entgegenkommen des Finanzamts rechnen.*
- *Sie beweisen ein aktives und gestaltendes, kurz: unternehmerisches Vorgehen.*

- *Sie haben mehr Elan für betriebliche und private Vorhaben und verbessern Ihre Lebensqualität.*
- *Sie sichern Ihre unternehmerische Handlungsfähigkeit durch ein dauerhaft tragfähiges, gutes Geschäftsverhältnis zum Finanzamt.*

Dies erreichen Sie durch die praxisnahen Strategien des Buchs. Außerdem erhalten Sie Insider-Informationen zu brandheißen Themen für Steuerzahler.

Konkurrenztitel

Wie einzigartig ist Ihr Thema?

Ein Buch sollte möglichst einzigartig am Buchmarkt sein. Um das sicherzustellen, ist eine genaue Kenntnis der möglichen Konkurrenzliteratur nötig. Nehmen Sie sich also einige Wochen Zeit, um mögliche direkte und indirekte Mitbewerber zu lesen und Unterschiede zu Ihrem Buch zu entwickeln.

Führen Sie diese Konkurrenztitel dann einzeln auf und stellen Sie Unterschiede zu Ihrem geplanten Werk dar. Bei unserem SteuerConflictCoach sieht das dann so aus:

▶ *„Streiten mit dem Finanzamt" von Tibet Neusel. Wien 2004, Stern-Ratgeber, ISBN 3-7093-0032-0, 208 Seiten, 14,90 Euro. Der Autor gibt als früherer Sachgebietsleiter eines Finanzamts Einblicke in die Organisations- und Funktionsweise der Finanzverwaltung und geht dabei auf die Streitpunkte zwischen Bürger und Behörde ein. Es folgen zahlreiche Hinweise zur erfolgreichen Durchsetzung der Steuerzahlerinteressen. Es geht dem Autor allerdings nicht um das Erreichen von Win-win-Situationen, sondern eher: Ich und du gegen das Finanzamt.*

▶ *„Keine Angst vor dem Finanzamt" von Peter Bilsdorfer und Raimund Weyand. 1. Auflage 2000, Beck-Rechtsberater im dtv, ISBN 3-423-05677-0, 198 Seiten, 8,44 Euro.*
Gute Ansätze zu dem Thema „Umgang mit dem Finanzamt". Beschreibung der Organisation und der Abläufe im Finanzamt.

▶ „111 Steuertipps für Kleinbetriebe und Freiberufler" von Peter Eller. 2. Auflage 2006, Bund-Verlag, ISBN 3-7663-3698-3, 138 Seiten, 9,90 Euro.
Gute und kompakte Darstellung der steuerlichen Gestaltungsvarianten. Der Punkt „Umgang mit dem Finanzamt" wird nicht ausführlich bearbeitet.

Auch die zahlreichen anderen Steuerratgeber auf dem Markt drehen sich ausnahmslos darum, seine Interessen gegenüber dem Gegner Finanzamt durchzusetzen. Ein praxisorientiertes Werk in Richtung Mediation von Steuerkonflikten liegt bislang nicht vor.

Multiplikatoren

Dieser Punkt wird häufig sträflich vernachlässigt. Viele Autoren denken: *„Was soll ich bei der großen Marketing-Power eines Verlags schon hinzusteuern?"* Das ist aber zu kurz gedacht. Der Verlag ist auf Ihre Mithilfe angewiesen. Was können Sie zum Verkauf des Werks beitragen? Im Wesentlichen Ihre Multiplikatoren, PR-Kontakte und die Nutzung der bestehenden Profilierungskanäle. Beispiel:

Wie können Sie den Erfolg des Buches unterstützen?

- Website: ca. 3.000 qualifizierte, unterschiedliche Visits pro Monat (Besucher aus der Zielgruppe des Buchs)
- Quartalsweise Pressemitteilung
- rund 150 Einzelberatungs-Termine pro Jahr
- 200 Feedbacks (inkl. Kurzfeedbacks) pro Jahr
- 30 Vorträge/Workshops pro Jahr
- 10-12 Publikationen pro Jahr (s. Publikationsliste)
- Auf Grund der bisherigen Tätigkeit zahlreiche Kontakte zu verschiedenen Printmedien sowie zu TV und Radio (u.a. ARD, RTL, SAT.1, HR, SWR, Die Zeit, Welt, Wirtschaftswoche, managerSeminare, Wirtschaft & Weiterbildung, managermagazin)
- Mitarbeit an einem TV-Beitrag für xyz über den deutschen Coachingmarkt. Ausstrahlung voraussichtlich Herbst 2007.
- Beratungsbrief in 20 Teilen. Voraussichtliche Abonnenten nach Startphase: 3.500
- Eigenabnahme: 500 Stück

Natürlich müssen Sie nicht mit einer großen Menge an Multiplikatoren aufwarten. Es kann sich schon lohnen, die eigenen Vorträge und Workshops, sowie regelmäßige Fachartikel und persönliche Kontakte zu Redakteuren aufzuführen. Die Eigenabnahme ist für den Verlag übrigens ein wichtiger Punkt! Je größer sie ist, desto eher hat der Verlag seine Kosten gedeckt. Und diese Absicherung wirkt oft Wunder.

Informationen zum Autor

Was sollte der Lektor über Sie wissen?

Und auch hier müssen Sie wieder ganz besonders punkten. Sind Sie noch keine bekannte Größe am Markt, gilt das verstärkt. Der Verlag will sehen: „Ziehen" Sie als Persönlichkeit, dann sind Sie auch attraktiv für den Buchmarkt. Neben einem gelungenen Foto sollten Sie vor allem Ihr Profil ins rechte Licht rücken, was beispielhaft so aussehen kann:

> *Mathias Paul Weber war nach seiner Ausbildung zum Steuerinspektor drei Jahre an der Oberfinanzdirektion Frankfurt/M. tätig. Als Insider kennt er die Denk- und Vorgehensweise des Finanzamtes. Seit zwölf Jahren ist er Steuerberater und hat sich als SteuerConflictCoach etabliert (Näheres siehe unten). Erfolgreich betreut er seine Kunden bei der Deeskalation von Steuerkonflikten.*
>
> ***Zum Unterschied Steuerberater und SteuerConflictCoach***
>
> *SteuerConflictCoach ist eine von dem Autor entwickelte neue Ausrichtung, die sich aus dem Konfliktverhältnis zwischen Steuerzahler und Finanzverwaltung – das dem Steuerrecht offenbar immanent ist – entwickelt hat. In der klassischen Auseinandersetzung geht es primär darum, die eigenen Interessen (zu Lasten des anderen) durchzusetzen. Wenn dies gelingt, gibt es vielleicht einen Gewinner, aber mindestens einen Verlierer. Keine gute Basis für eine dauerhaft tragbare Lösung.*
>
> *Der SteuerConflictCoach zielt hingegen auf eine Win-win-Situation unter Einbeziehung der anderen Seite (Interessenausgleich). So las-*

sen sich Konflikte schonender austragen, lösen – oder gar vermeiden. Letztlich ein Beitrag zum Sparen kostbarer Energie und die Möglichkeit, seine Kraft effektiver in die Entwicklung des Unternehmens einzubringen.

Der SteuerConflictCoach ist somit ein Steuerberater mit der speziellen Fachrichtung Konfliktlösung und -vermeidung.

Auseinandersetzungen mit dem Finanzamt sind an der Tagesordnung. Wie entstehen Konflikte? Durch Menschen.

Die Wartezimmer der „Hausärzte" (Steuerberater) sind voll mit „Patienten" (konfliktgeschädigten Steuerzahlern). Wie behandelt der „Hausarzt"? Natürlich der „Schulmedizin" entsprechend: mit steuerfachlichen Mitteln (Rechtsmittel, Anträge etc.). Dabei werden häufig nur die Symptome bekämpft, die Ursachen, die im zwischenmenschlichen Bereich – sowohl beim Finanzamt als auch beim Steuerzahler – liegen, bleiben unberücksichtigt. Kein Wunder, dass die Symptome nach kurzer Zeit wieder auftreten.

Der SteuerConflictCoach ist gewissermaßen Facharzt für Konfliktsituationen; durch Einbeziehung der persönlichen Komponente schafft er dauerhaft tragfähige Lösungen sowohl für den Notfall als auch für Therapie und Prophylaxe.

Es kann hier auch nicht schaden, etwas mehr „auf den Putz zu hauen". Die meisten Lektoren denken dann nicht automatisch „So ein Angeber", sondern nehmen vielmehr zur Kenntnis, dass Sie sich auch als Person gut verkaufen.

Wenn Sie zusätzlich eine Reihe von Publikationen haben, können Sie diese natürlich in Form einer Publikationsliste anhängen.

Probekapitel

Wenn Sie Lektor und/oder Programmleiter nun tatsächlich überzeugt haben, bleibt eine letzte Frage: Haben Sie eine „gute Schrei-

Beweisen Sie, dass Sie schreiben können.

be"? Schreiben Sie angemessen, unterhaltsam und nutzbringend? Um das zu zeigen, hängt Ihrem Exposé ein Probekapitel von sieben bis zehn Seiten an. Natürlich sollten Sie dieses regelmäßig überarbeiten und auch Feedback anderer integrieren.

3. Schritt: Recherche und Kontakt

Welcher Verlag könnte zu Ihnen passen?

Im nächsten Schritt recherchieren Sie Verlage, die auf Grund ihres Programms, ihrer Zielgruppe und der Buchaufmachungen zu Ihrem geplanten Projekt passen würden. Nun haben Sie zwei Möglichkeiten:

Selbst Kontakt aufnehmen

In diesem Falle würden Sie telefonisch oder per E-Mail den passenden Lektor herausfinden und ihm Ihr Exposé zusenden. In aller Regel ist diese Übermittlung per E-Mail gewünscht.

Einen Literaturagenten beauftragen

Empfehlenswert ist es jedoch, mit einem versierten Literaturagenten, also einem Vermittler, zu arbeiten. Denn der kennt in aller Regel nicht nur die aktuelle Buchszene, sondern auch die Arbeitsweise von Verlagen und Lektoren. Auf Grund dieser Kenntnisse, und häufig auch persönlicher Kontakte, lässt sich die Vertragsanbahnung schneller gestalten. Außerdem hilft der Agent beim Vertragsabschluss, der noch einmal ein Fachgebiet für sich ist. Die meisten Agenten berechnen für diese Tätigkeit ein Erfolgshonorar von 15-25 Prozent des Autorenhonorars.

4. Schritt: Nachfassen

Bitte warten Sie nach dem Versand eines Exposés einige Wochen ab. Lektoren haben enorm viel zu tun, weil sich Manuskripte und Exposés auf ihren Schreibtischen türmen. Und nichts ist nerviger als jemand, der dauernd nachtelefoniert und fragt, wie weit man denn nun sei. Haben Sie einen Literaturagenten eingeschaltet, wird dieser sich zur richtigen Zeit beim Verlag melden.

5. Schritt: Vertragsverhandlung und Abschluss

Hat ein Verlag Interesse, wird er Ihnen einen Vorschlag zur zeitlichen und inhaltlichen Platzierung Ihres Buchs machen und einen Vertrag zuschicken. Verlagsverträge sind ein raumgreifendes Thema und würden den Rahmen dieses Buchs sprengen. Daher empfehle ich Ihnen auch aus diesem Grunde die Zusammenarbeit mit einem Agenten. Er kennt die branchenüblichen Gepflogenheiten und kann gegebenenfalls die Verhandlung in Ihre Richtung beeinflussen.

Planen Sie acht bis zwölf Monate Schreibzeit ein.

Nach Vertragsabschluss haben Sie dann eine festgelegte Zeit, um das Buch zu schreiben. Lassen Sie sich dabei nicht von verlockenden Angeboten der Verlage verleiten, ein Buch besonders schnell zu schreiben. Als grober Richtwert für das erste Sachbuch normalen Umfangs hat sich bei meinen Kunden eine Schreibzeit von acht bis zwölf Monaten herausgestellt, wobei das bereits nur durch konzentrierte Schreibphasen erreicht werden kann.

Und welches Honorar erhalten Sie für diese Mühen? Letztlich werden Sie – rein finanziell betrachtet – bei einem Buch immer dazuzahlen. Selbst wenn Sie einen Honorarvorschuss von 8.000 bis 10.000 Euro erzielten, müssten Sie doch die Schreibzeit von meist nicht weniger als 40 Tagen und den entsprechenden Verdienstausfall gegenrechnen. Und sowohl der Vorschuss als auch die Schreibzeit sind damit enorm optimistisch bemessen. Als Erstautor ist eher mit einem sehr geringen Vorschuss und Schreibzeiten von acht Monaten und länger zu rechnen.

Für Ihr Image jedoch gibt es nichts Besseres als ein gut platziertes und gut geschriebenes Buch. Es ist und bleibt eben die Königsdisziplin.

Intermezzo

Interview mit Michael Schickerling, Programmleiter des mi-Fachverlags

■ *Was sind kommende Trendthemen am Wirtschaftsbuchmarkt aus Ihrer Sicht?*

Meiner Ansicht nach ist die Zeit vorbei, in der neue Wirtschaftstrends ausschließlich in den USA entstanden. Europa – insbesondere Skandinavien auf Grund seiner engen Beziehungen nach Osteuropa – ist inzwischen ein spannendes Pflaster. Allgemein gilt: Ein großes Modethema ist nicht in Sicht. Gefragt sind vielmehr einerseits praxisnahe Wirtschaftsbücher, die bei der Bewältigung von Problemen des Arbeitsalltags helfen. Spannend sind andererseits Bücher, die der neuen gesellschaftlichen – und damit auch wirtschaftlichen – Unübersichtlichkeit Rechnung tragen und Orientierung bieten.

■ *Was sind die drei häufigsten Fehler, die Autoren bei ihren Angeboten an Verlage machen?*

Erstens: Mangelnde Beschäftigung mit dem Buchmarkt und dem Verlag: Erkennbar an ziellosen Massenaussendungen, manchmal sogar per Spam-Mail anonym adressiert an die „sehr geehrten Damen und Herren". Oft würde schon eine oberflächliche Recherche zeigen, dass das Thema überhaupt nicht zum avisierten Verlag passt. In solchen Fällen verspüre ich nicht die geringste Lust, mich mit diesem Angebot zu befassen.

Zweitens: Unausgereifte Konzepte: Zustimmung aus dem Freundes- und Bekanntenkreis garantiert noch lange keinen Verkaufserfolg; da hilft kein langes Reden. Im Prinzip gilt: Jeder Autor hat nur einen einzigen Versuch, mich zu überzeugen; die Mühe in diese Chance ist also sinnvoll investiert. Hier ist auch die Bereitschaft wichtig, zusammen mit dem Verlag ein stimmiges Konzept zu erarbeiten.

Und drittens: Ignorieren von Verlagswünschen. Bitte kein Manuskript zusenden, wenn nur ein Exposé gewünscht ist. Denn ich bekomme sehr viele Angebote. Außerdem zwingt ein Exposé dazu, die eigenen Ideen auf den Punkt zu bringen. Wem das nicht gelingen mag, schafft das erst recht nicht auf 200 Seiten. Bitte nicht per E-Mail, wenn die traditionelle Briefform erbeten wird. Denn Ausdrucken ist umständlich und kostet meine Zeit und Tinte. Und: Bitte nicht aufdringlich werden, wenn die Prüfung von Angeboten etwas dauert. Denn ich will mir Zeit nehmen, jedes interessante Angebot sorgfältig zu prüfen.

Michael Schickerling

Außer Konkurrenz läuft die Frage: *„Welches Thema hätten Sie denn gerne?"* Oder: *„Wozu brauchen Sie mal ein Buch?"* Wer keine Idee hat, worüber er schreiben will, sollte seine Freizeit besser anderweitig verbringen. Natürlich spreche ich mit Autoren über meine Themenwünsche, aber dann weiß ich schon sehr genau, mit wem ich worüber rede.

■ *Worauf achten Sie beim Sichten eines Exposés am meisten?*

Gibt es ein Thema, einen Aufhänger, der mich neugierig macht und auch beim zweiten Lesen noch Bestand hat?

■ *Wenn Sie möchten: Geben Sie uns bitte einen Eindruck von Ihrem typischen Arbeitstag.*

Einen typischen Arbeitstag gibt es leider nicht – und entgegen landläufiger Vorurteile findet er auch weniger im Kaffeehaus als vielmehr am Telefon, vor dem Computer oder in Sitzungen statt.

■ *Was würden Sie potenziellen Autoren mit auf den Weg geben wollen?*

Autoren sollten sich nicht nur mit ihrem Thema befassen, sondern vor allem auch mit ihren späteren Lesern: Wer sind sie, welche Bedürfnisse haben sie, wie wollen sie angesprochen werden? Denn ein erfolgreiches Buch ist nicht nur ein fachlich überzeugendes, sondern eines, das den Nerv der Zielgruppe trifft.

Bestseller sind außerdem immer ein Teamspiel: von Autoren, die sich in der Materie auskennen, und von Verlagsmitarbeitern, die wissen, wie ein verkäufliches Buch aufbereitet sein muss. Hier ist eine große Offenheit erforderlich, gegebenenfalls sogar die Bereitschaft, vorhandene Buchkonzepte über den Haufen zu schmeißen, um etwas Neues in die Welt zu setzen. Spätestens dann beginnt das Herz von Lektoren kräftig zu schlagen.

Michael Schickerling, Jahrgang 1966, studierte Sprach- und Literaturwissenschaften aus Überzeugung und Betriebswirtschaft aus Pragmatismus. Beides verbinden konnte er zunächst beim Campus Verlag in Frankfurt, wo er nach einem Volontariat historische Sachbücher und aktuelle Wirtschaftsratgeber betreute. Danach zog es ihn nach München: zunächst als Lektor beim Verlag Financial Times Prentice Hall, dann eine Zeit lang als Freiberufler, in der er *„Bücher machen. Ein Handbuch für Lektoren und Redakteure"* schrieb – und damit die Autorenseite besser kennen lernte. Als Programmleiter des mi-Fachverlags in Landsberg gestaltet er ein Verlagsprogramm mit modernen Business-Themen für Entscheider.

Der Fachartikel

Wenn das Buch die Königsdisziplin darstellt, sind Fachartikel gewissermaßen die „Herzogs-Disziplin". Auch sie bringen, regelmäßig eingesetzt, ein enormes Renommee. Die Betonung liegt hier auf regelmäßig. Denn einmal einen Fachartikel zu platzieren, ist einfach zu wenig. Die Wirkung beginnt, wenn Interessenten mehrfach von Ihnen lesen, denn das strahlt Konstanz aus und man merkt: Sie sind gefragt. Fachartikel sind immer Beiträge von Ihnen unter Ihrem Namen; einige Redaktionen sprechen daher auch von Namensbeiträgen. Auch bei den meisten Fachartikeln gilt: erst anbieten, dann schreiben. Dazu schlage ich Ihnen folgende Schritte vor:

1. Schritt: Medienrecherche

Zunächst einmal sollten Sie möglichst viel über Ihr Zielmedium wissen. Dabei kommen grundsätzlich verschiedene Medien in Frage:

Was sind Ihre Zielmedien?

Onlinemedien

Es gibt eine ganze Reihe von Plattformen im Internet, auf denen Sie publizieren können, etwa www.competence-site.de, www.business-wissen.de oder www.changex.de. Häufig ist es zum Einstieg sinnvoll, zunächst für Onlinemedien zu schreiben, da die Auswahl hier weniger streng erfolgt. Das ist von Vorteil, denn Sie haben auf diese Weise einen ersten Eintrag in Ihrer Publikationsliste. Dies signalisiert namhaften Printmedien eine gewisse Erfahrung, was sehr von Vorteil sein kann. Der klare Nachteil: Das Ansehen von Online-Medien ist geringer.

Neben den allgemeinen Onlinediensten gibt es auch noch Anbieter zu Spezialthemen wie Projektmanagement, Call-Center, Führung etc. Hier lohnt es sich, einmal ausführlich zu recherchieren.

HR-Fachmedien

Medien wie managerSeminare, wirtschaft&weiterbildung, Zeitschrift Führung und Organisation werden primär von Ihren Kollegen und Personalern gelesen. Sie sind eine gute Möglichkeit, sich innerhalb „der Szene" einen Namen zu machen. Auf Grund der vielen Artikel zu Coachingthemen muss Ihr Angebot hier allerdings besonders speziell und spannend sein, damit es sich überhaupt aus der Masse der Artikel und Angebote abhebt.

Branchenmedien

Besonders spannend: Die Branchenmedien Ihrer Kunden

Besonders spannend sind die Branchenmedien Ihrer Kunden. Arbeiten Sie zum Beispiel mit IT-lern, kann ein Artikel in IT-Magazinen wie der Computerwoche oder isReport sehr viel Sinn machen. Arbeiten Sie viel mit mittelständischen Maschinenbauern, lohnt sich vielleicht ein Beitrag in der CAV oder im CHEManager, beides Branchenmedien.

Da hier nur selten Fachbeiträge zu Coachingthemen veröffentlicht werden, sind Ihre Chancen einer Platzierung oft ebenso hoch wie die Chance der Wahrnehmung durch Interessenten. Allerdings sollten Sie gerade in Branchenmedien schon etwas Spezielles zu sagen haben. Schreiben Sie einen Artikel über Führung allgemein, wird das weit weniger interessant sein als ein Artikel zu typischen Führungsproblemen bei Maschinenbauern. Spezialität und Zielgruppenkenntnis sind also gefragt.

Allgemeine Wirtschaftspresse, Tagespresse und Wochenpresse

Dann sind da noch die allgemeinen Wirtschaftsmedien wie Wirtschaftswoche, Capital oder Impulse, die Tagespresse (FAZ, Süddeutsche etc.) und die Wochenpresse (Stern, Spiegel, Focus). Sie veröffentlichen in aller Regel keine Fachartikel von Nicht-Journalisten. Der Sprung in solche Medien ist sehr viel schwerer, weswegen ich Ihnen zunächst den Aufbau eines gewissen Expertenrufs durch Bücher und Fachartikel in anderen Medien empfehlen möchte.

Um erst einmal einen Überblick über mögliche Medien zu bekommen, macht es Sinn, Ihre Kunden zu fragen: Welche Zeitschriften lesen Sie? Häufig bekommen Sie hier gute Hinweise. Diese Magazine können Sie sich dann im Internet bestellen und erst einmal zwei bis drei Ausgaben Probe lesen. Warum? Um ein Gefühl für die Schreib- und Denkweise der Redaktion zu bekommen und herauszufinden, welches Thema hier passen könnte. Haben Sie genug Informationen aufgenommen, lohnt sich als Nächstes ein Blick in den so genannten Themenplan, den Sie in aller Regel auf der Internetseite des Mediums in der Rubrik Anzeigen finden. In ihm legt die Redaktion fest, welche Themenschwerpunkte im Laufe des Jahres vorkommen werden. Der Themenplan der acquisa für die erste Jahreshälfte 2006 sieht zum Beispiel so aus:

Themen und Termine

MEDIADATEN 06 acquisa

Ausgabe	Themen/Specials	Messen/Kongresse	durchgängige Rubriken
01/06 Januar ET: 04.01.2006 AS: 06.12.2005 DU: 09.12.2005	**Automobilindustrie:** Spezial-Agenturen, Adresslieferanten, Marktforschung, Direkt-Marketing, Call Center, CRM, Kundenzeitschriften, Markenmanagement **Marktübersicht:** Marktforschung und Beratung **Messe-Planer:** Call Center World 2006	11.01. – 13.01.06 **PSI 2006**, Düsseldorf	**Marketing** • Direktmarketing • Corporate Publishing • Werbe- und Mediaplanung • Werbemedien
02/06 Februar ET: 01.02.2006 AS: 03.01.2006 DU: 06.01.2006	**Vertriebssteuerung:** Außendienststeuerung, CRM, Call-Center-Software, Reisekosten, Kampagnensoftware, Projektmanagement **Marktübersicht:** Software für den Vertrieb **Katalog:** Call Center World 2006	08.02. – 09.02.06 **World of Event**, Wiesbaden 13.02. – 16.02.06 **Call Center World 2006**, Berlin 15.02. – 16.02.06 **Sales-Marketing-Messe**, München	• Messen/Events/Tagungen • eMarketing • Markenführung und -strategie • POS-Marketing
03/06 März ET: 01.03.2006 AS: 31.01.2006 DU: 03.02.2006	**Telekommunikation:** Datenbanken, Marktforschung, Direktmarketing, Dialog-Agenturen, Lettershops, Call Center, Kundenzeitschriften **Marktübersicht:** Die besten Adressen-Lieferanten	09.03. – 15.03.06 **CeBIT**, Hannover	**Vertrieb**
04/06 April ET: 05.04.2006 AS: 07.03.2006 DU: 10.03.2006	**B2B-Marketing:** Media-Vergleich B2B-Werbung, Trends bei Messen und Events, Direktmarketing, Kundenzeitschriften, Markenmanagement **Marktübersicht:** Full-Service-Agenturen **acquisa update:** Corporate Publishing 2006	24.04. – 28.04.06 **Hannover Messe Industrie 2006**, Hannover 24.04. – 28.04.06 **Promotion 2006**, Hannover	• Vertriebs- und Kundenmanagement • CRM-Software und -beratung • Call-Center/Kundenservice
05/06 Mai ET: 03.05.2006 AS: 28.03.2006 DU: 31.03.2006	**Dialogmarketing:** Software für SMB und SOHO **Marktübersicht:** Kontaktmanagement-Software **Messe-Planer:** Marketing Services	16.05. – 18.05.06 **Marketing Services/9. Display**, Hamburg	• Adressmanagement • Außendienststeuerung • Verkaufsförderung
06/06 Juni ET: 07.06.2006 AS: 09.05.2006 DU: 12.05.2006	**Pharma- und Health Care:** Call-Center-Software/-Technik, Service-Rufnummern, Adresslieferanten, CRM, Direktmarketing, Kundenzeitschriften **Marktübersicht:** Call Center-Dienstleister **acquisa update:** Direktmarketing		

Ein Themenplan

Falls Ihr Thema nun zu einem der Themenschwerpunkte passt, können Sie ein genaues Angebot für die jeweilige Ausgabe unterbreiten. Dies sollte bei monatlichen Magazinen mindestens drei bis vier Monate vor dem Erscheinen passieren.

Falls Ihr Thema nicht auftaucht, ist das aber auch kein Beinbruch und Sie machen einfach ein allgemeines Angebot.

2. Schritt: Das Exposé

Mit dem Exposé überzeugen Sie den Redakteur.

Wie beim Buch erstellen Sie nun ein Exposé. Das kann natürlich sehr viel kürzer sein, idealerweise nur eine DIN-A4-Seite. Es enthält ebenfalls Titel/Untertitel, einen kurzen Teaser (Heißmacher) sowie Informationen zum Autor. Manchmal kann es sich lohnen, ein Inhaltsverzeichnis und einen Lesernutzen anzugeben. Das hängt vom konkreten Thema ab.

Der Sinn ist ebenfalls der gleiche wie beim Buch: Sie wollen den Redakteur auf Ihr Thema „heißmachen" und zeigen, dass Sie den Lesernutzen genau im Blick haben. Entsprechend wichtig sind wieder Titel und Teaser, alles andere ist nicht ganz so bedeutsam. In der Praxis kann das dann so aussehen:

Zugvögel, Ameisen und Schmetterlingsflügel
Warum wir mehr von der Natur lernen können als bisher

Naturwunder-Shows sind populär. Kaum ein TV-Sender, der sich nicht mit dem ‚Wunder Natur' und den schier endlosen Lernpotenzialen für Technik und Produktentwicklung beschäftigen würde. Vom wasserabweisenden Autolack zur selbstreinigenden Fassade – alles abgekupfert.

Aber auch Managementexperten erkennen, wie hilfreich die Natur als Vorbild sein kann. Da werden Zugvögel als Beispiel für Sozialverhalten und Team-Management bemüht, Ameisenstaaten dienen als Bei-

spiel für Komplexität und selbst so komplexe Begriffe wie Emergenz können mit Hilfe unserer Umwelt erklärt werden. Nicht zu vergessen der berühmt gewordene Flügelschlag eines Schmetterlings, der einen ganzen Orkan auslösen kann und als Ausgangspunkt systemischer Forschung galt.

Wirklich eingesetzt werden die Erkenntnisse aus der Natur in Unternehmen jedoch kaum. Es fehlt am konkreten Sachbezug, an wirklicher Hilfe in Problemsituationen. Doch das muss nicht sein, wie Gudrun Happich in ihrem Artikel beweist. Was es braucht, sind lediglich umfassendere Beispiele der Natur, die auch eine wirkliche Übertragung zum Sozialsystem Unternehmen möglich machen. Als Diplom-Biologin und Coach mit 7.500 Stunden zertifizierter Coachingerfahrung nimmt die Autorin genau jene Übertragung vor. Der Fokus liegt dabei auf der konkreten Anwendbarkeit im Unternehmen, orientiert an den typischen Herausforderungen des geschäftlichen Alltags.

Und auch hier gibt es Grenzen: Jedes komplexe System ist für sich abgeschlossen. Eine unreflektierte Nutzung von Beispielen der Natur ist daher nicht möglich. Im Fazit des Artikels werden daher auch die Grenzen der Übertragbarkeit verdeutlicht.

Inhalte

1. Zugvögel, Ameisen und der berühmte Flügelschlag eines Schmetterlings
   Biologie als Chance zur Reduktion von Komplexität falsch verstanden

2. Wirklich komplexe biologische Systeme
   Die Wurzelraumanlage

3. Drei typische Herausforderungen des Geschäftsalltags und was wir von der Wurzelraumanlage hierfür lernen können

Die Autorin

Gudrun Happich, Business-Coach sowie Gründerin und Geschäftsführerin von Galileo. Als diplomierte Naturwissenschaftlerin mit über 12 Jahren eigener Führungserfahrung berät sie Unternehmer, Führungskräfte und Mitarbeiter bei der Steigerung von Leistungsfähigkeit, Produktivität und Zufriedenheit.

Als eine der ersten Beraterinnen Deutschlands wird sie zertifiziert nach dem MCC-Standard der International Coach Federation, dem höchsten Qualitätsstandard für Coaches. Hierfür wies sie über 7.500 Stunden Coachingerfahrung nach, obwohl selbst für diese Zertifizierung nur 2.500 Stunden notwendig sind.

Als Entwicklerin der bioSystemik verbindet sie ihr Know-how als Naturwissenschaftlerin mit ihren eigenen Erfahrungen und ihrer Ausbildung als systemische Beraterin und Coach.

Ihr Fachbeitrag muss Inhalte transportieren.

An diesem Artikel-Exposé können Sie noch einen weiteren wichtigen Punkt ableiten. Fachartikel sind keine Werbeveranstaltung, sondern sollen entsprechende Inhalte transportieren. Neben einem konkreten Nutzen für den Leser gehört dazu auch, sich kritisch mit den eigenen Themen auseinanderzusetzen. So spricht sie auch über die Grenzen ihrer bioSystemik und zeigt damit, dass es ihr nicht um reine Werbung geht.

Schreiben Sie ein Exposé für ein *Fachmagazin*, kann das natürlich viel spezifischer sein:

Preisdruck alleine – das war gestern!
Außergewöhnlicher Preisdruck erfordert neue
Verhandlungsstrategien

Preisdruck ist für Unternehmen des chemischen Anlagenbaus nichts Neues. Harter Wettbewerb, immer besser geschulte Einkäufer, strikte Vorgaben der Unternehmensführung zur Preispolitik – all das kennen Sie.

Doch wo der Preisdruck durch lange Projektlaufzeiten, Unsicherheiten über Abschlusschancen bei einem Kunden, unklare Zusammensetzungen des Buying-Centers und enorme Verhandlungsmacht des Kunden noch verstärkt wird, versagen klassische Preisstrategien häufig.

Jörg Bothe war selbst viele Jahre als Verhandler für Unternehmen der chemischen Zulieferindustrie tätig. Als Insider und Ghost-Negotiator berichtet er über neue Verhandlungsstrategien in außergewöhnlich komplexen Preisgeflechten.

Inhalte:
- *Häufig kennen Sie nicht die Verkaufschancen des Projekts. Wie können Sie gezielt Klarheit schaffen?*
- *Wie können die Verkaufskosten bei langen Projektlaufzeiten reduziert werden?*
- *Wie kann die Entscheiderstruktur schnell und sicher analysiert werden?*
- *David gegen Goliath – manchmal ist es besser der David zu sein. Beispiele aus der Praxis.*

Zum Autor:
Jörg Bothe, einer der wenigen Spezialisten für außergewöhnlich komplexe Verhandlungen im deutschsprachigen Raum, berät und coacht Unternehmen in Verhandlungen. Als Ghost-Negotiator ist er in einzelnen Projekten der

„Strippenzieher" im Hintergrund und gestaltet so den Verlauf der Verhandlungen. Grundlage seiner Tätigkeit bilden sein BWL- und Maschinenbaustudium, seine internationale Verhandlungserfahrung als Vertriebsleiter im Maschinen- und Anlagenbau und ein Studium in Verhandlungsführung an der Heriot-Watt University Edinburgh.

Eine Artikelserie

Bei diesem Exposé passierte etwas Typisches. Jörg Bothe bot es, auf Grund seiner langen Erfahrung in der chemischen Industrie, der Chemie Technik, einem ausgesprochenen Branchenblatt, an. Das Exposé wurde abends versendet, morgens schon rief der Chefredakteur an und man einigte sich nicht nur auf einen Artikel, sondern auf eine kleine Serie von drei Artikeln. Das beweist einmal mehr: Für Branchenmagazine sind solche Inhalte eine willkommene Abwechslung.

Für die Weiterbildungspresse zählen ebenfalls die Inhalte von Praktikern. Sabine Steege als Coach für Projektmanager ist so eine Praktikerin. Ihr Exposé an die wirtschaft&weiterbildung lesen Sie im Anschluss. In diesem Exposé wurde zusätzlich auf den Lesernutzen abgestellt:

Ideenskizze Artikel

„Der kleine Unterschied" – das Geheimnis eines herausragenden Projektmanagers ...

Anforderungen an einen Projektmanager: Überblick behalten, die Wünsche des Kunden berücksichtigen, auf die Belange des Teams eingehen, planen, überwachen und intervenieren, wenn dies notwendig ist. Nebenbei konstruktiv kommunizieren, sensibel mit Konflikten umgehen, aber auch knallharte Urteile fällen, Empfehlungen aussprechen und an den richtigen Stellen die richtigen Entscheidungen treffen. Diese Liste ist beliebig erweiterbar, doch bereits jetzt wird eines deutlich: Projektmanager müssen wirkliche Experten ihres Fachs sein.

Udo T. ist so einer. Er leitet mit großem Erfolg IT-Projekte seit über acht Jahren. Er ist exzellent ausgebildet, interessiert sich für aktuelle Entwicklungen im Projektmanagement, kennt diverse Methoden und wendet diese an. Er hat schon Projekte in den unterschiedlichsten Branchen durchgeführt und ist das, was man als einen ‚alten Hasen' bezeichnet. Seine Teammitglieder bewundern ihn für seinen Scharfblick und sind stolz, wenn sie bei einem schwierigen Gespräch beobachten können, wie er die Situation souverän meistert. Sie vertrauen ihm und sie respektieren ihn, manchmal fürchten sie ihn auch.

Doch auch Udo T. kennt die Kehrseite: ein dauerhaft hoher Adrenalinpegel, sich auftürmende Schwierigkeiten und wenig Perspektive für eine Änderung dieses Zustands. In dieser Situation konsultiert er seinen Coach, weil er seine Grenzen kennt und weiß, dass eine Person trotz jahrelanger Erfahrung nur eine beschränkte Komplexität wirklich überblicken kann.

Den Prozess des Coachings, was erreicht werden kann und was nicht, schildert dieser Artikel.

Inhalt:
- Was kann ein Coach im Projektmanagement leisten? Was nicht?
- Welche positiven ‚Nebenwirkungen' entstehen beim Coaching für Projektmanager? (Das Projektrisiko sinkt, die Qualität steigt, der Projektmanager selbst kann sich weiterentwickeln.)
- Rentiert sich das? Eine ROI-Betrachtung
- Resümee: Coaching kann die letzten 20 Prozent mobilisieren. 20 Prozent, um ein gutes Projekt zu einem sehr guten Projekt und einen guten Projektmanager zu einem herausragenden Projektmanager zu machen

Lesernutzen:
Der Leser erfährt von einer Praktikerin, welche Chancen Coaching für Projektmanager bietet und was das im konkreten Unternehmensalltag bringt. Er lernt aber auch die Grenzen kennen und kann so einordnen, wann eine Unterstützung des Projektmanagers durch Coaching in seinem Unternehmen nutzbringend ist und wann nicht.

Die Autorin:
Die Autorin ist Praktikerin und leitete in über zehn Jahren viele sehr unterschiedliche Projekte. Seit 1999 berät und coacht sie Projektmanager bei deren schwierigen Aufgaben. Dabei ist ihr der Return on Investment ihrer Tätigkeit besonders wichtig. Ihr Credo: „Coaching für Projektmanager muss sich messbar in den Zahlen niederschlagen." Seit 2004 unterrichtet sie Projektmanagement auch an der FH Braunschweig/Wolfenbüttel.

3. Schritt: E-Mail an den Redakteur

Ist Ihr Exposé fertig, können Sie es einem passenden Redakteur per E-Mail zusenden. Dazu suchen Sie im Impressum den passenden Redakteur für die gewünschte Rubrik und senden ihm die E-Mail. Es hat sich bewährt, hier nur kurz zu schreiben, dass Sie einen Artikel zum Thema xy anbieten wollen. Der Titel sollte dann fett hervorgehoben sein, so dass er auf einen Blick erkennbar ist. Als Betreff ist „Artikelvorschlag: Titel" häufig sehr erfolgreich, wobei Sie statt „Titel" natürlich Ihre spannende Überschrift einsetzen.

4. Schritt: Artikel schreiben

Die Kunst des Artikelschreibens

Bekommen Sie eine Zusage zur Veröffentlichung des Artikels, gegebenenfalls auch nach einigen Rückfragen, erfahren Sie in der Regel auch, wann Ihr Beitrag erscheinen soll und wie lang er sein darf. Zwei Punkte sind für den Erfolg des Schreibens von besonderer Bedeutung: Ihre Einstellung und der Spannungsaufbau.

Ihre Einstellung

Begleite ich Kunden bei ihrer Pressearbeit, bekomme ich häufig nach dem Erscheinen des ersten Artikels einen enttäuschten Anruf: *„Es haben sich gar nicht so viele Leute gemeldet, wie ich gedacht hatte."* Meist kristallisiert sich dann heraus: Der Fachartikel wurde als direktes Akquiseinstrument gesehen. Doch schnelle Aufträge lassen sich gerade als Coach durch Fachartikel nur selten erzielen. Vielmehr ist es das stetige, professionelle und einer einheitlichen Botschaft folgende Publizieren, das Ihren Ruf als Experte stützt und dann zu besserer Auftragslage führt. Schreiben Sie einen Artikel jedoch mit dem Anspruch, sofort an Aufträge zu kommen, sind die Chancen schlecht. Redaktion und Leser riechen förmlich, dass da jemand schlichte Akquise betreiben will. Ich empfehle Ihnen daher, anders an den Artikel heranzugehen: Sehen Sie Ihren Artikel als eine Herausforderung, in Kürze einen wichtigen Punkt nutzbringend (!) zu beleuchten. Und das bei maximaler Unterhaltung und Spannung für den Leser. In der Praxis meiner Kunden, aber auch für mich, hat sich das sehr bewährt. Dann fällt es auch leichter, sich mit dem zweiten wichtigen Punkt zu beschäftigen, dem ...

Spannungsaufbau

Prinzipiell gelten hier die Regeln und Instrumente der Inszenierung, die Sie bereits in Kapitel 4 kennen gelernt haben. Zusätzlich gibt es jedoch einige Möglichkeiten, die bei vielen Redaktionen sehr beliebt sind.

Praxis zählt.

Was vor allem gesucht wird, sind Praktiker. Also macht es Sinn, Artikel mit konkreten Fallbeispielen auszugestalten. Ein Bericht über die Situation von Führungskraft „Thomas M." und dessen Coachingprozess kann deutlich spannender sein als allgemeine Coaching-Grundsätze. Das Fallbeispiel eines mittelständischen Familienunternehmens, bei dem alle Familienmitglieder dem Geschäftsführer in seine Arbeit hineinreden, zeigt Führung in Familienunternehmen besser als jede Studie oder abstrakte Information. In komplexen Prozessen der Reorganisation kann es auch der Fall selbst sein, der zum Thema wird. Nach dem Motto: *„Übung macht den Meister – Die Führungswerkstatt von XYZ AG"*.

Wollen Sie so praxisorientiert schreiben, lohnt es sich übrigens auch, dies direkt im Exposé zu erwähnen. Es klingt zwar selbstverständlich, aber die wenigsten Fachartikel haben einen wirklichen Praxisgehalt. Und wenn Sie dann noch persönlich schreiben und von konkreten Menschen berichten, nutzen Sie zusätzlich das Inszenierungsprinzip der persönlichen Nähe. Eine wunderbare Voraussetzung für einen guten Artikel.

Berühmte Vorbilder

Ebenfalls sehr beliebt sind Artikel, die Aspekte des Themas vom Leben berühmter Persönlichkeiten herleiten. Beschäftigen Sie sich mit Lebenskrisen, können die Lebenskrisen eines bekannten Künstlers wie Hemingway sehr spannend sein. So beschreiben Sie zum Beispiel eine Krise des Schriftstellers, mit der sich Ihre Kunden gut identifizieren können. Dann leiten Sie ab, wie Hemingway damit umging und was der Leser konkret für seinen Alltag mitnehmen kann. Solche Artikel setzen zwar einiges an Recherche voraus, haben jedoch einen ganz besonderen Charme. Schließlich können Sie einerseits Geschichten erzählen und andererseits eine persönliche Nähe zur jeweiligen Person herstellen. Beides sind Inszenierungsprinzipien, die eine hohe emotionale Beteiligung beim Lesen des Artikels sicherstellen. Und dieser Stil drückt ein gewisses Maß an Kultur aus, als Coach über den eigenen Tellerrand hinauszuschauen. Wenn Sie dann noch über Persönlichkeiten berichten, zu denen Sie eine besondere Affinität haben, ist das eine ideale Basis für einen guten Artikel.

Hoher Neuigkeitswert ist Trumpf.

Auch der Bezug zu einem Thema mit besonderem Neuigkeitswert ist für viele Redaktionen spannend. Ist das Thema „Stress-Leugnung in Führungsetagen" gerade in der Diskussion und Sie haben einen wirklichen Beitrag zu machen, lohnt sich dies als Aufhänger.

Provokation zieht.

Haben Sie bei Ihrer Ideensammlung gute provokative Thesen zu Ihrem Thema gefunden, eignen sich auch diese für einen Fachartikel. Zum Beispiel unter dem Titel „Führung hat nichts mit Führen zu tun – Thesen für eine neue Sicht auf Führung" lassen sich solche Aussagen wunderbar zusammenfassen. Für den Leser bedeutet das, gewohnte Denkbahnen zu verlassen und mit Ihnen eine neue Perspektive einzunehmen. Gerade diese Art, einen Beitrag aufzubauen, wird nur sehr selten genutzt. Dabei ist sie vielversprechend – erst kürzlich machte der Soziologe und Organisationsberater Prof. Stefan Kühl von sich reden, indem er die Studie „Das Scharlatanerieproblem – Coaching zwischen Qualitätsproblemen und Professionalisierungsbemühungen" veröffentlichte. Zahlreiche namhafte

 224

Medien veröffentlichten Interviews und Beiträge von ihm, die kontrovers diskutiert wurden. Auch wenn er sich damit nicht nur Freunde machte – bekannt ist er jetzt.

Diese Spielart der Inszenierung ist natürlich nur dann sinnvoll, wenn Sie wirklich Freude daran haben und auch den „Gegenwind" aushalten können.

5. Schritt: Veröffentlichung und die Zeit danach

Ist der Artikel veröffentlicht, bietet es sich an, an vielen Stellen darauf zu verweisen. Mindestens auf Ihrer Internetseite und E-Mail-Signatur sollten Informationen zum Artikel stehen. Wenn möglich und mit dem Medium abgesprochen, können Sie nach einiger Zeit auch eine Downloadmöglichkeit Ihres Beitrags anbieten.

Verweisen Sie auf Ihren Beitrag.

Darüber hinaus ist es einen Gedanken wert, den Artikel in Kopie (mit dem Medium abstimmen!) an „kalte Kontakte" zu verschicken, also an jene Personen in Ihrer Datenbank, von denen Sie schon lange nichts mehr gehört haben. Summieren sich Ihre Publikationen, lohnt sich auch eine kleine Pressemappe mit Ihren Beiträgen, die Sie dann beispielsweise mit Ihren Angeboten verschicken können.

Die 60-Sekunden-Präsentation

In Einzelberatungen und Workshops stelle ich meinen Kunden zahlreiche Profilierungskanäle, also Instrumente zum Bekanntwerden vor. Ein Instrument sorgt dabei fast immer für große Begeisterung. Es ist schnell zu erstellen, kostengünstig und kann vielseitig eingesetzt werden. Die Rede ist von der 60-Sekunden-Präsentation.

Selbstablaufende Bildschirmpräsentationen

Dabei handelt es sich um eine selbstablaufende, 60-sekündige Bildschirmpräsentation, in der Sie sich und Ihre Leistungen präsentieren. Diese Präsentation kann in PowerPoint oder Flash programmiert werden und wird vom Interessenten aufgerufen. Nun sieht der Betrachter animierte Texte und Grafiken und kann sich so – in etwa 60 Sekunden – ein erstes Bild von Ihnen machen.

Das Entscheidende dabei: Es geht nicht darum, umfassend zu informieren, sondern neugierig zu machen. Der Erfolg dieses Instruments hängt im Wesentlichen von drei Faktoren ab:
- Text und Inszenierung
- Grafik und Programmierung
- Einsatz der 60-Sekunden-Präsentation

Text und Inszenierung

Wie bei allen Möglichkeiten bekannter zu werden, gelten auch hier die Regeln der Inszenierung. Bereits zu Beginn der 60-Sekunden-Präsentation soll der Interessent so neugierig gemacht werden, dass er mit Konzentration bei der Stange bleibt. Denn 60 Sekunden klingen zwar nach wenig, können aber im hektischen Alltag Ihrer Kunden sehr lang werden. Wie können Sie diese Spannung aufbauen? Zum Beispiel über den Leidensdruck Ihrer Kunden. Erinnern wir uns kurz an unseren Karriere-Coach aus Kapitel 3, der einige Leidensdruckthemen seiner Kunden definiert hatte:

Ich bin unglücklich mit meiner momentanen Position, weiß aber nicht, wie und wohin ich mich verändern soll.

Ich habe mein Studium abgeschlossen und enorm viele Interessen. Ich habe keine Idee, für welche Option ich mich entscheiden soll.

Ich bin Mitte 50 und werde voraussichtlich entlassen. Wie kann es für mich weitergehen? Ist Selbstständigkeit eine Option?

Ich war 30 Jahre lang selbstständig und bin leider insolvent. Wer will mich denn einstellen? Oder bleibe ich selbstständig?

Hieraus lässt sich ein wunderbarer Einstieg für seine kurze Präsentation machen. Alle Angaben sind – ebenso wie unser Coach – frei erfunden.

Es ist Zeit für eine Veränderung.
Freiwillig oder unfreiwillig.

Doch wohin soll die Veränderung gehen?

Was machen Sie zum Beispiel, wenn Sie ...

- unglücklich mit Ihrer momentanen Position sind, aber noch keine konkrete Alternative kennen? Alles scheint schwierig, fast schon unmöglich.
- damit rechnen müssen, entlassen zu werden? Sie wissen nicht, ob Sie woanders eine Chance bekommen – und vor allem wo.

- Ihre Ausbildung abgeschlossen haben und die Möglichkeiten so zahlreich sind? Sie können sich nicht entscheiden.
- nach 30 Jahren Selbstständigkeit insolvent sind? Sie wissen nicht, ob Sie noch jemand einstellen würde oder ob sie die Selbstständigkeit noch einmal wagen sollen.

Folienwechsel

Das sind nur wenige Beispiele meiner Kunden. Aber sie zeigen eines:

In dieser Situation braucht es einen KLAREN BLICK auf die Möglichkeiten und Risiken.

Es braucht emotionale Sicherheit, um diesen Blick zu erreichen.

Und ...
... es braucht einen Coach mit viel Erfahrung, der Ihnen Sicherheit und einen klaren Blick ermöglichen kann.

Folienwechsel

Peter Müller
Ihr Karriere-Coach mit ...

... 20 Jahren Erfahrung im Karriere-Coaching
... Erfahrung sowohl in angestellter als auch – und vor allem
– selbstständiger Position
... über 30 Publikationen zum Thema „Sicherheit in schwierigen Karriere-Etappen"
... Zertifizierung der International Coach Federation als Master Certified Coach

Lernen wir uns kennen!
Ich freue mich über Ihre Nachricht!

Peter Müller
(Adresse, Unterschrift)

Folienwechsel

Profilierung

Das Ganze mit guter Grafik, guten Fotos des Coaches und sinnvoller Animation macht Lust auf mehr, oder? Was hat Peter Müller gemacht? Er hat sich für Interessenten spannend gemacht, indem er deren Leidensdruckthemen exemplarisch aufgegriffen hat. Dann hat er zu seiner Haupt-SEP, den 20 Jahren Erfahrung, übergeleitet und weitere Vorteile einer Zusammenarbeit mit ihm aufgezeigt.

Leidensdruckthemen

Eine weitere gute Möglichkeit, von Beginn an Spannung zu generieren, ist der Aufbau persönlicher Nähe. In Kapitel 3 haben Sie den fiktiven Coach Dorothea Echtermeyer kennen gelernt. Sie ist spezialisiert auf Coaching für all jene, die auf Grund des Downsizings im mittleren Management ihre Position verloren haben. Also hat sie sich entschieden, in ihrer 60-Sekunden-Präsentation persönliche Nähe durch eine typische Leidensgeschichte zu erzählen und zunächst nicht viele Informationen über sich zu geben. Das Thema soll im Mittelpunkt stehen. Eine 60-Sekunden-Präsentation kann dann zum Beispiel so geschrieben sein (alle Daten wieder frei erfunden):

Bauen Sie persönliche Nähe auf.

Eine typische Geschichte aus dem mittleren Management:

Als Markus Meyer frühmorgens das Bürogebäude betrat, wurde er zu seinem neuen Chef gerufen.

Dieser arbeitete seit knapp drei Monaten im Unternehmen, um es aus der schwersten Krise seiner Geschichte zu führen.

Markus Meyer spürte, dass ihn eine unangenehme Nachricht erwartete.

Folienwechsel

„Herr Meyer, wie ich immer wieder höre, waren Sie die letzten 20 Jahre immer für unser Unternehmen da. Ihre Mitarbeiter schätzen Sie, und Ihre Ergebnisse sind gut. Genau deshalb fällt es mir so schwer, Ihnen diese Nachricht zu überbringen.

Wir sehen uns leider gezwungen, Sie nicht weiter zu beschäftigen. Die Änderungen in den Hierarchiestrukturen geben uns keine andere Wahl.

Aber ich kann Ihnen versichern: Wir werden alles tun, damit der Ausstieg für Sie so reibungslos wie möglich verläuft."

Das Gespräch ging noch eine ganze Weile ...

Folienwechsel

Das ist nur ein Beispiel. Aber es zeigt eines: Kündigungen im mittleren Management treffen oft überraschend und hart.

Eigene Kündigungen sind häufig nur der Versuch, dem Zwangsläufigen aktiv zu begegnen.

Folienwechsel

Als Coach unterstütze ich Sie, wenn Sie aus einer Position des mittleren Managements entlassen wurden oder selbst gekündigt haben.

Weitere Informationen finden Sie in meinem aktuellen Artikel unter www.jetzt-erst-recht.de

Dorothea Echtermeyer
Karrierecoaching für das mittlere Management
(Adresse)

Folienwechsel

Positionierung über Thema und Zielgruppe

Über die persönliche Nähe des „Falls Markus Meyer" sowie dessen Leidensdruck wird in diesem Beispiel Spannung erzeugt. Ob man hier auch die SEP des Coaches hätte erwähnen sollen? Darüber lässt sich streiten. In jedem Fall hat sie ihre thematische sowie ihre Zielgruppen-Positionierung klar benannt und damit zumindest eine Besonderheit ausgedrückt.

Wieder eine andere Möglichkeit des Spannungsaufbaus hat Mathias Paul Weber, Deutschlands erster SteuerConflictCoach in seiner 60-Sekunden-Präsentation genutzt. Aber lesen Sie selbst:

Was denken Sie, wenn Sie F I N A N Z A M T hören?

Die meisten meiner Kunden denken an „den Feind".
Denn sie stecken in einem Konflikt mit dem Finanzamt.
Schwelend oder ganz akut.

Als Deutschlands erster SteuerConflictCoach arbeite ich mit Ihnen an einer Lösung, die
- *aufgestaute Emotionen abbaut und beide Seiten zur Sache finden lässt*
- *für Sie wirtschaftlich sinnvoll ist*
- *beiden Seiten ein positives Gefühl gibt*
- *dauerhaft eine gute und reibungslose Zusammenarbeit sichert*

Meine Erfahrung für Sie:
- *Ausbildung zum Steuerinspektor*
- *3 Jahre Oberfinanzdirektion: Insider der Finanzämter*
- *Seit 12 Jahren Steuerberater*
- *Seit 2003 SteuerConflictCoach mit x nachgewiesenen Fällen*

SteuerConflictCoach
Mathias Paul Weber
Steuerberater, Dipl.-Finanzwirt
Fon: 06464 / 93 49 24
www.steuerconflictcoach.de

Konflikte mit dem Finanzamt sind lösbar!

Kapitel 6

Eine Frage zum Einstieg Das Geheimnis hier: eine Frage zum Einstieg. Wie in Kapitel 3 beschrieben, öffnen Fragen den Geist. Und tatsächlich wirkt die Frage zu Beginn besser, als wenn M. P. Weber geschrieben hätte:

„Die meisten Menschen denken bei ‚Finanzamt' an – den Feind."

Eine solche Frage kann auch bestimmte Studienergebnisse und Zahlen zum Thema haben.

Auf diese Weise hat das die Verhandlungstrainerin Petsy Fink gelöst. Mit ihrem Beispiel möchte ich zum nächsten entscheidenden Punkt überleiten, der Grafik und Programmierung. Daher sehen Sie ihre 90-Sekunden-Präsentation (ja, die ist etwas länger!) in der grafisch gestalteten Version:

1.

2.

3.

4.

5.

6.

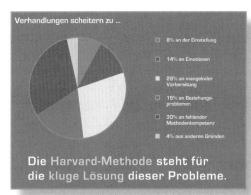

7.

8.

9.

10.

Kapitel 6

11.

12.

13.

14.

Erfolgreiche
Verhandlungsführung
ist keine Gabe.

Sondern erlernbar.

Für jedermann.

15.

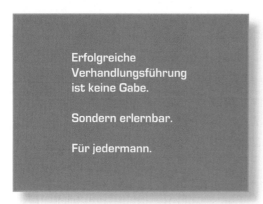

16.

Profilierung

Grafik und Programmierung

60-Sekunden-Präsentationen sind ein sehr emotionales Instrument. Um diese Emotionen aufzubauen, reichen Texte häufig nicht aus. Gerade Fotos und Bilder sowie die gesamte Grafik entscheiden sehr über deren Wirkung. Stellen Sie sich nur einmal das bereits gezeigte Beispiel von Petsy Fink ohne Grafik vor. Es würde nicht annähernd so gut wirken. Sehr bewährt hat sich der großflächige Einsatz von Fotos wie im folgenden Beispiel von Gudrun Happich:

Fotos und Bilder mit Wirkung

1.

2.

3.

4.

5.

6.

7.

Diese Präsentation wurde natürlich von einem Profi umgesetzt. Um die Abläufe fließend zu gestalten, wurde die Datei im Format „Flash" programmiert. Kunden und Interessenten erhalten dann einen Link zum Abrufen der Datei im Internet.

Eine solche Programmierung lässt sich heute in guter Qualität schon ab 500 bis 600 Euro realisieren.

Eine selbst gemachte Lösung

Aber selbst wenn Sie auf aufwendige Grafik und Flash-Programmierung verzichten, kann sich die 60-Sekunden-Präsentation lohnen. Jörg Bothe, Experte für außergewöhnlich komplexe Verhandlungen, hat seine Präsentation selbst in PowerPoint umgesetzt. Gemäß seiner Art der Unternehmenspräsentation ist sie sehr gradlinig und verzichtet auf Grafiken und Spielereien. Sehen Sie selbst!

Profilierung

1.

JÖRG BOTHE VERHANDLUNGEN

Jörg Bothe
Verhandlungen
in 60 Sekunden

2.

JÖRG BOTHE VERHANDLUNGEN

außergewöhnlich komplexe

Verhandlungen…

3.

JÖRG BOTHE VERHANDLUNGEN

Sie haben beim Kunden eine Anlage installiert, die seit Wochen schlecht funktioniert.

Ihr Kunde setzt eine letzte Frist und teilt Ihnen mit, dass sämtliche Zahlungen für Montage und Restzahlung bis auf weiteres zurück gehalten werden und darüber hinaus mit dem entstandenen Mehraufwand verrechnet werden.

Ihre Techniker machen Ihnen wenig Hoffnung auf eine erfolgreiche Verbesserung.

Es drohen 25% des Umsatzes auszufallen,
hier 1,3 Mio Euro.

4.

JÖRG BOTHE VERHANDLUNGEN

Von Ihrem größten Kunden erhalten Sie ein Fax:

„Aufgrund der allgemein schlechten Wirtschaftslage müssen wir alle Einsparpotenziale nutzen. Daher fordern wir Sie zu einer sofortigen Kostenreduzierung von 10%, sowie einer weiteren Reduzierung um 10% innerhalb der nächsten zwei Jahre auf.

Wir gehen von Ihrem Einverständnis für diese Preissenkung aus und ändern ihre Einkaufsdaten entsprechend."

Schon 10 % Preissenkung machen das Projekt für Sie unrentabel.

5.

JÖRG BOTHE VERHANDLUNGEN

Sie sind gezwungen, in zwei wichtigen Produktbereichen gleichzeitig große Investitionen zu tätigen. Ansonsten droht das Wegbrechen eines Marktsegments. 80 Mitarbeiter von 270 müssten entlassen werden, ca. 50 % des Umsatzes entfielen.
Die Existenz Ihres Unternehmens ist bedroht.

Die Liquidität ihres Unternehmens deckt jedoch maximal die Investition für ein Produkt.

Die Verhandlungen mit den Banken gestalten sich schwirig und die Zeit läuft immer schneller davon…

6.

JÖRG BOTHE VERHANDLUNGEN

Was würden Sie tun?

Kennen Sie alle notwendigen Schritte um das Projekt, sicher, souverän und erfolgreich abzuschließen?

Sind alle Risiken abgesichert?

Sind Sie bereit?

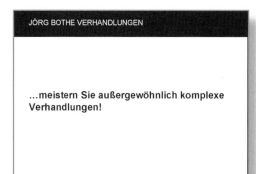

7.

8.

Natürlich sind derartig lange Texte im Original animiert, so dass der Leser nicht gleich von der Menge erschlagen und seine Aufmerksamkeit geführt wird.

„Schicken Sie mal was ..." Jetzt haben Sie eine spannende und gut gestaltete 60-Sekunden-Präsentation. Und wie so oft hängt nun alles davon ab, wie Sie Ihr neues Instrument einsetzen.

Einsatz der 60-Sekunden-Präsentation

60-Sekunden-Präsentationen gehören zu den vielseitigsten Instrumenten des Sog-Marketings. Deren Einsatz eignet sich unter anderem:

1. In der Kaltakquise

Machen Sie noch eine wirkliche Kaltakquise und rufen potenzielle Kunden an, sagen am Telefon die wenigsten ab. Die erfahrungsgemäß häufigste Reaktion ist: *„Schicken Sie mal was."* Neben Ihren sonstigen Unterlagen können Sie dann den Link zu Ihrer Präsentation versenden, was in der Regel einen besonders guten Eindruck hinterlässt.

Aber auch in Mailings lässt sie sich einsetzen. So können Sie in einem PS zum Beispiel schreiben:

"Unter www.beispiellink.de lernen Sie meine Arbeit in nur 60 Sekunden kennen. Seien Sie gespannt!"

In jedem Fall erhöhen Sie so massiv die Chance auf Reaktion, denn das macht neugierig.

2. Nach Telefonaten

Nachdem ein Interessent bei Ihnen angefragt hat und Sie miteinander telefoniert haben, möchte er ja in aller Regel weitere Informationen zugesendet haben. Nun können Sie zum Beispiel sagen:

"Wäre es für Sie o.k., wenn ich Ihnen das Angebot bis nächsten Donnerstag zukommen lasse? ...

Wenn Sie mögen, sende ich Ihnen vorab per E-Mail meine 60-Sekunden-Präsentation."

Zwei Minuten nach dem Telefonat hat der Interessent dann schon eine erste Kennenlernpräsentation von Ihnen und freut sich auf mehr.

3. Als Empfehlungsinstrument

Wie oft passiert es, dass Kunden Ihnen von Kollegen, Bekannten oder anderen Personen erzählen, die Ihr Coaching auch einmal nutzen könnten. *„Ich empfehle Sie gerne"*, ist schnell gesagt, doch in aller Regel passiert – nichts. Das liegt vor allem daran, dass Sie nicht die Botschaft der Empfehlung steuern können. Ein lapidares *„Geh' mal zu dem, der hat mir geholfen"* hat eben noch selten jemanden zum Einschalten eines Coaches animiert.

Mehr Erfolg verspricht hier Ihre 60-Sekunden-Präsentation. Spricht jemand von einer möglichen Empfehlung, senden Sie ihm direkt einen Link zu dieser Datei mit der Bitte, ihn an den Interessenten weiterzugeben. Nun haben Sie die erste Botschaft gesteuert und gleich einen positiven Eindruck hinterlassen.

Der Empfehler gibt den Link weiter.

4. Zum internen Verkauf

Eine Argumentations-hilfe für Budget-gespräche von Personalern

Sie haben erfolgreich mit einem Personaler verhandelt und dieser möchte Sie unbedingt buchen. Was noch fehlt, ist die Genehmigung seines Vorgesetzten. Je einfacher er diesem Ihre Qualitäten vermitteln kann, desto besser stehen Ihre Chancen und desto schneller geht es. Eine professionell gestaltete Datei hilft ihm dabei sehr. Denn sie vermittelt nicht nur Ihre Kernbotschaft, sondern zeigt auch eine gewisse Solidität und Professionalität. Damit ist sie das ideale Instrument für interne Weiterempfehlungen.

Variationen

Das Instrument der 60-Sekunden-Präsentation eignet sich natürlich hervorragend auch für andere Zielgruppen und Zwecke.

Ein Teaser für Journalisten

So lässt es sich ideal als kleiner „Heißmacher" für freie Journalisten (siehe nächster Abschnitt) nutzen. Dadurch strahlen Sie auch hier Professionalität, Klarheit und eine entsprechende Spezialisierung aus.

Aber auch andere Zwecke sind denkbar. Macht man aus den 60 Sekunden beispielsweise zwei Minuten, ließen sich die „fünf wichtigsten Tipps für Führungskräfte", „Das Geheimnis der Selbstorganisation" oder auch „Karrierewege für Berufseinsteiger" als Themenpräsentationen aufbereiten. Natürlich enthalten diese Kurzpräsentationen dann einen konkreten Nutzen, ähnlich einem Fachartikel. Nutzbar sind sie als Follow-up, etwa nach Vorträgen. So können Sie am Ende eines Vortrags anbieten: *„Wenn Sie mögen, lassen Sie mir doch Ihre Karte da. Ich sende Ihnen dafür den Link zu meiner 2-Minuten-Info ‚Die 5 wichtigsten Tipps für Führungskräfte'."*

Lassen Sie Ihrer Fantasie einfach freien Lauf mit diesem mächtigen und nützlichen Instrument!

Und weil die vorgestellten Beispiele animiert viel besser wirken, finden Sie diese mit vielen weiteren Infos in meinem „Brennglas Beratermarketing" unter: **www.brennglas-beratermarketing.de**

Profilierung

Themenvorschläge an freie Journalisten

Freie Journalisten sind Unternehmer wie Sie. Sie müssen permanent am Ball bleiben und Redaktionen einzelner Medien mit Themen, Artikeln, Interviews und natürlich auch Radio- und TV-Beiträgen beliefern. Der Engpass sind dabei kompetente, seriöse und professionell arbeitende Experten. Und genau das sind Sie! Also müssen Sie die freien Journalisten nur auf sich aufmerksam machen.

Gelingt Ihnen das und möchte derjenige über Sie berichten, gibt es verschiedene Möglichkeiten. Die häufigste ist, dass ein Beitrag über Ihr Thema verfasst wird und Sie als *einer* der Experten auftauchen. Die Betonung liegt auf „einer", denn ein seriöser Journalist wird zumeist mehrere Perspektiven in seinen Artikel integrieren wollen. Ausnahme sind natürlich Reportagen über Sie als Person, die wirklich nur Sie als „Hauptdarsteller" porträtieren.

Eine zweite häufige Chance ist die Veröffentlichung eines Interviews mit Ihnen als Experte. Gerade hierfür beauftragen viele Medien ihre freien Journalisten.

Drei Schritte ebnen den Weg:

1. Schritt: Recherche der freien Journalisten

Zunächst einmal müssen Sie natürlich wissen, wen Sie überhaupt ansprechen wollen. Unter den zahlreichen Quellen hat sich die Internetseite „www.djv-freie.de" sehr bewährt. Hier ist ein Teil der freien Journalisten aufgeführt, die im Deutschen Journalistenver-

Wen wollen Sie ansprechen?

© managerSeminare

Datenansicht

Persönliche Daten

Name:	Thomas Muster
Straße:	Musterweg 22
PLZ, Ort:	00000 Musterdorf (D)
Bundesland:	Rheinland-Pfalz
Telefon:	012345 / 45 67 89
Telefon2:	
Mobil:	0171 12 34 56
Fax:	012345 / 4 56 78 99
E-Mail:	Mustermann@t-muster.de
Homepage:	http://www.musterjournalist.de

Tätigkeitsbereich

Überwiegend tätig für: durch:
Printmedien   Text
                             Bild

Region/Ausstattung

Berichterstattungsgebiet: Technische Ausstattung:
bundesweit   ISDN
                             Digitalkamera
                             digitale Bildlieferung

Ressorts

Gesellschafts-/Sozialpolitik   Ökologie

Besondere Fachgebiete/Ressorts

Gesundheitswesen, Gesundheitsökonomie, Gesundheitskommunikation, Selbsthilfe, Medizin, Pharmazie, Kommunikation, Ökologie, Limnologie

Vita

Jahrgang 1952, Studium der Biochemie, Marketing & Vertrieb in mehreren Pharmakonzernen, Studium des Journalismus und der Gesundheitswissenschaften, Chefredakteur mehrerer Selbsthilfezeitschriften und Kommunikationstrainer

band (djv) zusammengeschlossen sind. Mit der Suchfunktion können Sie nach Ihrem Themenschwerpunkt suchen. Geben Sie zum Beispiel den Schwerpunkt „Gesundheitswesen" ein, erhalten Sie sieben Treffer (Stand: Juli 2006). Klicken Sie den einzelnen Eintrag an, erhalten Sie die auf der linken Seite genannten Informationen.

So bekommen Sie die wesentlichen Informationen zu den einzelnen Ansprechpartnern. Dabei empfehle ich Ihnen, nur jene freien Journalisten in die engere Auswahl zu nehmen, die nicht „PR ..." in ihrem Portfolio haben. Denn diese wollen häufig redaktionelle Beiträge für Sie verfassen und dafür ein Honorar erhalten. Doch das nutzt Ihnen ja nichts, Sie wollen als Experte gefragt werden.

2. Schritt: Vorbereiten einer Information für die Journalisten

Nun brauchen Sie natürlich etwas, das Sie als Information über sich versenden können. Drei Instrumente führen dabei am häufigsten zum Erfolg: Die 60-Sekunden-Präsentation für Journalisten, die „Themen-Info" und das Thesenpapier.

1. Die 60-Sekunden-Präsentation für Journalisten

Wie bereits angedeutet, eignet sich diese Präsentationsform optimal für den Einsatz bei freien Journalisten. So macht die weiter oben gezeigte Datei von Gudrun Happich neugierig auf das Thema bioSystemik und ist damit ein idealer Einstieg. Genauso können Leidensdruckthemen von Kunden, eine persönliche Geschichte oder kritische Anmerkungen zu „Trendthemen" zum Inhalt der Präsentation gemacht werden.

2. Die „Themen-Info"

Eine Themen-Info gibt auf einer DIN-A4-Seite weitere Informationen zum Thema und zu Ihnen als Person. Dabei sollte vor allem auf Unterschiede zur klassischen Berichterstattung geachtet werden.

Eine Kurzinformation

Nichts langweilt einen Journalisten mehr als Informationen, die er schon kennt. Das Ergebnis kann beispielsweise so aussehen:

Kurzinformation
Gudrun Happich – Diplom-Biologin und Systemischer Coach

Warum lernen Führungskräfte und Unternehmer nicht vom erfolgreichsten Unternehmen aller Zeiten – der Natur? Diese Frage stellte sich Gudrun Happich vor über 10 Jahren und entwickelte ihre ersten Prinzipien der bioSystemik. Sie geben Unternehmern und Führungskräften mittelständischer Unternehmen eine Orientierungsmöglichkeit im Dschungel der Führungs- und Effizienzstrategien.

Drei Beispiele für das Lernen vom Erfolgsunternehmen Natur:

Wenn wir uns schneiden, stoppt unser Körper die Blutung in sieben Schritten. So können wir fast nicht verbluten.
Prinzip: *Die Natur kalkuliert Fehler und deren Behebung ein!*
▶ *Wie können sich Führungskräfte besser auf wahrscheinliche Fehler vorbereiten?*

Manchmal überleben Fliegen mit kleinen Flügeln den Winter, manchmal welche mit großen.
Prinzip: *Nicht der Stärkere gewinnt, sondern der für diese Umwelt Bessere!*
▶ *Wie können Mitarbeiter in Unternehmen für ihren Markt immer besser werden?*

Grün geerntete Bananen hören beim Transport auf zu reifen. Erst kurz vorm Ziel werden sie mit „Reifestoffen" besprüht und werden sonnengelb.
Prinzip: *Bestimmte Stoffe regulieren das Wachstum.*
▶ *Was sind die Wachstums-Initiatoren im mittelständischen Unternehmen?*

Profilierung

Zu Gudrun Happich:

Gudrun Happich ist Executive Coach und Gründerin von Galileo – Institut für Human Excellence. Als diplomierte Naturwissenschaftlerin mit über 12 Jahren eigener Führungserfahrung berät sie Unternehmer, Führungskräfte und Mitarbeiter bei der Steigerung von Leistungsfähigkeit, Produktivität und Zufriedenheit. Als eine der ersten Beraterinnen Deutschlands ist sie zertifiziert nach dem MCC-Standard der International Coach Federation, dem höchsten Qualitätsstandard für Coaches. Hierfür wies sie über 7.500 Stunden Coaching-Erfahrung nach, obgleich selbst für diese Zertifizierung nur 2.500 notwendig sind. Als Entwicklerin der bioSystemik verbindet sie ihr Know-how als Naturwissenschaftlerin mit ihren eigenen Erfahrungen und ihren Ausbildungen als systemische Beraterin und Coach.

Weitere Infos und Referenzen:

Galileo . Institut für Human Excellence
Gudrun Happich
(Kontaktdaten)
Bitte beschränken Sie sich bei Ihrer Kurzinfo unbedingt auf eine Seite. Denn Ihr Gegenüber hat viel zu tun. Ein Wust von Unterlagen würde daher keinen professionellen Eindruck machen.

3. Das Thesenpapier

Thesen können, wenn Sie neu sind, wirkliche Spannung aufbauen! Also können Sie die Infos zu Ihnen und Ihrem Thema mit einigen Thesen verbinden. Diesen Weg geht zum Beispiel SteuerConflict-Coach Mathias Paul Weber:

Thesen bauen Spannung auf.

Der SteuerConflictCoach
Konflikte mit dem Finanzamt sind lösbar

Auseinandersetzungen zwischen Steuerzahler und Finanzamt sind an der Tagesordnung und oft emotional aufgeladen. Kompliziertes Steu-

errecht, als zu hoch empfundene Abgabenbelastung und mangelnde Steuergerechtigkeit erzürnen den Bürger, steigende Arbeitsbelastung bei sinkendem Gehalt und fehlender gesellschaftlicher Akzeptanz setzen den Finanzbeamten zu.

Mathias Paul Weber, Deutschlands erster SteuerConflictCoach, bringt auch für den Steuerzahler heikle Situationen zu einem guten Ende. Er setzt dabei auf inhaltliche, strukturelle und emotionale Lösungen. So entsteht für beide Parteien ein Gewinn, Konflikte sind nicht nur kurzfristig gelöst, sondern dauerhaft aus der Welt geräumt.

Mathias Paul Weber sagt:

1. **Steuerzahler und Finanzamt sitzen in einem Boot**
   - *Beide leiden unter dem komplizierten Steuerrecht mit ständigen Änderungen und Neuerungen.*
   - *Beide belastet das Thema Steuern: Die Steuerzahler sind wirtschaftlich davon betroffen und sehen häufig keine Gegenleistung für die Zahlungen. Das Finanzamt als Inkasso-Organ des Staates begegnet einer Front der Ablehnung bei den Bürgern.*

2. **Ein partnerschaftliches Verhältnis mit dem Finanzamt ist möglich**
   - *Durch Verständnis für den anderen und seine Situation wird der Umgang miteinander freundlicher, ohne dabei die eigenen Interessen/Aufgaben zu vernachlässigen.*

3. **„Mein Freund vom Finanzamt". Das bringt Nutzen für den Unternehmer**
   - *Konflikte und Auseinandersetzungen kosten Zeit und Energie; Energie die sinnvoller und zielgerichteter im Unternehmen verwendet werden kann. Ein wichtiger Nebeneffekt: Die Lebensqualität steigt.*
   - *Durch ein partnerschaftliches Verhältnis werden Konflikte einfacher gelöst, das heißt, der Steuerzahler kann mit einem deutlichen Entgegenkommen des Finanzamtes rechnen.*

Mathias Paul Weber war nach seiner Ausbildung zum Steuerinspektor 3 Jahre an der Oberfinanzdirektion Frankfurt/M. tätig, er kennt als Insider die Denk- und Vorgehensweise des Finanzamtes. Seit 12 Jahren ist er Steuerberater und seit 2003 SteuerConflictCoach. Er betreut seine Kunden erfolgreich bei der Deeskalation von Steuerkonflikten.

Weitere Informationen:

*Mathias Paul Weber
(Kontaktdaten)*

Ganz gleich, für welche Möglichkeiten Sie sich entscheiden: Besonders wichtig ist eine sorgfältige und präzise Vorbereitung. Denn jetzt geht es an das ...

3. Schritt: Kontaktieren des Journalisten

Auch hier gilt: In der Kürze liegt die Würze. Also schreiben Sie am besten eine E-Mail mit wenigen (!) Informationen zum Thema und ggf. auch zu sich. Das kann dann so aussehen:

Liebe Frau Meierhofer,

gerne möchte ich Ihnen als freie Journalistin einen Themenvorschlag machen, der als Beitrag sowie Interview aufbereitbar wäre.

Lernen von der Natur scheint aktuell besonders ‚in' zu sein, kaum ein TV-Sender berichtet nicht über ‚Wunder der Natur' und was wir davon lernen können. Vor allem finden diese Erkenntnisse in der Technik Anwendung, z.B. bei selbstreinigender Fassadenfarbe. Für Unternehmen und Führungskräfte gibt es jedoch nur die üblichen ‚Vorbilder' wie Zugvögel oder komplexe Ameisenstaaten.

Als Diplom-Biologin und Coach arbeite ich intensiv mit Führungskräften. Und stelle fest: Sie können viel von der Natur lernen. Zum Beispiel gibt es auch hier, bezogen auf die eigene Leistung, entweder Sprinter oder Dauerläufer. Ähnlich ist es im Tierreich, wo Geparden als Sprinter schnelle Spitzenleistung bringen und dann ruhen müssen. Löwen hingegen jagen langsamer und ausdauernder, eine andere Möglichkeit, die eigene Leistung aufzuteilen.

Über dieses und weitere Beispiele würde ich gerne in einem Beitrag oder Interview berichten und konkrete Tipps für Führungskräfte in Unternehmen geben. Weitere Gesprächspartner und Literaturempfehlungen könnte ich geben.

Was halten Sie davon?

Weitere Infos zum Thema finden sie unter anderem auch in einer kurzen 60-Sekunden-Präsentation:
http://www.galileo-institut.de/60sekunden/

Mit freundlichen Grüßen
Gudrun Happich

Was macht Gudrun Happich hier? Zunächst sagt sie, was sie möchte: Sie will einen Themenvorschlag machen und signalisiert bereits hier, dass sowohl ein Beitrag als auch ein Interview möglich wären.

Relevanz darstellen   Im folgenden Abschnitt führt sie vor Augen, welche Relevanz ihr Thema aktuell hat. Die Botschaft ist klar: Darüber muss man berichten, das können Sie als freier Journalist einem Medium verkaufen!

Nun stellt Gudrun Happich einen Bezug zu sich her und verdeutlicht, wie wichtig das Thema auch für Führungskräfte sein kann. Sie nutzt dazu eine anschauliche Metapher, die auch noch einmal das Spannungspotenzial der bioSystemik klar macht.

Durch den Hinweis, weitere Gesprächspartner und Literaturempfehlungen geben zu können, zeigt sie Kenntnis darüber, wie freie Journalisten arbeiten. Sie bietet Unterstützung bei der weiteren Recherche für einen objektiven Bericht. Das erleichtert die Arbeit des Freien ungemein!

Es folgen ein Hinweis auf die 60-Sekunden-Präsentation für Journalisten und die ehrlich gemeinte Frage, inwieweit das Thema für den Ansprechpartner interessant ist.

Eine rundum gelungene, angenehme Mail, die das Thema auf den Punkt bringt.

4. Schritt: Nachfassen

Erhalten Sie keine Reaktionen, kann das unterschiedliche Gründe haben. Meistens legen Journalisten Infos dieser Art in ihrer Datenbank ab, um bei Bedarf auf passende Experten zugreifen zu können. Es ist gar nicht selten, dass Sie dann erst ein oder zwei Jahre später etwas von der Person hören. Dennoch kann sich ein kurzes telefonisches Nachhören lohnen. Denn manchmal gehen solche Informationen auch in der Tageshektik unter. Kontaktieren Sie konstant freie Journalisten, wird sich das eines Tages lohnen. Vielleicht nicht nach einem Monat, vielleicht auch nicht nach einem halben Jahr. Aber nach einem, manchmal mehreren Jahren wird man sich an Sie erinnern – ein weiterer Baustein für Ihre Bekanntheit.

Vorträge

Nun haben Sie vier Instrumente kennen gelernt, die letztlich auf eine Präsenz in Medien oder die Vermittlung Ihrer Inhalte per Medium abzielen. Doch auch der direkte Kontakt zu potenziellen Kunden kann Ihre Bekanntheit nach oben katapultieren. Um eine große Zahl von Menschen möglichst effektiv zu erreichen, sind Vorträge das ideale Instrument. Doch wo lassen sich Vorträge halten, wie tritt man optimal an die Veranstalter heran und zu welchen Konditionen sollte man arbeiten? Lassen Sie uns diese Fragen näher betrachten:

Der passende Veranstalter

Wo möchten Sie vortragen?

Für Vortragsredner gibt es unterschiedliche „Bühnen". Am einfachsten ist es in der Regel, lokal zu beginnen:

Regionaltreffen von Verbänden

Wie in nahezu allen Branchen üblich, werden sich auch Personen Ihrer Zielgruppe in Verbänden zusammengeschlossen haben. Typische Verbände sind Unternehmerverbände wie die Arbeitsgemeinschaft Selbstständiger Unternehmer (ASU), der Bund der Selbstständigen (BDS) oder der Bundesverband mittelständische Wirtschaft (BVmW) und klassische Branchenverbände wie der Bayerische Möbel-Fachverband, der Bundesverband Druck und Medien oder der Handelsverband BAG. Am besten, Sie recherchieren einmal selbst, welche Verbände für Sie in Frage kommen, und auch bestehende Kunden geben häufig gerne Auskunft über für sie interessante Verbände.

Fast alle dieser Vereinigungen haben regionale Treffen, auf denen aktuelle Branchenentwicklungen diskutiert und die gemeinsamen Geschäftsbeziehungen gepflegt werden. Bestandteil solcher Treffen ist nicht selten auch ein Kurzvortrag durch externe Referenten. Genau hier kommen Sie ins Spiel. Entwickeln Sie einen spannenden Vortrag von 15-45 Minuten Länge zu einem Thema, das den Mitgliedern des Verbandes unter den Nägeln brennt – dann stehen Ihre Chancen gut!

Bundesweite/europaweite Treffen von Verbänden

Regionaltreffen sind auch eine gute Eintrittskarte zu den bundesweiten Veranstaltungen der Verbände. Haben Sie es lokal geschafft, die Teilnehmer zu begeistern, sind die Vorsitzenden der Regionalclubs in aller Regel gerne bereit, der „Muttergesellschaft" eine Empfehlung auszusprechen. Und dann wird es meist erst richtig spannend. So organisieren Verbände wie die Arbeitsgemeinschaft Selbstständiger Unternehmer regelmäßige Bundesveranstaltungen mit 400 und mehr Teilnehmern. Ein optimales Podium.

Vortragsveranstalter der freien Wirtschaft

Neben Interessenverbänden existieren eine Reihe von Vortragsveranstaltern der freien Wirtschaft. Diese bieten – vergleichbar mit offenen Seminaren – regelmäßige Vortragsreihen an. Typisch sind etwa das „Schmidt Colleg" mit den „Colleg Tagen" oder „Unternehmen Erfolg" mit seinen Vortragsreihen. Häufig werden hier jedoch ausschließlich besonders namhafte Referenten gebucht, deren Name die Teilnehmer bereits anzieht. Im Gegensatz zu Verbänden, bei denen Eintrittsgelder meist in der Mitgliedschaftsgebühr enthalten sind, müssen sich freie Vortragsreihen schließlich durch die Einnahmen finanzieren. Und dennoch lohnt sich ein Versuch: Ein „Newcomer" mit einem besonders spannenden Thema hat zumindest eine kleine Chance.

Messen und Kongresse

Ebenso wird bei Messe- und Kongressveranstaltern auf namhafte Referenten zurückgegriffen. Aber gerade hier gibt es häufig auch kleinere Vorträge am Rande, die mit Spezialthemen und etwas unbekannteren Referenten besetzt werden. Auch hier zählt letztlich die Qualität und Außenwirkung Ihres Vortragskonzepts.

Unternehmen

Zahlreiche Events in Unternehmen

Bei den meisten der bisher genannten Bühnen lässt sich nur wenig Geld verdienen, sie sind eher Akquiseplattformen. Zumindest gilt das solange, bis Sie einen großen Namen in der Branche haben. Anders ist das bei Unternehmen.

Mittelständische und vor allem große Unternehmen bieten ihren Mitarbeitern, Handelsvertretern und Kunden immer wieder besondere Events an. Das Ziel: Mitarbeiter- und Kundenbindung. Und hier will etwas geboten werden! Was liegt also näher, als auch einmal einen herausragenden Coach mit einem spannenden Vortrag sprechen zu lassen? Bei einer Recherche von Unternehmen, die solche Veranstaltungen anbieten, werden Sie überrascht sein, welch großer Prozentsatz Ihrer Ansprechpartner tatsächlich solche Events organisieren.

Und während Sie bei vielen der zuvor genannten Veranstalter eher für ein Anerkennungshonorar gebucht werden, ist es hier durchaus üblich, ein Tageshonorar für den Vortrag zu verlangen.

Recherchieren Sie in diesen fünf Bereichen, dann werden Sie Vortragsmöglichkeiten für mehrere Jahre finden. Lassen Sie sich ausreichend Zeit mit der Recherche und betrachten Sie jeden Veranstalter genau. Je mehr Sie über Organisation und Ansprechpartner wissen, desto genauer können Sie Ihr Angebot anpassen und die Leidensdruckthemen der Zuhörer erfassen. Und dann ist es endlich so weit – Sie können Kontakt aufnehmen. Hier hat sich eine ähnliche Vorgehensweise wie bei Fachartikeln bewährt.

Das Exposé

Ihr Exposé überzeugt den Veranstalter.

Was muss ein Veranstalter wissen, um Sie ruhigen Gewissens buchen zu können?

Profilierung

- Ihr Thema muss spannend für die Zuhörer sein.
  Nur, wenn eine Passung mit den Leidensdruckthemen und Interessen der Teilnehmer vorliegt, wird sich eine entsprechend große Zahl von Personen anmelden.

- Die Inhalte müssen interessant und didaktisch sauber aufbereitet sein.
  Genau das ist eine entscheidende Gratwanderung in Vorträgen: Wie viele „Show-Effekte" (Storys, Video, Audio, Live-Übungen, Live-Demonstrationen etc.) setzen Sie ein und in welchem Verhältnis stehen diese zum Lerneffekt?

- Sie müssen als Person interessant sein.
  Pauschal lässt sich sagen: Je bekannter Sie sind, desto besser. Je mehr Sie publiziert haben, desto besser. Je spannender und ungewöhnlicher Ihr Lebenslauf ist, desto besser.

- Ihr Marktauftritt und Ihr Exposé müssen absolut professionell sein.
  Ihre Professionalität kennt ein unbekannter Ansprechpartner in aller Regel noch nicht. Neben dem persönlichen Kontakt hat er also nur Ihren Marktauftritt und Ihr Exposé zur Verfügung. Je professioneller beides ist, desto größer sind Ihre Chancen.

Um diese vierfache Wirkung zu erzielen, können Sie Ihr Exposé ähnlich wie ein Fachartikelangebot aufbauen:

Bauen Sie Ihr Exposé wie ein Fachartikelangebot auf.

Sie beginnen zunächst mit einem „knackigen" und aufregenden Titel. Auch hier hat sich die Kombination aus reißerischem Titel und eher normalem, erklärenden Untertitel bewährt. Zwei Beispiele:

Mein Freund vom Finanzamt
Wie Sie Steuerkonflikte souverän lösen

10[155]
Außergewöhnlich komplexe Verhandlungen meistern

Dann folgt auch hier ein „Heißmacher" (Teaser) von ca. 7-15 Zeilen. In diesem sollte sowohl der Titel aufgegriffen als auch das didaktische Konzept klar werden. Im Falle des Verhandlungsvortrags von Jörg Bothe klingt das dann so:

‚Keep it simple' ist zu einem Leitwort in der Verhandlungsführung geworden. Standardlösungen und Instant-Verhandlungstipps werden allerorts versprochen. Klingt sehr vernünftig. Bis Sie versuchen, ein komplexes System von 10^{155} möglichen Zügen zu kontrollieren!

Jörg Bothe zeigt Ihnen aus eigener Praxis drei der unzähligen Erfolgsstrategien in außergewöhnlich komplexen Verhandlungen. Anhand konkreter Fallbeispiele von internationalen Spitzenverhandlern erfahren Sie, wie Sie dieses Wissen in Ihrem Geschäftsalltag nutzen können.

Durch die Grafik der Schachfigur wird klar: 10^{155}, das sind die möglichen Züge eines Schachspiels. Die Botschaft des Referenten ist nun, dass sich außergewöhnlich komplexe Verhandlungen ebenso wenig kontrollieren lassen wie ein Schachspiel. Aber sie lassen sich beeinflussen, und genau das wird dann an drei Erfolgsstrategien deutlich gemacht. Das didaktische Konzept des Vortrags besteht also aus drei Erfolgsstrategien mit entsprechenden Praxisbeispielen.

Nun können Sie die einzelnen *Inhalte des Vortrags* beschreiben. Dazu genügen einige Stichworte:

1. *Die Kuba-Krise – Verhandeln in überraschenden Krisensituationen*
    - *Verhandlungen unter enormem Druck*
    - *Ziele auf Umwegen erreichen*

2. David gegen Goliath – Mittelstand gegen Großindustrie
   - Distance-Profiling – Wie „knacke" ich den anderen?
   - Kreative Ideen in komplexen Situationen

3. Das trojanische Pferd – mit Argumenten verlieren und mit Ideen gewinnen
   - Neue Ideen für komplexe Verhandlungen
   - Team-Management – alle müssen mitziehen

Auch hier gilt: Die Stichworte sollen möglichst neugierig machen, was Jörg Bothe durch „knackige" Schlagzeilen in Verbindung mit Leidensdruckthemen („Verhandlungen unter enormem Druck") seiner Kunden gelingt.

Schlagzeilen sollen neugierig machen.

Nun können Sie ergänzend den *Zuhörer-Nutzen* in Stichworten zusammenfassen, häufig ergibt sich das jedoch bereits aus den Inhalten. So auch hier. Also hat unser Verhandlungscoach und -berater direkt einige *Informationen zur Person* des Referenten angefügt:

Der Zuhörer-Nutzen

Jörg Bothe, einer der wenigen Spezialisten für außergewöhnlich komplexe Verhandlungen im deutschsprachigen Raum, berät und coacht Unternehmen in Verhandlungen seit 2002.

Im Mittelpunkt der Beratung steht immer die Frage der Praktikabilität und der Umsetzungssicherheit der Strategien und Taktiken. Ein Fehler kann sehr viel Geld kosten, denn Verhandlungen werden unter enormem Stress geführt und entscheiden sich in der Praxis und nicht am Schreibtisch.

Die Grundlage für die Beratung bildet die internationale Verhandlungserfahrung als Vertriebsleiter im Maschinen- und Anlagenbau und die Kenntnisse aus seinem BWL- und Maschinenbau-Studium. Darauf aufbauend folgten die Ausbildung zum Coach der Wirtschaft (IHK) und die Weiterbildung Verhandlungsführung im Rahmen eines MBA-Studienganges in Edinburgh.

Schon haben Sie ein rundes Exposé. Ist das Ganze noch ansprechend gestaltet, steht der Kontaktaufnahme nichts mehr im Wege. Der Gestaltung kommt, wie bereits dargestellt, eine besondere Bedeutung zu. Denn hauptsächlich hierüber können Sie sich von all jenen unterscheiden, die meinen, „mal eben" eine Vortragsidee in den Computer tippen zu können. Ein gut gestaltetes Vortragsexposé ist beispielsweise das von Gudrun Happich:

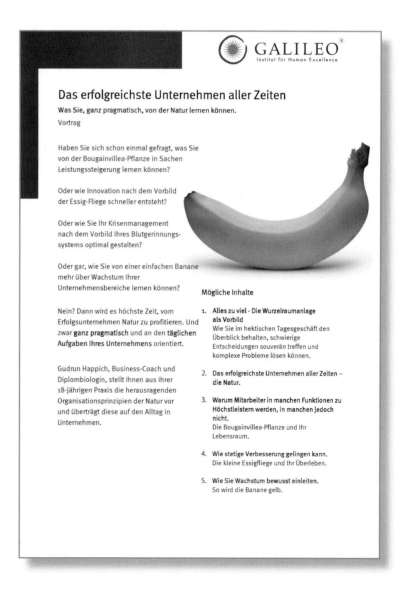

Profilierung

Vortragsexposé

Sobald Ihr Exposé fertig ist, ist es nur noch ein kleiner Schritt, den Kontakt zum jeweiligen Ansprechpartner aufzunehmen.

Konditionen und die ersten Schritte

Die häufigste Frage, die mir im Zusammenhang mit Vorträgen gestellt wird: Zu welchem Honorar ist es sinnvoll zu arbeiten? Die Veranstalter versuchen nahezu immer, Ihre Leistung kostenlos zu erhalten, mit dem Argument, man böte Ihnen schließlich eine ideale Akquiseplattform.

Für die Frage nach dem Honorar gibt es, wie so oft, kein Patentrezept. Ich empfehle meinen Kunden grundsätzlich die folgende Strategie, welche aber im Einzelfall auch ausgesetzt werden kann:

Wann reicht ein Anerkennungshonorar?

Informieren Sie sich, ob und wie viel mit der Vortragsveranstaltung verdient wird. Hat ein Unternehmerverband einen Vortrag regional organisiert, legt er in der Regel sowieso drauf. Es handelt sich um einen Service für Mitglieder. In einem solchen Fall schlage ich vor, neben den Spesen ein Anerkennungshonorar zu berechnen, das bei etwa einem Fünftel bis einem Viertel Ihres Tagessatzes liegen sollte, in Einzelfällen aber auch nur 100 Euro betragen kann. Hier geht es mehr um die Symbolwirkung: Ich arbeite nicht umsonst.

Mit einem ähnlich niedrigen Honorar werden Sie bei Kongressen und Messevorträgen auskommen müssen. Referent auf einer solchen Veranstaltung zu sein bewirkt in aller Regel eine massive Erhöhung Ihres Renommees, zumindest, wenn dies regelmäßig vorkommt. Das wissen die Veranstalter, und so ist ein Anerkennungshonorar häufig das richtige Signal.

Bei solchen Bedingungen können Sie jedoch fast immer eine kleine Gegenforderung stellen. Diese kann beispielsweise in einer Feedback-Karte auf dem Stuhl bestehen. Meine eigene Feedback-Karte sieht zum Beispiel so aus:

Profilierung

Und die Rückseite:

Feedback-Karte

Jeder Teilnehmer kann sich meine Visitenkarte abtrennen und mit nach Hause nehmen. Außerdem kann er mit einem Selbstklebepunkt (im Feld „Platz für Ihre Visitenkarte") direkt seine Visitenkarte aufkleben und ein Feedback geben. Vor allem aber hat der Zuhörer die Möglichkeit, meinen kostenlosen Beratungsbrief „Marken-Manual" zu bestellen und einen Rückruf anzufordern.

Die Rücklaufquote unter den Teilnehmern liegt immer zwischen 80 und 95 Prozent. So kann es sich durchaus lohnen, nur um ein Anerkennungshonorar zu verhandeln. Später können Sie den „Karten-Deal" natürlich auch bei voll bezahlten Veranstaltungen machen.

So viel zu jenen Vorträgen, an denen der Veranstalter selbst wenig oder nichts verdient. Anders ist es bei kommerziellen Veranstaltungen, etwa in Unternehmen. Hier können Sie durchaus ein übliches Honorar verlangen. Dessen Höhe richtet sich natürlich nach dem Thema, Ihrer Bekanntheit, Ihren Zielgruppen, Ihren sonstigen Honoraren usw. Als grober Richtwert hat sich ein Tagessatz bewährt, also Ihr Stundensatz mal acht. Bei den meisten Coaches dauert es etwas, bis Sie diesen Honoraranspruch gut „herüberbringen", aber ein wenig Übung zahlt sich nach kurzer Zeit bar aus.

Welche Variante Sie auch bevorzugen: Sie sind mit Ihrem Vortrag der Dienstleister Ihrer Zuhörer. Von Ihnen wird ein Maximum erwartet und so liegt es nahe, dass Sie für Ihre Arbeit auch vergütet werden – unabhängig, ob regulär oder per Anerkennungshonorar.

Die genannten groben Richtlinien gelten übrigens nur dann, wenn Sie Vorträge nebenbei anbieten. Wollen Sie ein eigenes Vortragsgeschäft als Ihr Hauptgeschäft aufbauen, folgt das anderen Regeln; diese würden jedoch den Rahmen des Buchs sprengen.

Testen Sie im Kleinen, ob Ihnen die Bühne liegt.

Abschließend noch ein Wort zu Vorträgen allgemein: Viele Coaches haben Hemmungen, den Schritt auf die „große Bühne" zu machen. Sie fühlen sich in der Einzelarbeit und im Hintergrund wohler. Falls das bei Ihnen auch so ist, empfehle ich Ihnen einen Versuch im Kleinen, etwa beim Regionaltreffen eines Verbandes. Hier merken Sie schon, ob Ihnen die Bühne liegt oder nicht. Finden Sie keinen Gefallen daran, dann lassen Sie es! Es gibt nichts Schlimmeres als Redner, die ihren Vortrag halten, nur weil sie müssen. Das nutzt weder Ihrem Publikum noch Ihnen selbst.

Mögen Sie aber die Bühne, ist sie die ideale Plattform für Bekanntheit und die beste Ergänzung zu Publikationen, die man sich vorstellen kann.

Fünf Profilierungskanäle – und jetzt?

Jetzt kennen Sie fünf der aus meiner Sicht wichtigsten Möglichkeiten, bekannter zu werden. Bleibt nur noch die spannende Frage: Wann soll man in welcher Reihenfolge welche Kanäle bedienen? Auch hier gibt es leider kein Patentrezept. Eine Beobachtung konnte ich im Laufe meiner Beratertätigkeit jedoch machen:

Je konstanter Sie verschiedene Kanäle bedienen, desto größer sind die Erfolgsaussichten.

Bedienen Sie Ihre Kanäle so konstant wie möglich.

Was heißt das konkret? Ein einzelner Fachartikel wird Ihnen wenig bringen, denn Ihre Interessenten haben Sie einmal gesehen. Das könnte Zufall sein. Bei sechs Fachartikeln, verteilt auf anderthalb Jahre, hat Sie Ihr Interessent schon sechsmal gesehen und unterstellt in aller Regel: *„Der muss einen Namen haben."* Sieht er nun noch einen Vortrag von Ihnen und liest vielleicht sogar Ihr Buch, ist klar: Es handelt sich um einen namhaften Experten. Also ist es nahezu unabdingbar, regelmäßig die hier genannten Kanäle zu bedienen.

Solange Sie wenig Aufträge und viel Zeit haben, ist das noch einfach. Kompliziert wird es, wenn der Kalender mit Aufträgen dicht zu werden droht. Hier auch einmal Nein zu sagen und sich mit einem leeren Blatt Papier zu beschäftigen oder einen Vortrag zu konzipieren, ist nicht immer einfach.

Neben entsprechender Konstanz ist es besonders wichtig, die verschiedenen Kanäle vielfältig zu nutzen. Ihr Interessent soll sozusagen „von allen Seiten mitbekommen", wer Sie sind und was Sie anbieten. So addiert sich die Wirkung jeder einzelnen Maßnahme nicht nur, sie multipliziert sich.

Nutzen Sie Ihre Kanäle so vielfältig wie möglich.

Ein kleiner Anhaltspunkt soll die folgende Zeitleiste sein. Sie zeigt typische Ziele, wie ich sie mit meinen Kunden häufig umsetze:

Zeitstrahl für Ihr Sog-Marketing

1. Jahr nach (Neu-)Positionierung
- ▶ 2 Fachartikel in Online-Medien
- ▶ 1 Fachartikel in Printmedien
- ▶ Buchidee und Exposé, Beginn der Verlagssuche
- ▶ 60-Sekunden-Präsentation für Kunden
- ▶ 60-Sekunden-Präsentation für Jounalisten mit Vorschlägen an 7-10 freie Journalisten
- ▶ Ein Vortragsthema inkl. Exposé
- ▶ Platzierung von 3-5 kleineren Vorträgen

2. Jahr nach (Neu-)Positionierung
- ▶ 3 Fachartikel in Printmedien
- ▶ Buchvertrag und Schreiben
- ▶ Kontaktpflege zu den 7-10 Journalisten und weitere Kontakte über 60-Sekunden-Präsentation
- ▶ Platzierung von 5 kleineren Vorträgen und einem größeren Vortrag mit Hilfe des bereits erarbeiteten Exposés

3. Jahr nach (Neu-)Positionierung
- ▶ Buchveröffentlichung
- ▶ 3 Fachartikel in Printmedien
- ▶ Kontaktpflege zu den 7-10 Journalisten und weitere Kontakte über 60-Sekunden-Präsentation
- ▶ Platzierung von 5 kleineren Vorträgen und 3 größeren Vorträgen mit Hilfe des bereits erarbeiteten Exposés

---

Natürlich habe ich Ihnen hier nur die wichtigsten Möglichkeiten des Bekanntwerdens vorgestellt. Es sind fünf aus mindestens 15. Für den Anfang, also die ersten drei Jahre, sind Sie damit aber fast immer auf der sicheren Seite. Jetzt müssen Sie nur beginnen – denn das ist der allerwichtigste Schritt.

Stichwortverzeichnis

60-Sekunden-Präsentation ... 110, 226, 243
90-Sekunden-Präsentation ... 38

A
Actors Studio Methode ... 122
Akquise-Instrumente ... 45, 222, 258
aktuelle Kundeninformation ... 173
Alleinstellungsmerkmale ... 63
Allerweltsthemen ... 31
Allrounder ... 29
Assoziationen ... 119
Audio-Interview ... 140, 174
Außenauftritt ... 136
Auswahl eines Coachs ... 21
Authentizität ... 64, 82, 154

B
Besonderstellungsmerkmale ... 31, 63
Bildschirmpräsentation ... 226
Branchenmedien ... 214
Buchautorentätigkeit ... 194

C
Check-up ... 170
Chemie-Check ... 152

D
Diskussionsforum ... 180
Downloadseite ... 177
Drehbücher ... 125

E
Einsatz von Pausen ... 110
Elevator Pitch ... 109
emotionale Zielgruppen-definition ... 67
Empfehlungsinstrumente ... 239
Empfehlungsmarketing ... 45
Erfahrung ... 66
Erfolgstrainerwelle ... 118
erster Beratungstag ... 39
erster Eindruck ... 159
Expertenbefragung ... 77
Expertenstatus ... 36, 44, 107, 176, 194, 241
Exposé ... 196, 216, 252

F
Fachartikel schreiben ... 213, 222
Fachzeitschriften ... 75
Faktenprofil ... 82, 154, 155
Fallbeispiele nutzen ... 223
Fantasie ... 120

Faustformel für SEP ... 62
Feedback ... 60
Feedback-Fragen ... 60
Feedback-Karte ... 259
Foto ... 139, 159

G
Generalist ... 30
Geschäftsstrategie ... 105
Gesprächsaufzeichnungen ... 55
Gestaltung der Inszenierung ... 136
grafische Gestaltung ... 136, 235
Gummiseil-Metapher ... 33

H
HR-Fachmedien ... 214

I
inneres Team ... 125
Inszenierung ... 33, 103, 226
Inszenierungsgrade ... 33
Internet-Auftritt ... 145
Internetbuchung ... 178
Internetrecherche ... 14
Interview ... 156
Intuition ... 54

J

Journalistenkontakte ... 241

K

Kaltakquise ... 45, 238
Kernbotschaft ... 151, 160
Kernkompetenzen ... 54, 58, 63, 195
Kernthemen ... 38
Klischees ... 119
kommentiertes Inhaltsverzeichnis ... 199
Konkurrenzliteratur ... 204
Kontaktdaten ... 165
Kontaktformular ... 166
Kreative Abweichung ... 111
Kundenbefragung ... 76
Kundeninformationen ... 177
Kundenkontakt herstellen ... 38, 140, 149, 161, 165, 179
Kurzvorstellung ... 37

L

Leidensdruck ... 106, 149
Leidensdruckthemen ... 30, 35, 57, 72, 105, 229
Leistungsdarstellung ... 163
Lieblingskunden ... 68
Literaturagent ... 208

M

Marketing-Wahrnehmung ... 63
Marktanalyse ... 75
Marktauftritt ... 33, 147, 159, 170
Medienkanäle ... 140
Medienrecherche ... 213
Mehrwert bieten ... 170
Messen ... 251
Metaphern ... 133

Methodenpositionierung ... 86
Multiplikatoren ... 205

N

Narrativität ... 118
Newsletter ... 179
Nutzenansprache ... 36, 151

O

öffnende Fragen ... 114
Onlinemedien ... 213
optimale Zielgruppengröße ... 71
optische Gestaltung ... 136, 235

P

persönliches Profil ... 82, 87, 91, 129, 131, 152, 154, 156
persönliche Nähe ... 127
Persönlichkeit ... 66, 130, 160
Positionierung ... 26, 53, 105, 150
Positionierungsmix ... 93
Positionierungsstrategie ... 80
Praxisbuch ... 196
Presseartikel ... 176
Prinzip ABW ... 111
Probekapitel ... 207
Professionalität ... 145
Profilierung ... 43
Profilierungsinstrumente ... 43
Profilierungskanäle ... 193, 261
Publizieren ... 43, 194, 213

R

Recherche ... 208
Referenzen ... 175

S

Sachbuch ... 195
sachliche Zielgruppendefinition ... 69

Selbstanalyse ... 56
Sog-Marketing ... 48
Spannungsaufbau ... 106, 116, 121, 125, 223
Spannungsregeln ... 106
Strategische Erfolgspositionen (SEP) ... 27, 62, 65

T

Teaser ... 197, 240, 254
Telefonakquise ... 239
Themenpositionierung ... 80
Thesenpapier ... 245
thin slicing ... 26
Trainerportale ... 15
Trendbuch ... 196

U

übergeordnete Botschaftslinie ... 29
Überinszenierung ... 34

V

Verbandskontakte ... 250
Verlagsverträge ... 209
Videosequenzen ... 141, 174
Vorträge ... 250
Vortragshonorar ... 258

W

Web-Auftritt ... 37, 145
Wettbewerbsanalyse ... 75
Wettbewerbsmatrix ... 78
Wirtschaftspresse ... 214

Z

Zielgruppen ... 46, 67, 202
Zielgruppendefinition ... 70
Zielgruppenpositionierung ... 89, 230